Adele Crockett Robertson, geboren 1901 auf der elterlichen Farm in Ipswich/Massachusetts, begann im Alter von fünfzig Jahren als Journalistin für Regionalzeitungen in ihrem Heimatstaat zu arbeiten und wurde mit mehreren Medienpreisen ausgezeichnet. Zugleich fuhr sie als Fischerin zur See. Sie starb 1979.

Adele Crockett Robertson

DER APFELGARTEN

Erinnerungen einer Glücklichen

Mit einem Vorwort und einem Epilog
von Betsy Robertson Cramer

•

Deutsch von
Matthias Müller

Wunderlich Taschenbuch

Neuausgabe Mai 2004

Veröffentlicht im Rowohlt Taschenbuch Verlag,
Reinbek bei Hamburg, Mai 1999

Die Originalausgabe erschien 1995 unter dem Titel
«The Orchard» im Verlag Metropolitan Books,
Henry Holt and Company, Inc., New York.

Umschlaggestaltung any.way, Wiebke Buckow / Martina Kloke
(Fotos: Photonica / Howard Bjornson; zefa / Index Stock)
Gesamtherstellung Clausen & Bosse, Leck
Printed in Germany
ISBN 3 499 26488 9

VORWORT

Zu den eindringlichsten Bildern aus der Weltwirtschaftskrise gehört das des Mannes in Anzug und Hut, der auf einer Straße in der Stadt Äpfel verkauft, für einen Nickel das Stück. *Der Apfelgarten* erzählt die Geschichte, woher diese Äpfel kamen, erzählt über das Leben, das während jener schwierigen Jahre auf einer Farm gelebt wurde, erzählt von dem Apfelgarten, den meine Mutter zwischen 1932 und 1934 in der Nähe des kleinen Industriestädtchens Ipswich in Massachusetts unterhielt.

Der Vater meiner Mutter war gerade gestorben, in seiner Arztpraxis türmten sich die unbezahlten Rechnungen, die er arbeitslosen Patienten gestellt hatte. Ihre Mutter und ihre jüngeren Brüder waren in Boston und versuchten, dort über die Runden zu kommen. Die Familienfarm war schon so gut wie an die Bank verloren, als meine Mutter ganz allein, nur begleitet von ihrer Dogge Freya, zur Farm und zum Apfelgarten zurückkehrte – wofür sie die sichere Stelle in der Stadt aufgab, die ihr ihre Ausbildung in Radcliffe ermöglicht hatte. «Ich beschloß», schrieb sie Jahre später, «nicht zu trauern, sondern mein Schicksal mit dem der Bäume zu verknüpfen, überzeugt, daß sie und wir irgendwie überleben würden. Diese Felder und dieses alte Haus, in dem wir alle geboren wurden, würden nie verlorengehen. Die Apfelplantage und die Pfirsichbäume würden uns alle retten. Ich zweifelte nie daran, daß dies meine Bestimmung war. Niemand teilte meinen Optimismus, aber ... was gab es für eine Alternative? Ich erinnere mich, wie ich unter den Bäumen entlangging, die zu dieser Jahreszeit kahl und nackt waren, mir aber vor meinem inneren Auge vorstellte, wie sie in Blüte stehen, mit Laub bedeckt und schließlich mit Früchten beladen sein würden, mit den goldenen Äpfeln der Hesperiden.»

Adele LeBourgeois Crockett Robertson – allen als Kitty bekannt – wurde 1901 in derselben Küstenstadt in Massachusetts geboren, in der sie etwas über 78 Jahre später starb. Für meine Mutter war Ipswich immer der Ort, an dem sie zu Hause war. Ihr Vater, Dr. Eugene A. Crockett, hatte im November 1897 das ehemalige Landgasthaus mit seinem Milch- und Heuwirtschaftsbetrieb für viertausend Dollar gekauft. Im Westen durchschnitt ein kleiner Kanal, der Hay oder Fox Creek Canal, die Salzmarsch und verband den Castle Neck River mit dem Ipswich River, der selbst eine Verbindungsstraße vom Meer zur Stadt bildete. Nach Osten grenzte eine weitere Salzmarsch an einen herrlich wilden Streifen Land, der heute als Crane Beach bekannt ist.

Die Farm, die sich, auf einer Insel glazialen Blocklehms gelegen, über der umliegenden Landschaft von Salzmarsch und Creeks erhob, war durch die Argilla Road mit der Stadt Ipswich verbunden. Um die Jahrhundertwende schrieb W. S. Shurcliff in einer Lokalgeschichte:

> «Sie war schmal, kaum breiter als eine Kutsche. Und natürlich war es eine unbefestigte Straße ... Es gab wenig Bäume am Straßenrand und nur wenige Büsche. Der Reisende hatte eine fast unverstellte Sicht auf die kahlen Moränen, die flachen Salzmarschen und gelegentlich auf eine Farm.»

Anfang der dreißiger Jahre wohnten in Ipswich mit seinen 33 Quadratmeilen ungefähr sechstausend Menschen. Bis auf die kleine Gemeinde von Sommergästen aus der Großstadt, die an der Argilla Road wohnten, war es eine Arbeiterstadt, im Gegensatz zu ihren homogeneren und wohlhabenderen Nachbarn am North Shore. Jahre später versicherte meine Mutter einigen Einheimischen stolz, daß auch sie aus Ipswich stamme, «in der Argilla Road geboren». «Ach du liebe Güte», scherzte ein Ortsansässiger, «das ist doch nicht Ipswich.» Er hatte recht, nur wenige Bewohner der «Road» waren bekannt, die ein ähnlich schwieriges Leben wie ihre Nachbarn hatten oder von diesem auch nur etwas ahnten. Kitty gehörte zu diesen Ausnahmen.

Die Stadt war schon seit langem in getrennte Viertel, Arbeitsplätze und ethnische Gruppen aufgeteilt. Von Anfang des zwanzigsten Jahrhunderts an waren die Ipswich Mills, damals die größte Strumpfwarenfabrik der Welt, der größte Arbeitgeber der Stadt. Die Belegschaft bestand hauptsächlich aus ausländischen Arbeitern, und trotz erbitterter Streiks herrschte nie Mangel an Arbeitskräften. Die verschiedenen Nationalitäten bildeten ihre eigenen charakteristischen Gemeinschaften: Die Polen lebten in betriebseigenen Unterkünften neben der Fabrik, die Griechen ein paar Blocks weiter, während die Frankokanadier, Iren und andere Einwanderer über die Stadt verteilt wohnten.

Ab 1927 machten sich in Ipswich die Vorboten der bevorstehenden Weltwirtschaftskrise bemerkbar. Im folgenden Jahr schlossen die Ipswich Mills endgültig ihre Tore. Fast die Hälfte der Lohnempfänger der Stadt war in den Mills beschäftigt gewesen. Die übrigen waren Muschelfischer, Farmer, Landarbeiter oder kleine Geschäftsleute. Bei einer kleineren Strumpfwarenfabrik sollte meine Mutter sich später um eine Stelle bewerben.

Die Jahresberichte der Stadt Ipswich während dieser Zeit

erzählen eine Geschichte, in der sich die landesweite Krise widerspiegelt. Sie wurden Jahr für Jahr deprimierender. 1931: «Das härteste Jahr seit Beginn der Weltwirtschaftskrise.» 1932: «Es wäre eine Illusion, eine sofortige Verbesserung der Beschäftigungslage zu erwarten. Es ist unmöglich, einen Arbeitsplatz zu finden. Sie können nicht einmal gekauft werden. Unsere Muschelgebiete, seit undenklichen Zeiten der Rettungsanker für jene, die vorübergehend ohne Arbeit waren, und bis jetzt sehr ertragreich, sind so gut wie erschöpft.» 1933: Ipswichs «schlimmstes Jahr bis jetzt, Banken gehen in Konkurs, Banken schließen, der Handel stagniert, und das Heer der Arbeitslosen wird immer größer. Es ist kein kleines Problem, dem Sturm zu trotzen.»

Das ganze Land litt Hunger, und auf seinen Weiden voller Überfluß schuftete der Farmer, verhungerte und wurde aufgekauft. In Iowa wurde Mais in der Heizungsanlage eines Gerichtsgebäudes verfeuert, weil es billiger war, den Mais zu verbrennen, als ihn zu verfrachten. Auf dem Land waren die Gräben mit überschüssigen Eiern und Sahne gefüllt. Kartoffeln erfroren im Boden, und die Ernte fiel von den Bäumen, als der Preis für Obst unter die Kosten fürs Pflücken und Verpacken fiel. Verzweifelte Spediteure boten den Arbeitslosen Äpfel auf Kredit an, für 1,75 Dollar pro Kasten, während Präsident Hoovers ökonomisches Rezept der karitativen Privatinitiative und persönlichen Selbstversorgung in Daymon Runyans Apple Annie verkörpert wurde. Ende November 1930, bemerkt der Historiker T. H. Watkins, «gab es sechstausend Apfelverkäufer allein schon auf den Straßen von New York City, die, mit den Worten des Journalisten Gene Fowler, ‹wie halberinnerte Sünden auf dem Gewissen der Stadt hockten›». An jeder Ecke ragte eine Gestalt voller Würde und Verzweiflung hinter einer umgedrehten Kiste auf.

In den Jahren 1930 bis 1935 verloren 750 000 Farmer unter der Last von sinkenden Preisen, steigenden Steuern und Schulden ihren Besitz durch Zwangsverkauf. Überall herrschte Verzweiflung unter den Farmern. Dies war die allgemeine Lage, in der meine Mutter nach Ipswich zurückkehrte, um den Apfelgarten zu retten. «Es war eine Zeit, die die Seele auf eine harte Probe stellte», schrieb sie später. «Das langsame Hineinrutschen in die Verzweiflung, die Brotschlangen, die Apfelverkäufer, die an den Ecken froren, der Ansturm auf die Banken, die Schließung von Fabriken und Geschäften. Stolze Menschen gingen beschämt ins Gimmee Store und kamen wieder heraus mit dem, was in der Woche gerade als Überschußware verteilt wurde. Es gab Zeiten, in denen ich mich, hundemüde und entmutigt, fragte, ob Äpfel allein unser sinkendes Schiff vorm Untergehen retten könnten.»

1934 wurden unter dem Economic Recovery Act des New Deal Maßnahmen ergriffen, die jenen Brotverdienern, die von der Wohlfahrt lebten, helfen sollten, Arbeit zu finden. Trotzdem spricht der städtische Jahresbericht von Ipswich 1935 von der «absoluten Unmöglichkeit, eine Beschäftigung zu finden». Die Aussichten für 1936 waren kaum vielversprechender. «Es mag sein, daß insgesamt die Dinge jetzt besser stehen, aber Ipswich hat nicht viel, mit dem es die Dinge verbessern kann.»

Und so ging es weiter bergab bis zur Kriegszeit, als eine Schiffswerft, die am Fox Creek gebaut wurde, Arbeitsplätze für sechshundert Männer und eine Frau schuf: meine Mutter. Dann verlegte Sylvania einen Teil der Produktion in die alten Fabrikgebäude und schuf damit Arbeitsplätze für mehr als fünfhundert Arbeiter. Meine Mutter wechselte schließlich zu Sylvania. Das wiedergeborene Boston brauchte Vororte. Langsam wurde Ipswich wieder lebendig.

Jene schrecklichen Jahre der Wirtschaftskrise bilden den Hintergrund für den *Apfelgarten*, die Geschichte einer Frau, die, im wesentlichen auf sich allein gestellt, am Ende einer Landstraße darum kämpft, von einem kleinen Apfelgarten zu leben, und es mit Hilfe anderer, denen es noch schlechter ging, durchsteht. Es gab weder Siegesfanfaren noch Orden, aber das Heldentum war echt: Arbeiten bedeutete kämpfen. Als Präsident Franklin Delano Roosevelt der Nation sagte, «das einzige, wovor wir Angst haben müssen, ist die Angst», saß sie vorm Radio, «ganz allein in dem kalten Haus, hungrig, entmutigt, mit einem Keller voll unverkaufter Äpfel, die uns über Wasser halten sollten», und empfand «freudige Hoffnung ... das Gefühl unvermeidlichen Sieges».

Zwanzig Jahre später – als viel gewonnen war, aber auch, für sie, viel verloren – gab es eine ruhigere Zeit im Leben meiner Mutter. Obwohl ich noch zu jung war, um zu verstehen, warum sie sich zum Schreiben entschlossen hatte, oder das, was sie schrieb, noch nicht zu schätzen wußte, erinnere ich mich deutlich, mit welcher Leidenschaft sie täglich stundenlang an der alten Schreibmaschine verbrachte. Aber nach kaum zwölf Monaten zog das Auge des Sturms weiter. Ihr Leben wurde wieder ein Hurrikan. Sie war danach nicht mehr in der Lage, ihr Buch zu beenden.

Als ich nach dem Tod meiner Mutter aufräumte, fand ich diese Seiten auf dem Boden eines Bücherregals, unter alten Telefonbüchern und Stapeln von Papier vergraben. Sie reisten bis vor zwei Wintern ungelesen mit mir im Land umher, bis ich – in Ipswich ans Haus gefesselt – mit meiner Mutter in jene kältere und härtere Zeit zurückkehrte.

Die heutigen Besucher von Crane Beach kommen an den Überresten des Apfelgartens vorbei. Die Straße ist erweitert worden, und an heißen Wochenenden im Sommer ist sie in beiden Richtungen verstopft. Eine dreiviertel Meile vom überfüllten Strand entfernt steht das alte Farmhaus, jetzt sehr dicht an der Straße. Die schützenden Ulmen sind verschwunden, eine wurde vom Hurrikan gefällt und ihre Gefährtin von der Holländischen Ulmenkrankheit erwürgt. Wenn man nach links blickt, sieht man am Hügel ein paar dürre, spärlich belaubte Obstbäume. Sorgfältig gebaute Häuser oder Unkraut sind dort emporgewachsen, wo einst Pfirsich- und Apfelbäume standen.

Hier und dort wirft ein alter Baum noch seine wurmstichige und vernachlässigte Frucht ab. Für mich haben die folgenden Seiten jedem Blatt, jedem Apfel eine Art Stimme gegeben. Sie flüstern von einer Zeit der Herausforderung, des Kampfes, des Erfolgs, und von der jungen Kitty Crockett, meiner Mutter, in ihren Jahren bitteren Ruhms.

Betsy Robertson Cramer

DANKSAGUNG

•

Es ist mir ein Vergnügen, jenen zu danken, die mir geholfen haben, das Manuskript meiner Mutter zu veröffentlichen. Zu denen, die mich beraten haben, gehören meine Freunde Jan David, Daniel Corrigan, Judy Raymond, Sharon Josephson, Mary Lela Sherburne, Barbara K. Baring-Gould, der verstorbene Edward D. Baring-Gould und meine Cousine Susan Glessner. Mein besonderer Dank gilt Nancy Thompson und Oliver Coolidge. Des weiteren danke ich der Literaturagentin Nina Ryan für ihre unschätzbare Begeisterung und professionelle Hilfe sowie der Lektorin Sara Bershtel. Sie haben mit der Unterstützung von Riva Hocherman, Amy Johnson und allen prachtvollen Mitarbeitern von Metropolitan Books geholfen, den *Apfelgarten* lebendig zu machen. Ihnen allen danke ich sehr, und ich weiß, meine Mutter wäre mit dem Ergebnis dieser Zusammenarbeit zufrieden gewesen. Zwei Freundinnen meiner Mutter, die Ipswicher Historikerinnen Mary Patch Conley und Elizabeth Vincent Foster, haben mich ebenfalls ermutigt. Ich glaube, Kitty wäre stolz gewesen, dieses, ihr Buch, Elizabeth und Mary zu widmen.

BRC

DER APFELGARTEN

•

Mein Vater starb 1932, plötzlich, friedlich, im Schlaf. Ich war diejenige, die ihn fand, als ich ihm Bescheid sagen wollte, daß es Frühstück gebe, und obwohl ich zuvor noch nie einen Toten gesehen hatte, wußte ich, daß er tot war. Seine Brille lag griffbereit auf dem Tisch, seine Uhr unberührt neben dem Kopfkissen. Während ich ihn betrachtete, dachte ich, daß er nach seiner Brille gegriffen hätte – immer seine erste Geste, da er ohne sie fast blind war –, hätte er das Herannahen des Todes gespürt. Er hatte sich aber nicht bewegt, er hatte es nicht gespürt, und das fand ich merkwürdig.

Trotzdem muß er es irgendwie geahnt haben, eine Vorahnung wie die, die mich ergriff, als ich ihn holen ging. Zum erstenmal war er nicht vor allen anderen unten, um mit Jessie, der Köchin, in der Küche, in der es nach frisch gekochtem Kaffee und Frühstücksspeck duftete, zu lachen und zu scherzen. Erst am Abend zuvor waren wir noch zusammengesessen und hatten uns unterhalten, nachdem alle anderen zu Bett gegangen waren. Im Haus war es sehr still. In der Diele tickte die Standuhr, und Freya, die Dogge, bewegte sich unruhig auf ihrer Decke und schniefte, doch draußen waren die Äste der Ulme reglos, und vom Meer kam nicht mal ein Flüstern. Er erzählte von der Farm und davon, wie er sie als Achtjähriger zum erstenmal gesehen hatte, fast sechzig Jahre zuvor.

Er erinnerte sich an die lange Eisenbahnfahrt von Maine

nach Boston zu einem siebentägigen Besuch bei seinem Onkel und seiner Tante aus Sommerville, die für eine Woche ein Häuschen am Meer gemietet hatten. Er war eingeladen worden, die Zeit mit seinem Cousin Will zu verbringen, der ebenfalls ein Einzelkind war. Sieben Tage lang hatten die Jungen ihre Freiheit, angelten Elritzen oder ließen Spielzeugschiffe in den Salz-Creeks segeln und setzten, nachdem sie sich durch eine halbe Meile Marschland gewagt hatten, zum erstenmal Fuß auf die frisch gemähten Stoppeln der nördlichen Heuwiese der Farm.

«Ich habe schon den ganzen Tag an diese Woche denken müssen, die wir in dem Häuschen am Fuß des Sagamore Hill verbracht haben», sagte er. «Es ist komisch, aber ich habe mich jahrelang nicht mehr daran erinnert, erst heute wieder, und ich konnte fast die spitzen Stoppeln unter meinen nackten Fußsohlen spüren, wie damals, als mein Cousin Will und ich die Marsch überquerten, bei Ebbe durch den Schlamm von Fox Creek pflügten, über die Steinmauer kletterten und auf die Heuwiese krochen. Wir sprangen auf den Heumieten herum, als der Landarbeiter vorbeikam und meinte, wir sollten da lieber verschwinden. Er sagte, die Pferde würden das Heu nicht fressen, nachdem wir darin gespielt hatten, und daß sie uns noch im nächsten Winter riechen könnten. Kühe, sagte er, seien nicht so heikel. Er war ein netter Mann, und als wir uns davonmachten, rief er uns nach, daß wir in dem großen Haufen Marschheu auf dem ‹staddle› spielen könnten, der Pfahlkonstruktion, auf der es zum Schutz vor der Flut gelagert wurde. Das würden die Pferde sowieso nicht fressen, sagte er, weil es salzig sei.»

Von dem großen Heuhaufen oben, der warm von der Sonne war und nach Salz roch, blickten die Jungen über das Land rings um die Farm, die gefaltete Endmoräne des Gletschers, die wie ein schlafender Hund auf der grünen Decke der Marsch zusammengerollt lag.

«An diesem Tag», sagte mein Vater, «eröffnete ich Will, daß ich irgendwann hierher zurückkommen und diese Farm für mich kaufen würde.»

«Ich habe sie erst zwanzig Jahre später wiedergesehen», fuhr er fort, «aber ich dachte auf der ganzen Zugfahrt zurück nach Maine an sie und auch danach noch oft, bis für die Familie harte Zeiten kamen und ich mir über andere Dinge Gedanken machen mußte.»

An diesem letzten Abend, als er sich erhob, um das Gitter vor den Kamin zu stellen und die Fensterläden vor die kleinen Sprossenfenster zu legen, erinnerte er sich, wie er, nachdem sein Vater gestorben war und er sich durch sein Medizinstudium gekämpft hatte, von einem anderen jungen Arzt eingeladen wurde, ein paar Tage in Ipswich zu verbringen. Er wußte nur soviel, daß sie auf Entenjagd gehen würden, und erst als sie sich drei Meilen außerhalb der Stadt in der Kutsche des Mietstalls befanden und die Salzmarsch sich zu beiden Seiten des Dammes auszubreiten begann, wurde ihm plötzlich klar, wo er war.

«Ich sah, daß das Häuschen in Sagamore immer noch da war, nach all den Jahren», sagte er, «und da stand es für mich fest. Die Farm würde mir gehören.» Zwei Jahre später kehrte er zurück und kaufte die Farm von dem ersten Geld, das er verdient hatte.

•

Das Farmhaus wurde von alten Bäumen beschattet. Vorne ragte die riesige Ulme empor, die 1790, als das Haus gebaut wurde, gepflanzt worden war. Der mächtige Stamm erhob sich sieben Meter, bevor er sich in drei Hauptäste teilte, die jeder eine Fontäne von Laub und Zweigen trug. Ich konnte den Baum nie hochklettern, ich konnte nicht einmal die erste Gabelung der Äste mit ihrem grünen Moossattel erreichen. Jedes Frühjahr hängten die Pirole ihre Hängematten in die Ulme. Ihre flammendroten und schwarzen Körper blitzten zwischen dem Laub auf, und ihr sprudelnder, flötenähnlicher Gesang verstärkte das morgendliche Vogelkonzert.

Auf der Westseite stand die Linde, die der ganze Stolz der Familie war. Mein Vater sagte immer, daß der herrliche grüne Kegel, der die verwitterten Bretter des alten quadratischen Hauses schützte, ausschlaggebend für seinen Entschluß gewesen sei, die Farm zu kaufen. Der riesige Stamm war gerippt wie die Säulen einer Kathedrale, und die Äste waren muskulös wie der Arm eines Riesen. Es war eine Englische Linde mit kleinen, runden dunkelgrünen Blättern. Immer um den 4. Juli herum stand der gesamte Baum, bis hinauf zum allerhöchsten Ast, in Blüte. Es waren blasse, wächserne Blüten, die so süß dufteten, daß die Menschen, die sich im Schatten des Baumes aufhielten, ebenso benommen waren wie die Bienen, die summend zwischen den Blüten umhertorkelten.

Zwischen der Linde und der großen Ulme kämpfte eine kleinere Ulme – seine Frau, wie meine Großmutter sagte – ums Überleben. Obwohl sie gut gewässert, gestutzt und umsorgt wurde, sah die Ehefrau immer kränklich aus. Ein Baumarzt, der gerufen wurde, sie zu behandeln, sagte meinem Vater, einer der größeren Bäume würde sie tief in der Erde mit einer Wurzel erwürgen. «Unter der Erde ist genausoviel Baum wie über der Erde», erklärte er meinem Vater. «Für jedes Blatt und jeden Zweig gibt es eine entsprechende Wurzel.» Vor meinem inneren Auge sah ich tief in der Erde einen ganzen Baum aus Wurzeln, wie eine Spiegelung in einem Teich, und eine Schlange wie die des Laokoon, die sich um die arme Ehefrau wand und sie langsam erstickte.

Als er die Farm gekauft hatte, war auch ein Obstgarten dabei, der aus fünfzig Apfelbäumen bestand: Baldwins, Northern Spies, Russets und alte, in Vergessenheit geratene Sorten: Blue Pearmains, Winter Bananas und ein Porter-Apfelbaum in der Nähe der Küchentür, von dessen Äpfeln meine Großmutter jedes Jahr ein gehaltvolles dunkelgoldenes Gelee machte. Damals war noch etwas von diesem Pioniergeist übrig, der einen dazu brachte, für die bevorstehenden harten, kalten Monate vorzusorgen, wenn der Boden steinhart war und keine Nahrung für die Familie mehr produzierte. Es mußten die Äpfel gepflückt, in verschiedene Fässer sortiert und im Keller eingelagert werden. Die Rhode Island Greenings kamen von dem Baum mit dem kurzen dicken Stamm und den niedrigen Ästen, die fast den Boden streiften. Das waren die Kuchenäpfel, mit aromatischem, körnigem, saftigem Fruchtfleisch – gut bis nach Thanksgiving. Da waren die Baldwins, rot und fest, und die leuchtendrot gestreiften Northern Spies, die bis zum Januar hielten. Zuletzt dann die Russets, runzlig, aber bis April noch recht schmackhaft. Es mußten Kartoffeln ausgegraben und in den Keller geschüttet werden. Die letzten Tomaten wurden ins Haus gebracht, wo man sie zum Ausreifen auf ein sonniges Fensterbrett legte, und die Weintrauben wurden von dem alten Rebenstamm gepflückt, der so dick war wie ein Kinderbein.

Die Apfelernte war in meiner Kindheit immer das große Ereignis: die fröhliche, ausgelassene Stimmung, die Haufen rotbackiger Äpfel im rauhreifüberzogenen Gras, der Geruch von Holzfeuern in der Luft. Die Bäume, die vor der Revolution gepflanzt worden waren, waren so hoch, daß wir ausfahrbare Leitern benutzen mußten, um die Kronen zu erreichen. Es blieb meinem Vater vorbehalten, manchmal assistiert von Männern und Jungen aus der Nachbarschaft, mit einem Korb, der mit einem S-förmigen Haken an die oberste Sprosse gehängt wurde, die rotesten Äpfel von den Ästen zu pflücken, die den ganzen Sommer über in der Sonne gebadet hatten. Mit einem kleineren Korb, den ich mir an einer Schnur um den Hals hängte, kletterte ich zwischen den höheren Ästen umher, pflückte die Äpfel, die mit der Leiter nicht mehr zu erreichen waren, und lief flink wie ein Eichhörnchen die dicken Äste entlang. Nach einem Sommer des Herumkletterns kannte ich jeden Hand- und Fußhalt. Diese alten Bäume wurden nach und nach von Herbst- und Schneestürmen gefällt, bis sie alle verschwunden waren.

Die praktische Arbeit auf der Farm war schon immer der Aufgabenbereich meiner Großmutter gewesen. Sie kümmerte sich um die Kühe und die Hühner und beaufsichtigte kompetent alle Einzelheiten der Arbeit. Das meiste tat sie selbst. Nach ihrem Tod entdeckte mein Vater, wie teuer es war, Arbeitskräfte für die Arbeiten einzustellen, die sie aus Liebe verrichtet hatte. Ohne die Zuwendung meiner Großmutter wurden die Kühe krank, und die Hühner starben. Schließlich sah mein Vater – der mit unserer Familie in Boston lebte und in seiner Arztpraxis viel zu tun hatte – ein, daß sich eine Farm nicht nur wochenends betreiben ließ, aber er wollte sich trotzdem noch nicht ganz geschlagen geben. Obst, das war die Lösung. Man pflanzt Bäume, und dann wachsen sie. Wenn man Zeit hatte, sich ihnen zu widmen, waren sie da. Obstbäume hatten etwas wunderbar Beständiges an sich.

Und so wurden in den Frühjahren nach dem Ersten Weltkrieg die Kornfelder und Wiesen mit Apfelsetzlingen bepflanzt, während in die schwarze Erde des vorgeschichtlichen Kehrichthaufens, in der der Gemüsegarten meiner Großmutter zwischen den verrottenden Muschelschalen früherer Sommerfeste gediehen war, Pfirsiche kamen. Während mein Vater und ich die glattrindigen Ruten in die Lochreihen setzten, fragte er sich, wer wohl in hundert Jahren die Früchte dieser Bäume ernten würde. Die beiden Optimisten, die sie gepflanzt hatten, erwarteten sehr viel von diesen Bäumen. Jahr um Jahr würden sie ihre Wurzeln tiefer in den Glazialboden des Hügels hinunterstoßen, ihre Äste würden sich hoch und breit vor dem grasbewachsenen Hang ausbreiten. Nach einer prachtvollen Blüte im Frühjahr, ganz weiß und rosa, würde es im Herbst stets Fässer voll makelloser Früchte geben.

«Die werden mich versorgen, wenn ich mich zur Ruhe setze», sagte mein Vater befriedigt und blickte hinunter auf die ordentlichen Reihen zarter kleiner Stöckchen, von denen man sich soviel erhoffte.

Während all der Jahre, in denen ich von Job zu Job zog, wuchsen die Bäume. Hin und wieder konnte ich mir während der Erntezeit Urlaub nehmen. Die Ernte war nicht sehr professionell, aber es machte Spaß. Nachbarn, Freunde, Schüler und Passanten pflückten die Äpfel. Alle bekamen Lohn und hatten großen Spaß. Es gab Pausen für Tee, Pausen für Eis, Pausen für Apfelschlachten unter den Kindern. In der Scheune, wo früher die Pferdeboxen gewesen waren, stand ein prächtiger großer Traktor und in dem ehemaligen Kalbspferch ein teurer Obstsortierer. Auf den Heuböden stapelten sich Kartons und Bretterkisten bis unters Dach. In einer Ecke befanden sich Teile von Bienenstöcken und eine Honigschleuder. Es war ein großer Betrieb, und das Obst war wunderschön. Der zementierte Lagerkeller unter der Scheune konnte eine ganze Rekordernte fassen, und Rekordernten waren die Regel auf dieser Apfelplantage.

1930 begann sich die Gesundheit meines Vaters zu verschlechtern, aber er weigerte sich, irgendeine Schwäche zuzugeben oder etwas kürzer zu treten. Obwohl er sich anstrengte, konnte er seine Praxis nicht mehr so intensiv wie bisher führen, aber er war überzeugt, morgen, nächste Woche, nächstes Jahr ... würde es wieder bergauf gehen. Aber nach jenem Tag im Winter, als wir zur Farm gekommen waren, um Bäume zu stutzen, ließ mich eine böse Vorahnung nicht mehr los. Wir arbeiteten an einem Südhang, wo selbst die tiefstehende Sonne noch warm war, als er plötzlich von seiner Leiter herunterstieg, sich auf den Boden setzte und den Kopf zwischen die Knie legte. Ich stand auf meiner Leiter, gelähmt vor Angst angesichts einer so untypischen, so seltsamen Handlung. Nach einer Weile stieg ich herab und stand neben ihm, während er regungslos mit dunkel gerötetem Gesicht dasaß. Ich fragte ihn, was los sei.

«Nur ein wenig schwindlig», sagte er. «In letzter Zeit habe ich öfters solche Anfälle. Wahrscheinlich bloß Einbildung. Aber ich glaube, ich mach jetzt hier erst mal nicht weiter.» Schließlich stand er auf, und wir gingen langsam zum Haus zurück. Er blieb mehrmals stehen und prüfte die Knospen an den Spitzen der Äste. «Das gibt eine gute Ernte, die beste bis jetzt», sagte er.

Zu dieser Zeit belastete er die Farm mit einer weiteren Hypothek. Er sagte, es sei, finanziell gesehen, völlig in Ordnung, eine Hypothek aufzunehmen, und eine gute Apfelsaison würde die Sache problemlos regeln.

Im Herbst 1931 waren die Bäume schwer beladen. Zwei

Tage bevor wir mit dem Pflücken anfangen wollten, kam eine große schwarze Wolke im Norden herangerollt. Ich war für die Ernte nach Hause gekommen und stand jetzt bei der Scheune, um das Wetter zu beobachten. Blitze spalteten den düsteren Wolkenberg, und darunter lag ein dräuender, zorniger Himmel, der wie schmutzige Wolle aussah. Mit der ersten eisigen Böe kam der Hagel, peitschte über die Bäume, die sich zu winden und zu ducken schienen. Zehn Minuten lang prasselten die Hagelkörner herab, häuften sich zu niedrigen Verwehungen und Windreihen. Dann war das Unwetter verschwunden – und die Ernte auch. Wir pflückten die Äpfel nicht mehr. Wir holten uns einige, um sie uns anzusehen, die zarte rote Haut war an ein Dutzend Stellen zerfetzt, und das weiße Fleisch begann schon braun zu werden. Mein Vater, der mit blassem und abgespanntem Gesicht von der Arbeit nach Hause gekommen war, sagte eine Weile lang nichts und fing dann an, von der Ernte des nächsten Jahres zu sprechen.

•

Nach der Beerdigung meines Vaters setzte sich die Familie – meine Mutter, meine beiden Brüder und ich – zusammen, um zu besprechen, wie es weitergehen solle. Ich war zwar erwachsen, hatte schon zehn Jahre lang allein für mich gelebt und gearbeitet, aber es kam mir vor, als sei ein Eckstein meines Lebens weggebrochen und das ganze Gebäude ins Wanken geraten. Die Weltwirtschaftskrise war mir noch nicht so bewußt geworden, meine Arbeitsstelle schien ziemlich sicher zu sein, ich lebte wie immer von Zahltag zu Zahltag, ohne Erspartes, das ich hätte verlieren können. Erst als ich sah, in was für einem Schlamassel die Dinge zu Hause waren, wo ich alles für so sicher und unverändert gehalten hatte, begann ich mir über die Situation klarzuwerden.

Ich war wie mein Vater. Er konnte auch nichts begreifen, und selbst als die Leute ihre Rechnungen nicht mehr bezahlten und der Patientenstamm wegzubrechen begann, vermochte er seiner Familie keinen Wunsch abzuschlagen noch seinen Lebensstil zu ändern. Wenn College-Rechnungen bezahlt werden mußten, erhöhte er einfach die Hypothek auf die Farm. Als seine Gesundheit sich verschlechterte, ignorierte er es, und das Leben ging fröhlich weiter. Morgen, nächste Woche, nächstes Jahr ... und letztendlich, versicherte er uns, würde die Farm «alle Probleme lösen». In der Zwischenzeit gab es kein Geld, um die Rechnungen zu bezahlen.

Beim Familienrat stand ich mit meinem Vorschlag, die Farm zu behalten, auf einsamem Posten. Niemand teilte meinen Optimismus, daß sie «alle Probleme lösen» würde. Ich konnte mir ein Leben ohne sie nicht vorstellen: kein Zentrum mehr, wo die Familie zusammenkommen konnte, keine Brücke zur Vergangenheit. Und ich glaube, dieses Gefühl, daß ich irgendwie die Vergangenheit am Leben halten und etwas von den glücklichen alten Zeiten retten könnte, gab mir die Kraft, so lange zu drängen und zu argumentieren, bis sich die Familie bereit erklärte, es mich versuchen zu lassen.

Und so ging wieder jeder seinen eigenen Weg, jeder mit einem Teil der Last der zu zahlenden Rechnungen, und ich blieb allein zurück. Ich war noch nie ganz allein im Haus gewesen, aber nachdem sie alle gegangen waren, war ich eine Zeitlang erleichtert, froh, daß der Streit vorbei war. «Soll die Bank sie übernehmen», hatten sie gesagt. «Sehen wir zu, daß wir sie loswerden – mit ihren unbezahlten Rechnungen, ihren Hagelstürmen, ihren Insektenplagen (jedes Jahr eine neue!), ihrem undichten Dach und dem salzigen Brunnen.» Ich selbst hatte wenig Erfahrung mit Landwirtschaft – im Grunde nur das, was mir seit meiner Kindheit in Fleisch und Blut übergegangen war und was ich während der Arbeit in meinen Ferien im Apfelgarten gelernt hatte. Aber keinen Moment lang stimmte ich dem Rest der Familie zu, daß das Hoffnungsloseste in all unserem hoffnungslosen Schlamassel die Farm sei.

Zu diesem Zeitpunkt gab es nicht viel zu tun. Ich hatte die letzte Brücke hinter mir abgebrannt, als ich meinem Arbeitgeber telegrafierte, daß ich nicht wiederkäme. Ich ging in das Zimmer hinauf, das seit dem Tod meiner Großmutter meins gewesen war. Vor dreißig Jahren war ich in diesem Zimmer zur Welt gekommen, es hatte noch die Tapete mit den gelben Rosen. Es war immer eine Stätte der Zuflucht gewesen, und egal, was passierte, fühlte ich mich besser, wenn ich mich ans Südwestfenster setzte und, das Kinn aufs Fensterbrett gestützt, hinaus über die weite Marsch blickte. Ich tat dies jetzt wieder, als ich spürte, wie die Erstarrung nachließ, und wieder funktionierte es.

Von dem Fenster, an dem ich kniete, blickte ich in die Bäume und über den alten violetten Flieder hinweg nach Südosten bis zu den Hügeln von Essex und West Gloucester. Die Marsch war wie eine Bucht smaragdgrünen Grases, die das Hochland mit seinen sanft geneigten Heuwiesen, Flecken von Eichenhainen und den alten Steinmauern umspülte, die halb verborgen waren unter Würgkirschen- und Felsenbirnenhecken. Überall war die Marsch mit Salzwasser-Creeks geädert, und am Fuß unserer Heuwiese strömte ein breiterer Creek entlang, eigentlich ein Meeresarm, der bei Flut tief und manchmal aufgewühlt war. Bei Ebbe war er eine Fläche von Schlamm und Sandbänken. Unzählige Male hatte ich die Dorys der Muschelsammler beobachtet, wenn sie die schmale Fahrrinne hinunterruderten, oder den Männern bei der Arbeit zugesehen, die in der Ferne wie gekrümmte Haarnadeln aussahen.

Während ich den glatten Anstrich des Simses unterm Kinn spürte, erinnerte ich mich, wie erstaunt ich als kleines Mädchen gewesen war, als ich plötzlich erkannte, daß ich mir den Tonfall in der Stimme eines Menschen genau ins Gedächtnis rufen konnte, daß ich mich, wenn ich allein war, damit unterhalten konnte, mir eine vergangene Szene bis ins kleinste Detail vorzustellen: den Ausdruck auf den Gesichtern der Leute, Preiselbeerranken auf dem feuchten Sand am Strand, das Salz-und-Pfeffer-Fell von Nixie, dem Familienhund, der starb, als ich fünf war.

Die Kunst des Sehens hatte ich von meinem Vater gelernt. Da er sein Leben lang von Blindheit bedroht war, begann er in den mittleren Jahren, sein «inneres Auge», wie er es nannte, zu kultivieren, und damit es immer mit Eindrücken versorgt war, betrachtete er mit angespannter Konzentration die Welt um sich herum. Wenn wir an Winternachmittagen im Apfelgarten mit Astsäge und Schere arbeiteten, studierte er die Apfelknospen – wie eng sie am Zweig lagen, fest zusammengefaltet, um das grüne Herz des Frühlingsblattes vor der Winterkälte zu schützen. Oder die dreifache Knospe der Pfirsiche, in der die dunkelrosafarbenen Blüten verborgen waren, die den Blättern vorausgehen würden, wenn die warmen Winde bliesen und der Schnee geschmolzen war. Die winzigen Dinge, die er aus wenigen Zentimetern Entfernung mit seinen kurzsichtigen Augen beobachtete, die er endlos anstarrte, hinterließen ihr kleinstes Detail auf seinem inneren Auge. Die entfernten Panoramen von Himmel, Marsch und Meer sah er nur verschwommen und nahm sie durch einen ständigen Nebel wahr, aber für meine scharfen jungen Augen waren sie bis in die kleinsten Einzelheiten klar und deutlich erkennbar. Auch ich übte das Sehen, und als Belohnung konnte ich mir jederzeit Gesichter und sogar ganze Szenen aus längst vergangenen Jahren in Erinnerung rufen.

Jetzt versuchte ich vorsichtig, die Stimme meines Vaters zu hören und sein Gesicht zu sehen, aber das verursachte einen Schmerz, der mir den Atem verschlug wie ein Seitenstich. Statt dessen rief ich mir in meiner Vorstellung meine Großmutter zurück. Sie war schon seit so vielen Jahren nicht mehr da, daß der Schmerz über ihren Tod vergangen war. Als ich sie in ihrem Schaukelstuhl am Fenster neben mir spürte, mit ihrer Stickarbeit, die sie jeden Nachmittag nach einem Morgen Arbeit auf der Farm machte, fühlte ich mich besser. Ich verweilte bei den Einzelheiten eines Morgens, den wir hätten zusammen verbringen können, wie wir die Kühe auf die Weide lassen, nachdem sie gemolken worden waren, dann die Pferde, den alten Billy und Sugar, zur Tränke führen. Ich konnte die leuchtenden Tropfen auf ihrem Kinn sehen, als sie die Köpfe hoben. Wir sammelten die Eier ein und zerstampften gekochte Eier für die Küken im Brüter; anschließend eine Runde Jäten und Hacken in der schwarzen Erde des Gemüsegartens, und dann pflückten wir ein paar Erdbeeren fürs Mittagessen.

Ich wollte erhalten, was wir einmal besessen hatten, auch wenn es inzwischen keine Tiere mehr gab und es jetzt Äpfel waren. Später, als ich in dem stillen Haus im Bett lag, dachte ich an die nächste Ernte, auf die mein Vater all seine Hoffnungen gesetzt hatte. Ich ging noch einmal die nachmittägliche Auseinandersetzung durch, aber ich sah es trotzdem anders als meine Familie: Ich sah die Bäume mit Früchten beladen, die vertrauten Felder gut gepflegt und, vor allem, das Haus ein Sammelplatz für die Familie und ein Überbleibsel aus den alten Zeiten. Ich war mir sicher, daß es zu schaffen war, und ich drehte mich um und schlief ein.

•

Am nächsten Morgen ging ich in der warmen Frühlingssonne mit Freya in den Apfelgarten hinaus. Ich konnte es immer noch nicht ertragen, an meinen Vater zu denken. Ich wollte mir seine Astsäge und seinen Hut dort, wo er sie gelassen hatte, nicht ansehen. Die Knospen schwollen an den Bäumen, und es war höchste Zeit für die erste Spritzung, bevor sich die Außenblätter teilten und «so groß wie die Ohren eines Eichhörnchens» wurden.

In der Scheune hockte der Traktor, rostig und schlammverkrustet, genau da, wo der Landarbeiter vom letzten Sommer ihn stehengelassen hatte. Dahinter stand die Spritzmaschine, ein 900 Liter fassender, faßförmiger Tank auf zwei schweren Rädern. Obendrauf befand sich ein Ein-Zylinder-Motor, der den Druck für die Zerstäubung hochpumpte und die Gifte mischte. Er mußte die ganze Zeit laufen, sonst würde sich die Mischung absetzen und fest werden, und die Körnchen würden die feinen Spritzdüsen des Schlauchs verstopfen.

Jetzt sah er so aus, als würde er nie wieder laufen. Von der messinggefaßten Pumpe lief ein langer Fleck, der eine ominöse grüne Farbe hatte, an der Seite des Tanks herunter, und der Motor war rot vor öligem Rost. Ich kletterte hinauf, klappte die kleine quadratische Luke auf und spähte in den Tank. Auf dem Boden standen fünfzehn Zentimeter einer trüben Flüssigkeit, Spritzmittel vom letzten Sommer, nie ausgewaschen. Es hatte zwar den Tank nicht platzen lassen, als es in der kalten Scheune gefroren war, aber was mußte es für einen Schaden an der teuren Dichtung der Pumpe angerichtet haben! Das bewies der grüne Fleck. Wenn es um den Motor des Traktors genauso schlecht bestellt war …

In dem Haufen unbezahlter Rechnungen stieß ich auf eine vom letzten Jahr. Damals hatte es zweihundert Dollar gekostet, den Traktor wieder betriebsbereit zu bekommen. Wieviel würde es jetzt kosten? Ich steckte die Kurbel auf und drückte. Sie rührte sich nicht. Vielleicht ein bißchen rostig. Ich spannte alle Muskeln an und gab der Kurbel mit aller Kraft einen Ruck, ich zerrte und fluchte. Ich konnte sie nicht umdrehen. In schwitzender Wut zog ich die Ölstange heraus und sah sie mir an. Trocken. Der Traktor mußte überhitzt in die Scheune gekrochen und, nachdem er abgekühlt war, gefroren sein. Der Landarbeiter hatte großes Glück, daß er in diesem Moment nicht sein Gesicht zur Tür hereinsteckte.

Vielleicht war es gut, mit einer richtigen Wut zu beginnen. Es gab keine Zeit, um das, was nicht mehr da war, zu bejammern. Die Raserei wilder Entschlossenheit, die ich in diesem schrecklichen Augenblick verspürte, sollte mir für viele Monate genug Kraft spenden, obwohl sie am Schluß zu einer Bulldogge verkam, die nicht loslassen will. Solange meine Wut glühendrot war, eine mitreißende feurige Strömung, die mich vorantrug und jedes Hindernis wegbrannte, war es gut.

Auf der Sparkasse hatte ich eine kleine geheime Rücklage, den Rest der Einnahmen vom Verkauf einer Jolle, die ich einmal besessen hatte, etwa fünfzehnhundert Dollar. Mit meinen Jobs hatte ich nie irgend etwas sparen können. Als 1929 der Börsenmarkt zusammenbrach und alle meine Arbeitskollegen über den Verlust ihrer Ersparnisse und ihres Vermögens, die sie mit Aktien gemacht hatten, jammerten und fluchten, stand ich gut da. Ich besaß nichts, was ich hätte verlieren können.

Die Jolle war ein ungeheurer Luxus gewesen. Sie hatte fünftausend Dollar gekostet, die ich über längere Zeit von meinem wöchentlichen Lohn abzwackte. Aber ich kam auf meine Kosten, als ich eine einzige herrliche Fahrt entlang der Küste von Maine machte. Ich konnte es kaum ertragen, das Steuer auch nur für einen Augenblick an irgend jemand anderen abzugeben, sondern saß Stunde um Stunde da, die glatten Mahagonispeichen zwischen den Händen, und spürte, wie mein kleines Schiff auf die geringste Veränderung des Windes reagierte, begeisterte mich an dem Schwung des hohen Marconi-Hauptsegels, das sich wie ein Möwenflügel vor dem Himmel abzeichnete. Danach führte mich meine Arbeit vom Meer weg, und die «Myth» lag untätig vor Anker. Selbst ich erkannte, daß es dumm und kostspielig war, sie zu behalten, und so wurde sie verkauft. Ich sah zu, wie das große und das kleine Dreieck der noch neuen Segel auf ihrem Weg zum Meer hinter der Insel verschwanden, und drehte mich traurig weg.

Schon des öfteren hätte ich beinahe fast alles, was von der Jolle noch übrig war, in den gemeinsamen Topf geworfen, aber irgendeine ungewöhnliche Vorsicht hatte mich zurückgehalten, und jetzt hatte ich die Rücklage. Ich beschloß, sie stückweise für einige der dringenderen Rechnungen zu verwenden, so daß ich größere Schulden machen konnte. Ich nahm mir vor, den Gläubigern zu sagen, wie die Dinge standen, und die Zahlungen als Zeichen meines guten Willens einzusetzen. Ich wußte nicht, ob sie das Risiko mit mir eingehen würden, aber ich hoffte es.

Zuerst ging ich zu der Werkstatt, in der man den Traktor und die Spritzmaschine im letzten Jahr repariert hatte. Für den Besitzer, adrett und förmlich in seinem Geschäftsanzug, muß es ein Schock gewesen sein, mich zu sehen, bedeckt mit Öl und grauem Schleim von der Spritzmaschine, mit einem aufgeschürften Fingerknöchel, der von dem wütenden

Kampf herrührte, den Abflußstöpsel des Tanks mit einer Schwedenzange aufzubekommen, und immer noch blutete. Ich knallte ihm hundert Dollar hin als «Akontozahlung» … für die dreihundert, die ich ihm noch schuldete. Er nahm sie höflich entgegen und legte sie in eine Schublade.

Wir setzten uns. Er kannte mich nicht und ich ihn auch nicht, aber ich war weder schüchtern noch verlegen. Zu dem Zeitpunkt erschien mir die Sache völlig vernünftig. Ich würde natürlich Erfolg haben, es ging nur um die Kleinigkeit, das Unternehmen zu starten.

«Es sieht folgendermaßen aus», sagte ich geschäftsmäßig. «Eine Bank in der Stadt, die die Hypothek besitzt, will die Farm haben, und ich auch. Die Zinsen sind bis heute bezahlt, und ich sorge dafür, daß sie immer rechtzeitig bezahlt werden. Das wird durch die Vermietung des Hauses abgedeckt, bis die Ernte reinkommt. Wenn die Bank die Farm übernehmen würde, würden Sie wahrscheinlich Ihr gesamtes Geld sofort bekommen, aber wir besitzen das Grundstück schon seit langem, und es ist das einzige, was aus unserem Wrack noch zu retten ist. Und es ist ein ziemliches Wrack, wie Sie wahrscheinlich wissen.» Er nickte. Anscheinend wußten alle Bescheid. Nun, das erleichterte die Sache, dann konnte ich mir die Erklärungen sparen.

«Ich denke, es würde fünfhundert Dollar kosten, die Maschinen wieder betriebsbereit zu machen, vielleicht mehr. Wollen Sie sie reparieren und das Risiko eingehen? Ich glaube, ich kann es im November bezahlen, aber wenn Sie nicht warten wollen, sagen Sie es. Ich werde es Ihnen in keiner Weise übelnehmen und auf jeden Fall Verständnis haben.»

Er zögerte nicht einmal. «Ich schicke Ihnen gleich heute nachmittag einen Mann vorbei. Keine Sorge, die kriegen wir schon wieder flott.»

Der kleine französische Mechaniker fluchte leise vor sich hin, als er den Traktor durchsah. «Sieht so aus, als hätten sie den ganzen Sommer lang kein Öl reingetan», sagte er. «Na klar, die kriegen wir wieder hin. Dauert etwa eine Woche. Wird aber 'ne Stange Geld kosten. Sie müssen aufpassen, wenn Sie mit diesem Ding hier Baumstümpfe ausreißen oder schwere Pflügarbeit machen. Wenn Sie sehen, daß die Vorderräder in die Luft gehen, hören Sie mit dem Ziehen auf, und zwar schnell. Die bäumen sich manchmal auf, und Sie geraten drunter. Also immer die Vorderräder im Auge behalten. Steckt noch 'ne Menge Arbeit in dem Baby.

Diese Spritzmaschine», fuhr er fort, «ist ein gemeines kleines Miststück, selbst wenn sie in Ordnung ist. Ganz schwer anzuwerfen, aber wenn sie erst mal läuft, läuft sie. Sie sieht nicht allzu schlimm aus. Die kriegen wir schnell wieder hin. Aber Sie sollten lieber jemand kommen lassen, der sich die Pumpe da anschaut. Ihr Vater ließ immer Leute von der Firma kommen, bei der er das Ding gekauft hat. Irgendwo oben bei Boston. Wissen Sie, wo?»

«Ja», sagte ich, «ich weiß es.» Von denen hatte ich ebenfalls eine Rechnung.

Es war irrwitzig teuer, die Spritzmaschine zu reparieren. Die gesamte Messingdichtung der Pumpe war von den ätzenden Chemikalien weggefressen worden. Ich überlegte mir vorübergehend, mein ganzes Geld in die Anschaffung einer neuen Ausrüstung zu stecken, aber die Vorstellung, keinen Cent Kapital mehr zu haben, war unerträglich, und so flickten wir die alte wieder zusammen, und sie hielt im Apfelgarten genauso lange durch wie ich.

Wieder war etwas von der alten Rechnung unbezahlt geblieben, während man mir soweit vertraute, daß man mich neue Schulden machen ließ. In jenen Jahren entdeckte ich, daß das Verhältnis von netten Menschen zu Fieslingen etwa zehn zu eins betrug. Wenn ich zehnmal Glück gehabt hatte, fing ich an, nach der Nummer elf Ausschau zu halten.

Gewöhnlich war dies der Mann von der Bank, die die Hypothek besaß. Er fuhr immer dann mit seinem Cadillac in den Hof, wenn ich mich gerade mit einer störrischen Maschine herumschlug oder dringend die Bäume spritzen wollte, weil ein Wind aufkam. In der Regel fing er damit an, sich zu beschweren, daß ich das «Eigentum der Bank» verwahrlosen lasse, und fügte hinzu, daß ich, sollte sich das nicht bald ändern, allmählich etwas von meinem Kredit zurückzahlen müsse, um die «Interessen der Bank» zu schützen. Ich stand dann wutentbrannt vor ihm – schwitzend, schmutzig und niedergeschlagen – und dachte an die frische Ladung Spritzmittel, das sich unten im Apfelgarten im Tank absetzte und erstarrte.

Die Diskussion endete immer gleich: Das Grundstück sieht verwahrlost aus. Sie werden das Dach des Hauses neu decken lassen müssen. Und ich sagte dann, daß ich im Herbst etwas für die Instandsetzung ausgeben wolle, und wieviel das wäre, hänge von der Ernte ab. Und er verkündete, daß er Schritte unternehmen werde. Was für Schritte? Die Einleitung des Verfahrens zur Kündigung der Hypothek. Er stieg nie aus seinem Auto, sondern sah sich alles von dort aus an und betrachtete es und mich mit kühler Mißbilligung. Ich meinerseits verabscheute ihn und brannte darauf, ihm zu sagen, er solle verschwinden. Seine Besuche schlauchten mich mehr als zwölf geschlagene Stunden spritzen, aber schließlich war er nur der elfte Mann.

Während die Spritzmaschine repariert wurde, konnte ich auf dem Traktor üben. Er hatte keinen Anlasser, und in der Kälte des frühen Morgens sprang er schrecklich schwer an. Ich mußte die Kurbel drehen und drehen, bis meine Kehle trocken und mein Mund bitter vor Salz war. Wenn ich am Ende meiner Kräfte war, keuchte ich laut «Nur noch einmal», und dann wurde er mit einem Brüllen ganz brav lebendig und tuckerte für den Rest des Tages vor sich hin.

Es war schön, oben auf dem harten Sitz zu hocken und

über die Felder zu rattern, wo die hoffnungsvollen grünen Halme sich allmählich durch das Dunkel des Grases vom letzten Jahr schoben. Singvögel trillerten in den Hecken an den Steinmauern, und die Sumpfvögel jubelten im Tiefland. Die Aprilsonne war heiß, aber ein leichter Ostwind trieb einen gelegentlichen Nebelfetzen an den knospenden Eichen der Insel vorbei, und vor der Küste lag die lavendelfarbene Nebelbank und wartete darauf, sich bei Sonnenuntergang in Bewegung zu setzen. Freya galoppierte hinter mir her wie ein langbeiniges Fohlen und wedelte mit ihrem albernen seilförmigen Schwanz. Sie tat so, als wäre sie ein Jagdhund und schob ihr großes runzliges Gesicht in die Löcher der Waldmurmeltiere, aber sie wäre entsetzt zurückgewichen, wenn der Hausherr schimpfend herausgekommen wäre. Manchmal sah ich, wie eines dieser Murmeltiere, geduckt wie ein Präriehund, an seinem Hinterausgang saß, als würde es sich über Freya lustig machen, die sechs Meter entfernt vor seiner Haustür schnüffelte und kratzte.

Der Pfirsichgarten war eine einzige Masse fetter tiefrosafarbener Knospen, die kurz vor der Blüte standen, und keine Spur eines Blattes war an den schlanken Ästen zu sehen. Darunter, am Rand der Marsch, lagen tiefe Haufen von Salzgrasmulch, der vom Gezeiteneis von den Riedbänken entlang der Creeks abgeschoren und von der Flut im Winter hereingespült worden war. Ich füllte ihn in den klapprigen selbstgebauten Anhänger und häufte ihn um die zarten Stämme der Pfirsichbäume auf, um die starke Grassode über den Hauptwurzeln einzudämmen.

Ich liebte die Pfirsichbäume, die ja eigentlich in Persien und China zu Hause waren und im harten Klima von Neuengland nie so richtig heimisch wurden. Nur dank der Anwesenheit des Meeres, das im Winter die Luft temperiert und den Ansturm des Frühlings drosselt, können Pfirsiche überhaupt so weit nördlich gedeihen. Die Reihen zarter Bäume, die sich im Westen und Osten an den Grenzen der Marsch entlangzogen, sahen selbst als junge Bäume so aus, als ob sie bald eingehen würden. Sie waren so dünn und gebrechlich, daß ich Stunden an sie verschwendete, die ich eigentlich gar nicht erübrigen konnte, die Art von Aufmerksamkeit, die man einem kranken Kind gibt, das nicht mehr lange leben wird. Die fünfhundert spindeldürren kleinen Bäume brauchten besondere Spritzungen zu ungewöhnlichen und unpassenden Zeiten. Die Schwefelkalkbrühe und das Bleiarsenat, das für die Äpfel benutzt wurde, waren zu stark und verbrannten die Blätter und das empfindliche Holz der Pfirsichbäume.

Sie waren der ganze Stolz meines Vaters gewesen. Jedes Frühjahr, nachdem sich der Fruchtansatz gebildet hatte, ging er sie einzeln durch und pflückte zwei Drittel der pelzigen kleinen Pfirsiche ab, jeder nur so groß wie die Spitze seines kleinen Fingers, damit der Rest zu einer ansehnlichen Größe wachsen konnte. Ich setzte diese Praxis fort, obwohl das Ausdünnen gerade während der arbeitsreichsten Zeit geschehen mußte, wenn sich der Tag manchmal auf achtzehn Stunden ausdehnte. Später aber, als ich die Äste, die unter ihrer Last übergroßer Früchte zu brechen drohten, abstützen mußte, war ich froh, daß ich die Ausdünnung vorgenommen hatte.

Als die Spritzmaschine endlich wieder einsatzbereit war, fingen die Probleme erst richtig an. Die erste Spritzung hatte ich völlig verpaßt, aber ich hoffte, das würde keine so große Rolle spielen, wenn ich bei den anderen besonders gründlich vorginge. Ich hatte die Chemikalien auf Kredit gekauft, wobei ich bei der Menge von der Bestellung des letzten Jahres ausging. Ich hatte die Zeitplanung und die Mischverhältnisse sorgfältig auf der Tabelle studiert, die vom State Extension Service verschickt wurde. Jeden Morgen war ich durch den Apfelgarten zu dem salzigen Brunnen hinuntergegangen, um die Pumpe anzustellen und nervös zuzusehen, wie der verbrauchte kleine Motor sich abmühte, das Wasser hochzuziehen und es pfeifend und keuchend den Hügel zu dem Holzspeicher hinaufzudrücken, wo wir die Spritzmaschine füllten. Die Zypressenbretter waren während des Winters eingegangen, und tagelang sprudelte das Wasser durch die Ritzen. Ich machte mir keine Sorgen. Das passierte jedes Jahr, und schließlich schwollen sie an und leckten nicht mehr. Als ich nach dem Abendessen hinunterging, um die Pumpe auszustellen und dem Motor seine Nachtruhe zu gönnen, bemerkte ich, wie die Knospen von Tag zu Tag mehr anschwollen, die kleinen Stiele sich trennten, die eingerollten Blütenblätter ihre rosa Spitzen zeigten. Es war Zeit zu spritzen, allerhöchste Zeit.

Als ich am ersten Abend durch das sanfte Licht der Dämmerung ging, ertappte ich mich dabei, wie ich erwartete, meinem Vater zwischen den Bäumen zu begegnen, und konnte beinahe den Ton seiner Stimme hören. Ich spürte, wie mir die Nackenhaare zu Berge standen, als ich mich fragte, was ich wohl täte, wenn wir uns begegneten. Ich kam zu dem Schluß, daß ich vermutlich Angst hätte. Aber als ich darüber nachdachte, wußte ich, daß ich keine Angst zu haben brauchte, denn es würde garantiert ein freundlicher, lachender Geist sein und einer, nach dem ich mich sehnte. Danach blickte ich mich immer hoffnungsvoll um, aber ich sah ihn nie. Daraus schloß ich, daß es keine Geister gab, denn würde es welche geben, hätte ich dort einen sehen müssen.

Schließlich war alles startbereit. In anderen Jahren waren für das Spritzen zwei Männer erforderlich gewesen, einer, um den Traktor zu lenken, und einer, um den Schlauch um die Bäume herumzuschleppen. Ich hatte vor, der Bank ihr Stillhaltegeld zu verschaffen, indem ich die Arbeit alleine machte. Mein Plan war, die Reihe entlangzufahren, anzuhalten und alles zu spritzen, was ich mit dem Schlauch erreichen konnte, und dann weiterzufahren. Ich wußte, daß es eine langsame und mühsame Arbeit sein würde, den steifen Schlauch durch das Gras zu zerren, aber es war möglich, es war zu machen.

An diesem ersten Morgen war ich schon um fünf mit dem Frühstück fertig. Gutgelaunt ging ich zur Scheune hinaus, Freya galoppierte vor mir her, die Vögel sangen, die Sonne war warm und alles war bereit. Der Traktor sprang ausnahmsweise mal fast leicht an. Die Spritzausrüstung auf ihrem zweirädrigen Anhänger, gekrönt mit dem Motor und der Doppelpumpe, hockte bösartig in der Ecke. Man mußte die gegabelte Deichsel über die Deichsel des Traktors legen, Loch über Loch, und beide mit einem Bolzen verbinden. Ich fuhr den Traktor im Rückwärtsgang heran, legte den Gang raus, stieg ab und versuchte es. Ich war zu nah dran. In dem Versuch, den Traktor fünfzehn Zentimeter zu bewegen, hatte ich ihn siebzehn oder sogar zwanzig bewegt ... zu weit weg. Ich versuchte, die Spritzausrüstung zum Traktor zu ziehen ... zu schwer.

Ein halbes dutzendmal manövrierte ich vor und zurück, kämpfte verbissen mit dem Schalthebel und kletterte herunter, um das schwere Vorderteil der Spritzmaschine anzuheben. Ich schaffte es nicht, in die richtige Position zu kommen. Noch nie war ich mir so unfähig und dumm vorgekommen. Hier war ich, vergeudete kostbare Zeit und schaffte es nicht einmal, aus der Scheune rauszukommen. Wenn mein Freund mit dem Cadillac in diesem Augenblick erschienen wäre, hätte er den ganzen Laden umsonst haben können.

Schließlich gab ich das nutzlose Hin- und Herfahren auf und stellte den brüllenden Motor ab. Während ich da in der plötzlichen Stille zusammengesunken auf dem Sitz saß, schien alles auf einmal ganz einfach. Man brauchte nur einen Bock, um das Vorderteil der Spritzmaschine auf die Höhe der Traktordeichsel zu bringen. Ich bastelte einen aus einer Apfelkiste aus Kastanienholz, einigen alten Holzstücken und

Nägeln von diverser Länge – kein Kunstwerk, aber es funktionierte, und schließlich fuhr ich triumphierend aus der Scheune heraus.

Die Spritzmaschine war wie ein altmodisches Motorboot, man mußte das Schwungrad herumwirbeln, um sie anzuwerfen. Ich erinnerte mich an die Angelfahrten in unserem Motorboot, und wie mein Vater, nachdem wir mehr oder weniger erfolgreich herumgezockelt waren, den Anker lichtete und dann das übliche Programm mit dem alten Lathrop-Motor begann. Drehen, keuchen und fluchen, immer wieder, das Gesicht meines Vaters war blaurot vor Wut und Anstrengung, und ich, ein dürres kleines Mädchen, versuchte, in dem schaukelnden Boot das Gleichgewicht zu halten und nicht zu kichern. Die Technik funktionierte noch. Als ich das Schwungrad herumriß, grunzte der Motor, und gerade als ich schon aufgeben wollte, sprang er an, spuckte und klopfte eine Weile und beruhigte sich dann zu einem gleichmäßigen Katschag, Katschag.

Wenn ich spritzte, sahen die Bäume aus, als hätte es geschneit. Jedes Blatt und jeder Zweig war mit dem pulvrigen Gift bedeckt. Ich schätze, es hatte sich gelohnt, da diesen ganzen ersten Sommer über das Obst sauber und ich schmutzig blieb. Der Schwefel und die sengende Sonne zwischen den Bäumen verbrannten mir die Haut, und das Motoröl war tief in die Haut meiner Hände eingedrungen. Abends war ich oft zu müde, um meine Sachen sauberzuwaschen, ich weichte sie hin und wieder nur ein bißchen ein.

Das waren Tage des Triumphs, und ich segelte von Tagesanbruch bis zum Einbruch der Nacht auf einer Welle von Optimismus entlang, während an den beladenen Ästen die sauberen und gesunden Früchte immer größer wurden. Die Farm, die geliebte Farm ... die Bäume, jeder ein Individuum, das ich so gut kennenlernte. Sie würden alles schaffen, die Ausbildung meines jüngeren Bruders beenden, die der Tod meines Vaters unterbrochen hatte, die Hypothek und die anderen Rechnungen abbezahlen, die wir auf so peinliche Weise nicht begleichen konnten. Und was am besten war: Sie würden das Vertrauen rechtfertigen, das mein Vater in sie gesetzt hatte, und die Zweifler verblüffen. Ich verspürte eine wunderbare Aufwallung von Kraft und Stolz. Nach dem langen, heißen, harten Tag fiel ich glücklich ins Bett und erwachte erfrischt und ausgeruht in der Schönheit des Morgens.

•

In diesem ersten Jahr ereigneten sich ein paar schöne Dinge. Nach einem häßlichen Streit mit dem Mann von der Bank über den Zustand des Dachs erschien ein alter Tischler und sagte, wenn mein älterer Bruder ihm helfen könne, würde er neue Schindeln decken. «Er kann einen guten Teil davon selber machen, wenn er sich dahinterklemmt», sagte er. Und das tat mein Bruder.

Der Alte war geradezu beleidigt, als wir ihn bezahlen wollten. «Ihr Vater hat mir schon 'ne Menge bezahlt für die Arbeiten, die ich über die Jahre gemacht hab», sagte er. «Schätze, ich hab genug aus ihm rausgeholt.» Wir hatten immer das Gefühl gehabt, daß mein Vater übers Ohr gehauen wurde, aber das konnte ihm nie jemand sagen. Jedenfalls wurden durch diese Großzügigkeit, die gerade zur rechten Zeit kam, die alten Rechnungen mehr als beglichen.

Wie durch ein Wunder fand mein jüngerer Bruder in jenem Krisenjahr drei ältere Damen aus Boston, die ein Haus am Meer mieten wollten. Sie waren elegantere Unterkünfte als das quadratische schäbige Farmhaus gewohnt, aber sie genossen es, im Schatten zweier alter Ulmen und der Linde zu sitzen und auf die weite Marsch hinauszublicken, und waren fasziniert, als sie erfuhren, daß jemand die Linde einst als kleinen Zweig in seiner Tasche aus England mitgebracht hatte. Von der Miete, die sie zahlten, konnten die Steuern und die

Versicherung des letzten Jahres beglichen werden. Sie beklagten sich nie, wenn Wasserrohre leckten oder die Regenwasserzisterne austrocknete und sie nur noch Brunnenwasser hatten, das vom Salz des Atlantiks brackig schmeckte. Wir hatten es jahrelang getrunken, und jedes andere Wasser kam uns schal vor, aber bis man sich daran gewöhnt hatte, schmeckte es wahrscheinlich grauenhaft.

Als der Heißwasserboiler in der Küche platzte, kam die jüngste der drei Damen mich im Obstgarten suchen und sagte entschuldigend: «Es tut mir so leid, Sie zu stören, aber wir wissen nicht, wie man das Wasser abstellt. Ist das nicht dumm? Sie müssen es uns zeigen.»

Sie zeigten größtes Interesse für alles, was ich tat, und bestanden darauf, daß ich jeden Nachmittag eine Pause machte, um mit ihnen Tee zu trinken. Als ich protestierte, daß ich keine Zeit hätte, mich zu waschen, und gleich wieder an die Arbeit müßte, sagten sie, das mache nichts, ich solle doch bitte kommen. Und so saß ich täglich für eine wunderschöne halbe Stunde mit ihnen zusammen auf der kühlen Steinveranda, erzählte ihnen alle Ereignisse des Tages, trank Eistee und verspeiste kleine Sandwiches und Kuchen. Wenn ich am Ende eines Arbeitstages zu dem kleinen Haus hinter der Scheune wankte, wo ich in jenem Sommer wohnte, waren sie schon vor mir dort gewesen und hatten mir zum Abendessen ein paar Leckereien in einer Serviette dagelassen.

Eines Tages im Juni, als ich gerade eine Tankladung voll Pflanzenschutzmittel gespritzt hatte und den Schlauch zusammenrollte, sah ich Miss Rosamond in ihrem grauen Kattunkleid zwischen den Bäumen herbeieilen.

«Irgendwas ist mit Ihren Bienen los!» rief sie. «Ich dachte, ich sehe da einen alten Pullover an einem Busch hängen, aber es war ein großer, dichter Haufen Bienen, die alle zusammenhingen. Meinen Sie, das könnte ein Schwarm sein?»

Genau das war es.

Um die Blüten zu bestäuben und den Fruchtansatz zu ermöglichen, sind Bienen nötig, und in einem Obstgarten von nennenswerter Größe können das die Hummeln und die kleinen schwarzen Wildbienen nicht schaffen. Außerdem fühlen sie sich nicht verpflichtet, an Äpfeln zu arbeiten, und nehmen das, was am nächsten liegt. Wenn sie erst einmal mit einer bestimmten Blütenart begonnen haben, bleiben sie dabei, bis dort nichts mehr zu holen ist, ganz gleich, ob der Obstgarten in voller Blüte steht und die Blütenblätter anfangen, wie eine rosafarbene Schneeverwehung herunterzuwehen. Es muß also noch zusätzliche Bienen geben, sonst geht die Ernte nicht auf.

Wir hatten fünfzehn Bienenstöcke Italienerinnen mit goldgelbgestreiften Körpern, temperamentvolle Mädchen und leicht reizbar. Sämtliche Familienmitglieder betrachteten sie mit Angst und Schrecken seit dem Tag, als mein Vater beschloß, zum Mittagessen eine Wabe Honig zu holen. Er legte seine Imker-Gala an: einen breitkrempigen Hut mit einem Schleier aus Moskitonetz, der sich unten mit einer Zugschnur zubinden ließ, einen weißen Anzug – weil Weiß die geringste Reizwirkung hat –, hohe Stiefel und ellbogenlange Segeltuch-Handschuhe. Er gab eine gute Figur ab, und wir bewunderten seinen Mut, aber wir blieben im Haus und sahen durchs Eßzimmerfenster zu, wie er zielstrebig zum nächsten Bienenstock schritt. Wir konnten unsere Köchin Jessie in der Küche kichern hören. Er hatte einiges an Publikum.

Bienen versiegeln immer alles mit einem festen braunen Klebstoff, den sie aus dem klebrigen Belag von Knospen und Baumsaft herstellen. Der Deckel des Stocks war fest verschlossen. Mein Vater kippte das Ganze beinahe um bei dem Versuch, den Deckel zu entfernen, und schließlich mußte er ihn mit einem Stein lockerschlagen. Wir konnten sehen, wie er hektisch den Blasebalg des Smokers betätigte, aber die Bienen umgaben ihn wie ein dichter Nebel. Wir konnten nicht feststellen, ob überhaupt Rauch aus dem Smoker kam. Es schien jedenfalls nicht die beruhigende Wirkung zu haben, wie das laut Buch der Fall sein sollte. Schließlich sahen wir ihn den Smoker fortschleudern, seine erste unkontrollierte Geste.

Er hatte den Deckel entfernt, und jetzt konnten wir sehen, wie er mit beiden Händen in den offenen Stock hineingriff, aber die Honigwabe war ebenfalls festgeklebt. Dann gab er das ganze Vorhaben auf und sprintete, verzweifelt mit beiden Armen rudernd, Richtung Haus zurück, verfolgt von einer bedrohlichen trichterförmigen Wolke wütender Bienen. Ein Chor von Gekicher und Gekreisch verriet uns, daß er gerade am Küchenfenster vorbeilief. Meine Mutter war wie ein Blitz bei der Hintertür, bevor er sie erreichte, und schloß sie ab.

«Laßt ihn hier bloß nicht rein mit den ganzen Bienen dran», brüllte sie. «Sie werden uns auffressen. Schnell, schließt die Seitentür ab.» Irgend jemand tat es.

Während er das Haus im Galopp umrundete, gaben einige Bienen die Verfolgung auf, aber es waren noch genug hinter ihm her.

«Die Tür aufmachen, verdammt noch mal!» Knall, Knall, Knall.

«Psst», sagte Mutter zu uns.

«He! Laßt mich endlich rein! Ich habe eine Biene in meiner Haube, und ich krieg das verdammte Ding nicht auf. Macht endlich die Tür auf! Aufmachen, aufmachen! Autsch, verdammt noch mal. Jetzt hat sie mich gestochen. Macht ihr jetzt endlich auf?»

Nach einer Weile, als alle Bienen die Veranda verlassen hatten und wieder in die Sonne und zu ihrem Stock zurückgekehrt waren, machten wir auf. Das Gesicht meines Vaters war blaurot. Ein Auge war zugeschwollen. Für den Rest des Tages wagte niemand zu lachen oder etwas zu sagen, aber gegen Sonnenuntergang hörten wir ihn lachen und fluchen, und da wußten wir, daß alles wieder in Ordnung war. Ich schlich mich nach Einbruch der Dunkelheit hinaus und tat den Deckel behutsam wieder auf den Bienenstock. Das war meine gesamte Imker-Erfahrung.

Danach wurde die Sache von einem uralten Mann mit einem langen weißen Bart in die Hand genommen. Für die Familie war er immer nur Mr. Beeman. Wenn die Bienen schwärmten, mußte er von seiner zwölf Meilen weit entfernten Farm geholt werden, und bis er da war, mußte jemand den Schwarm mit einer Gießkanne besprenkeln. Solange die Bienen dachten, daß es regnete, blieben sie, wo sie waren, und verhielten sich ruhig. Bienen sind eigentlich gar nicht so intelligent, wie oft gesagt wird, und auch nicht so fleißig. Egal, wie sehr die Blüten ihre Zuwendung brauchen, sie weigern sich zu arbeiten, wenn es nieselt, bewölkt oder kühl ist. Oft geht eine Ernte wegen mangelnder Sonne während der Blütezeit verloren.

Ich pflegte Mr. Beeman in sicherem Abstand zu folgen und lernte eine ganze Menge Theorie von ihm. Er konnte seitenweise lateinische und griechische Literatur über Bienenzucht zitieren. Die Methoden schienen sich seit den Zeiten von Horaz nicht wesentlich verändert zu haben, außer daß es leichter war, aus den modernen Bienenstöcken Honig zu entnehmen als aus den Strohkörben. Ich zeigte zurückhaltendes Interesse, Mr. Beemans Einstellung zu dem Thema war mir ein bißchen zu sentimental. Einmal erlebte ich, wie er eine Arbeiterin, die ihren Stachel rachsüchtig in seinen Unterarm gebohrt hatte, sanft mit der Bemerkung entfernte: «Freche kleine Lady, sie begreift es einfach nicht.»

Oft trug er keinerlei Netz und machte sich seelenruhig an die Arbeit, während sein Bart voller summender, herumkriechender und stechender Bienen war. Es war völlig klar, daß die Bilder in den Bienenbüchern, die Imker zeigten, die mit sanft krabbelnden Insekten bedeckt waren, ohne ein einziges

Mal gestochen zu werden, maßlos übertrieben waren; oder die Bienen wurden vorher betäubt. Ich glaube, jeder wird gestochen. Mr. Beeman sagte, das sei gut gegen sein Rheuma.

Jetzt mußte ich, ohne Mr. Beemans Hilfe, den Schwarm, den Miss Rosamond entdeckt hatte, einsammeln. Während ich durch den Apfelgarten ging, hoffte ich insgeheim ein wenig, daß die Bienen schon weggeflogen wären, na ja, nicht wirklich, denn wir brauchten jede einzelne von ihnen. «Ein Schwarm Bienen im Mai gibt einen Haufen Heu», sagte Mr. Beeman immer, und einer im Juni ist auch in Ordnung. Spätere sind zu klein und haben nicht genug Arbeiterinnen, um soviel Honig zu sammeln, wie das Volk zum Überwintern braucht.

Miss Rosamond zeigte mir aus sicherer Distanz den Schwarm. Er sah wirklich wie ein Pullover aus, der etwa zwei Meter über dem Boden an einem Fliederast hing, ein massiver Kegel Insekten, beinahe siebzig Zentimeter lang. Von weitem schienen sie sich nicht zu bewegen, aber als ich näher heranging, sah ich, daß diejenigen auf der Außenseite der Masse über die inneren Schichten krabbelten, die alle miteinander zusammenhingen. Irgendwo in der Mitte der Masse war die Königin. Hin und wieder flogen ein paar davon. Das waren die Kundschafterinnen, deren Aufgabe es war, ein neues Zuhause zu finden. Wenn sie mit einem befriedigenden Bericht wiederkämen, würde die gesamte Masse wie eine Wolke aufsteigen und verschwinden. Es war keine Zeit zu verlieren, da es niemanden gab, der sprenkeln konnte, während ich mich anzog.

In der Scheune stieg ich in den weißen Overall, der mir etliche Nummern zu groß war, und verhaspelte mich vor lauter Aufregung mit den Schnüren. Ich drückte meine Füße in die Gummistiefel hinein, entwirrte die verknotete Schnur des Schleiers, der an einem breitkrempigen Hut befestigt war, zog mir die ganze umständliche Konstruktion über den Kopf, fand die beiden ellbogenlangen Segeltuch-Handschuhe und legte sie nebeneinander. Nach einigem Herumsuchen trieb ich auch den rostigen Smoker und einen leeren Bienenstock auf, komplett mit acht Rahmen mit Waben, die sechseckigen Zellen bereit für Honig, Pollen und Aufzucht.

Der Smoker ist eine auf der Unterseite mit Löchern versehene Kanne, oben befinden sich ein Balg und eine kurze Tülle. Es ist die einzige Waffe des Imkers gegen Tausende wütender Insekten, deren Stiche in großer Zahl den Tod bedeuten können. Mr. Beeman erzählte mir einmal die Geschichte eines Farmers, der seine Bienen in einem Raum in seiner Scheune hielt, nicht in Bienenstöcken. Er ließ sie ihre Waben, wie sie wollten, von der Decke bis zum Boden bauen. Eines Tages ging er in den Raum und stellte eine Trittleiter auf, um etwas von einem Regal zu holen. Er wurde tot aufgefunden. Anscheinend hatte er bei dem Versuch, die zuschlagende Tür zu erwischen, auf der Trittleiter das Gleichgewicht verloren und bei seinem Sturz eine der riesigen Waben mit zu Boden gerissen. Die Bienen stachen ihn zu Tode, bevor er überhaupt wieder auf die Beine kommen konnte.

Die tapferen Bienen, die bereit sind, ihr Leben für die Verteidigung der Gemeinschaft zu opfern, fürchten sich nur vor Rauch. Dieses uralte Erbe stammt angeblich von Waldbränden, dem einzigen Feind, den sie nicht besiegen konnten. Der klägliche kleine Smoker, gestopft mit Sackleinen, Laub, Sägemehl, irgendwas, das mit qualmendem Feuer brennt, wenn es mit dem Balg halbwegs Leben eingehaucht bekommt, bietet einen gewissen Schutz. Bei den ersten Wölkchen geraten Bienen in Panik und vergessen, sich zu verteidigen. Aber es gibt viele Bienen und wenig Rauch.

Während ich nervös den Balg betätigte, näherte ich mich dem Bienenschwarm an dem Fliederast. Eine Feuerzunge schoß aus der Tülle heraus. Die Bienen in nächster Nähe flogen zornig umher, und ihr tiefes Summen stieg zu einem wütenden Heulen an. Ich wich zurück, stemmte den Deckel des Smokers auf und versuchte, auf die Flammen zu spucken, die ich mit meiner Begeisterung dem Inhalt entlockt hatte. Mein Mund war trocken, und es kam keine Spucke. Während die Bienen um mich herum brüllten und sich gegen die Gaze des Schleiers schleuderten, harkte ich schnell eine Handvoll grünes Gras zusammen und stopfte es in die Kanne. Ein erstikkender Qualm quoll hervor, und ich blies ihn um den ganzen Schwarm herum. Es gab ein verzweifeltes Gekrabbel, ein entsetztes Gesumme und dann Ruhe, Angstlähmung.

Ich zerrte den Bienenstock unter den Schwarm. Im Buch stand: «Den Schwarm mit einem kräftigen Ruck herunterschlagen, wobei darauf zu achten ist, daß man so viele Bienen wie möglich in den Stock bekommt. Notfalls den Ast abschneiden ...» Ich konnte mir nicht recht vorstellen, wie ich den Ast mit den ganzen Bienen dran absägen könnte. Besser, den Stock auf einem Stapel Apfelkisten so nah an den Ast heranbringen, daß der Abstand nur noch etwa einen Meter betrug und nicht so viele Bienen danebengehen würden.

Schwitzend vor Aufregung und zu vielen Kleidungsstükken rannte ich zur Scheune zurück, um die Kisten zu holen. Als ich zurückkehrte, war die ganze Masse in Bewegung, die Luft war voller Bienen, und das Summen wurde allmählich höher. Mehr Rauch, schnell, aber der Smoker war ausgegangen. Die Handschuhe runter, ein Streichholz anzünden, noch eins anzünden, den Balg betätigen. So. Die Handschuhe irgendwie wieder an und am Handgelenk nicht gesichert.

Schließlich stand der Bienenstock nicht allzu stabil auf vier diagonal gestapelten Kisten. Jetzt der «kräftige Ruck». Ein Riesenklumpen Bienen fiel auf den Bienenstock, strömte wie dickflüssige Melasse an den Seiten herab und tröpfelte ins Gras. Ein weiterer Klumpen hing noch hektisch am Ast. Das

Brummen des Schwarms stieg zu einem Heulen an, dann zu einem Brüllen. Die Luft war voll mit wütenden Bienen, die Stachel wie Schwerter ausgefahren. Aus dem Augenwinkel sah ich Miss Rosamond zum Haus flüchten.

Ich blies wie wild Rauch um mich herum, aber dann spürte ich etwas, das wie ein glühendes Eisen mein Handgelenk verbrannte, wieder und immer wieder, dort wo Handschuh und Ärmel sich auseinandergeschoben hatten. Ich spürte es, weiter nichts. Ich befand mich mitten in einem Strudel, einem Tornado, und ich konnte nichts anderes tun, als meinen Mann zu stehen und zur Verteidigung kleine Rauchwölkchen um mich zu blasen. Dann nahm die Tonhöhe des heulenden Gebrülls allmählich ab, und als ich auf den Boden blickte, sah ich, wie sich die Bienen aus dem Gras aufrappelten und in den Eingang eilten. Irgendwo im Stock hatte sich die Königin niedergelassen und sich häuslich eingerichtet. Ich tat den Deckel auf den Stock und ging zur Scheune zurück. Sechs Stiche auf einem geschwollenen linken Arm. Kein Rheuma heute.

•

Hätte ich nicht das Pech gehabt, gegen Bienengift so allergisch zu sein, hätte ich diese Nebenbeschäftigung vielleicht ausgebaut. Mr. Beeman war im reifen Alter von neunzig gestorben, und es gab viele Bienenvölker in der Gegend, die er betreut hatte. Ich unternahm nur einen einzigen Versuch, mich als kommerzielle Imkerin zu betätigen, und dabei kam mehr auf mich zu, als ich erwartet hatte. Ein wohlhabender Nachbar rief mich an und sagte, irgendwo im Dachstuhl seines Hauses würden Bienen «nisten». Er berichtete, mit zunehmend kälterer Witterung würden benommene Bienen in das obere Schlafzimmer eindringen und auf dem Boden herumkrabbeln. Er sagte, seine Frau und seine Töchter seien schon des öfteren in die Fußsohlen gestochen worden, und er würde alles tun, um die Bienen loszuwerden. Ich sagte, ich wolle sehen, was sich machen ließe.

An einem warmen Tag im Frühherbst ging ich zu ihm, und nachdem er mir die Bienen gezeigt hatte, die durch die Löcher in den Schindeln hoch unterm Dach ein und aus flogen, hielten wir auf dem Rasen einen Kriegsrat ab. Höhe war noch nie meine Stärke gewesen, und ich zitterte vor Angst angesichts der Vorstellung, in zwanzig Metern Höhe einem Bienenvolk auf den Leib zu rücken. Ich schlug vor, vom Dachboden aus zu arbeiten, aber er war dagegen, mit der Begründung, das Haus wäre dann voller Bienen. Er hatte sich ausgerechnet, daß sie sich in einem dreieckigen Raum zwischen der Dachbodendecke und dem Dachfirst befanden, und sagte, er hätte sie schon vor längerem dort entdeckt, aber sie seien erst in letzter Zeit lästig geworden. Ich blickte ohne Begeisterung auf die Ausziehleiter, die er aufgestellt hatte, und versuchte mir irgendeine Ausrede einfallen zu lassen, um aus der ganzen Sache wieder auszusteigen, aber wenn ich nicht die Wahrheit sagen wollte, daß ich nämlich Angst hatte, schien es keinen triftigen Grund zu geben. Außerdem dachte ich, es könnte ein gutes Geschäft werden.

Ich zog mein Imker-Kostüm an und kletterte zaghaft die Leiter hoch, ermahnte mich, nach oben zu sehen und nicht nach unten, um dieses schreckliche mulmige Gefühl in der Magengrube zu vermeiden. Nachdem ich erst mal an den Fenstern im zweiten Stock vorbei war, vergaß ich meine Bedenken, als ich beobachtete, wie Bienen durch eine Reihe von Löchern ein und aus flogen. Sie arbeiteten und beachteten mich nicht. Die Löcher waren zu klein, um hindurchsehen zu können, aber von dem zufriedenen Gesumme hatte ich das Gefühl, daß ich das Volk ziemlich genau lokalisieren konnte. Ich stieg die Leiter wieder hinunter und gab diesen mageren Lagebericht ab.

Mein Nachbar war Leiter eines großen Unternehmens und gewohnt, Dinge zu regeln. Als ich sagte, ich wüßte nicht, wie ich an das Volk herankommen sollte, hatte er die Antwort parat: «Schneiden Sie ein Loch in die Seite des Hauses. Und wenn da irgendwelcher Honig drin ist, können Sie ihn rausnehmen. Wir könnten ihn auf Eierkuchen streichen oder zu Weihnachten verschenken.»

Ich gab zu bedenken, ich sei keine Tischlerin und würde eine furchtbare Sauerei veranstalten. Das solle nicht meine Sorge sein, meinte er, wenn ich die Bienen und den Honig entfernt hätte, würde er einen Schreiner kommen lassen, der es wieder in Ordnung brächte. Er brachte mir eine Stichsäge, um den Schnitt zu beginnen, eine Spaltsäge, eine Bügelsäge, um die Nägel abzusägen, und ein Brecheisen. Er hatte an alles gedacht. Ich meinerseits bat um einen großen Korb und ein Stück Draht, um daraus einen S-Haken zu machen, damit ich während meiner Arbeit diese ganze Ausrüstung an eine Leitersprosse hängen konnte. Nachdem mir das Gewünschte gebracht worden war, machte ich den Smoker an, für den Fall, daß die Bienen in Aufregung gerieten, sobald ich in ihr Heim hineinsägte. Zum Glück schien es sie nicht weiter zu stören, als ich anfing, mit dem Brecheisen die Schindeln wegzureißen.

Zuerst arbeitete ich nur mit einer Hand und klammerte mich mit der anderen an die Leiter. Aber als ich mich in die Arbeit vertiefte, vergaß ich sämtliche Vorsicht und die schwindelerregende Höhe über dem Erdboden und riß, indem ich mich gegen die Leiter stemmte, mit beiden Händen schwungvoll die Schindeln heraus und zog die Nägel. Wahrscheinlich hätte ich die Schindeln der halben Hauswand heruntergerissen, wenn sich von unten nicht lautes Protestgeschrei erhoben hätte.

Nachdem ich eine große Fläche der unterliegenden Bretterwand freigelegt hatte, begann ich, ein Loch auszusägen, das groß genug wäre, um den Hohlraum hinter der Wand betreten zu können. Zuerst sägte ich ein Brett mit der Stichsäge durch, dann legte ich die Spaltsäge an und sägte drauflos, immer wieder innehaltend, um Atem zu schöpfen. Es war harte Arbeit. Zum Glück fühlten sich die Bienen immer noch nicht gestört, da ich ein gutes Stück seitlich der Stelle arbeitete, wo sich ihre Waben befanden. Außerdem werden Bienen, die viel zu tun haben, so wie diese, und wenn reichlich Honig da ist, nur dann reizbar, wenn ihre Flugbahn unterbrochen wird oder man sich direkt an ihrem Hauptquartier zu schaffen macht. Während ich vor mich hin sägte, summten sie an mir vorbei, mit Nektar und Pollen der Goldrute beladen. Schließlich hatte ich eine etwa einen Quadratmeter große Falltür herausgesägt, und nachdem ich die interessierten Zuschauer unter mir gewarnt hatte, stemmte ich die ganze Fläche ab und ließ sie herunterfallen.

Zum erstenmal, seit das Haus erbaut wurde, strömte Tageslicht in den Dachstuhl und beleuchtete einen dreieckigen Gang, der über die gesamte Länge des Hauses verlief, sowie das erstaunlichste Beispiel von Bienenarchitektur, das ich je gesehen hatte. Über einen Abschnitt von gut drei Metern war der Raum fast voll mit riesigen Waben, die mit Strebepfeilern aus Wachs an Decke, Wänden und Boden befestigt waren. Ich kroch durch das Loch, das ich herausgesägt hatte, hockte mich auf den Boden und bewunderte das Werk dieser Baumeister, die das Gebäude aus winzigen Wachsflocken erbaut hatten, die sie aus ihren Körpern absonderten.

Die Grate und Bögen waren dafür vorgesehen, das Gewicht der honiggefüllten Waben zu tragen, und jede wog mindestens siebzig Pfund. Während des Sommers hatte es beträchtliche neue Bautätigkeit gegeben, wie ich an der hellen goldgelben Färbung des Wachses feststellen konnte. Andere Waben waren alt und schwarz, aber alle, die ich sehen konnte, waren mit Wintervorrat gefüllt, jede sechseckige Zelle säuberlich mit einem Deckel verschlossen. Die Ausschlüpfzeit war fast vorbei, aber es gab immer noch einige Zellen, die Bienenbabys enthielten, winzige, gekrümmte weiße Maden, die von ihren Ammen gepflegt wurden. Der Dachboden wurde von mehreren Völkern bewohnt, jedes mit seiner eigenen Königin und Armeen von Arbeiterinnen, Hunderttausende von Insekten und Millionen von Bienenarbeitsstunden waren nötig gewesen, um die riesigen Waben zu bauen und sie mit Nektar zu füllen, ein paar Tropfen von jeder Blume.

Eine schreckliche Vorstellung, daß ich wie ein Engel der Vernichtung über sie herfallen und Tod und Zerstörung verbreiten würde.

Ich kletterte die Leiter hinunter und berichtete der Familie auf dem Boden, was ich gesehen hatte.

«Sie müssen schon seit vielen Jahren dort sein», sagte ich. «Schrecklich, sie zu töten.»

«Ist das denn nötig?» fragte mein praktisch veranlagter Nachbar. «Können Sie sie nicht brauchen? Vielleicht könnten wir ja auch ein paar Bienenstöcke behalten, wenn Sie sich darum kümmern würden.»

Ich erklärte ihm, um sie dazu zu bewegen, in einem Bienenstock zu bleiben, müßte ich ihre Königin finden, und es müßte die richtige Königin für das richtige Volk sein, sonst würden die Arbeiterinnen sie töten. Ich sagte, ich hielte es für unmöglich, die Königinnen unter den herumschwärmenden Massen ausfindig zu machen.

«Nein», sagte ich, «wenn Sie sie raushaben wollen, werde ich sie alle töten müssen.»

«Nun», sagte er, «vielleicht wäre das doch das Beste, aber retten Sie den Honig.»

«Dann muß ich ihn herausholen, bevor ich sie töte», sagte ich. «Ich werde Kohlenstofftetrachlorid verwenden, und das ist giftig. Wenn ich versuche, den Honig herauszubekommen, werden die Bienen durchdrehen, und es gibt eine Riesensauerei. Sowie ich eine von diesen Waben abbreche, wird sich der Honig über alles ergießen. Besser, Sie lassen mich zuerst die Bienen töten, dann kann ich den Honig sauber entfernen, und Sie können ihn eingraben oder so was.»

«Nein», sagte er stur.

Und so fuhr er in die Stadt, um einen ganzen Stapel von Eimern zu holen, während ich meinen Bienenhut und die heißen Gummistiefel auszog und mich unter einem Baum ausruhte. Die ganze Angelegenheit widerte mich an, und ich fragte mich, ob der Ein-Gallonen-Kanister Kohlenstofftetrachlorid ausreichen würde. Ich wünschte, ich hätte von Anfang an die Finger davon gelassen.

Als er mit den Eimern wiederkam, zogen wir ein Seil mit einem Haken auf, so daß ich sie herunterlassen konnte, wenn sie voll waren. Ich machte mit den Eimern mehrere Gänge die Leiter hinauf und stapelte sie auf dem Dachboden, und schließlich nahm ich eine Schaufel mit einem sauberen Blatt mit hoch sowie den Smoker, der mit Sackleinen und Laub vollgestopft war. Als ich den Dachboden mit Rauch füllte, spürten die Bienen zum erstenmal, daß etwas nicht stimmte, fast gelähmt vor Schrecken, krabbelten sie auf den Waben herum, versuchten aber immer noch, ihre Vorräte zu verteidigen.

Ich stieß das Schaufelblatt in die nächstgelegene Wabe. Der dicke dunkle Honig strömte und spritzte auf den Boden. Ich schaufelte Wabe, Honig, Bienen und alles in einen Eimer. Rauch oder nicht, das war zuviel für die Bienen. Sie brüllten in einer Wolke um mich herum oder strampelten und ertranken im Honig.

«Hier kommt die erste Ladung», rief ich, während ich den Eimer herunterließ. Der Nachbar hatte sich in einen improvisierten Schutzanzug geworfen. Seine Frau und seine Töchter hatten auf der Veranda Zuflucht gesucht, wo sie hinter dem Gitterfenster sicher waren und trotzdem einen guten Blick auf das Geschehen hatten. Er stand tapfer seinen Mann, als die Bienen, schreiend vor Wut, dem Eimer nach unten folgten.

Der Eimer stieß gegen den Fenstersims im ersten Stock, kippte, und der Honig und die Wabenstücke ergossen sich an der Hauswand herunter. Einige Bienen hielten inne und versuchten, etwas von dem Wrack zu bergen. Die anderen verfolgten in einer Wolke den Eimer weiter nach unten. Der Nachbar befreite hastig den Haken und rannte dann um sein Leben. Aber die Bienen schenkten ihm wenig Beachtung, sie waren nur darauf aus, den Honig wiederzubekommen. Sie fielen in den Eimer und versuchten zu schwimmen oder krabbelten mit durchtränkten und knittrigen Flügeln auf schwimmende Wabeninseln oder auf den klebrigen Rand des Eimers.

Im Verlauf des Nachmittags war alles zunehmend mit Honig bedeckt. Die Finger meiner Handschuhe klebten zusammen, die Sprossen der Leiter waren mit dem Zeug und mit zerquetschten Bienen verschmiert, goldfarbene Bäche tröpfelten an der Hauswand herunter, und auf dem Rasen waren Lachen von Honig und strampelnden Bienen.

Bald standen zwanzig Eimer, jeder mehr oder weniger mit einer unappetitlichen Masse gefüllt und von seiner eigenen Wolke panischer Insekten umschwirrt, auf dem Rasen herum, und immer noch waren Hunderte von Pfund im Dachboden. Schließlich rief mein Nachbar, allmählich entsetzt über die Sauerei und schon mit einigen Stichen versehen, zu mir hoch: «Das reicht.» Ich war am Ende meiner Kräfte, völlig erschöpft, und von dem ständigen Weinen der Bienen hatte ich Kopfschmerzen bekommen.

Als es dunkel wurde und die letzten traurigen Nachzügler in ihre zerstörte Behausung zurückgekrochen waren, machte ich einen letzten Gang die Leiter hoch mit dem Kohlenstofftetrachlorid. Das schwere Gas legte sich in jeden Winkel des Wabengebäudes. Sehr bald war alles, Königinnen, Hofdamen und die ganze Gesellschaft der Arbeiterinnen, tot.

Später erfuhr ich, daß es ein kleines Vermögen gekostet hatte, das Haus wieder instand zu setzen, obwohl Räuberbienen, wahrscheinlich meine eigenen, den Honig von den Schindeln putzten und ihn ihren eigenen Wintervorräten einverleibten. Den vergifteten Honig vom Dachboden rührten sie nicht an, und schließlich wurde alles herausgeschaufelt und vergraben. Jahrelang erinnerte mich die unregelmäßige Stelle neuer Schindeln an meinen ersten und letzten Versuch, eine professionelle Imkerin zu werden.

•

Ich lernte George Sledge bei einer Obstbauernversammlung kennen, und wahrscheinlich war es mein Aussehen, was ihn veranlaßte, mich anzusprechen. Er kannte sich jedenfalls mit Bienen und den modernsten Methoden aus, die er bereitwillig weitergab. Zwei Tage vor dem Treffen war ich gestochen worden, und ich sah immer noch sehr merkwürdig aus. Als ich mit meinem Traktor durch eine Flugbahn fuhr, verfing sich eine Biene in meinen Haaren, und bevor ich sie befreien konnte, stach sie mich in den Kopf. Der Schmerz an sich ist unbedeutend, so, als ob man ein heißes Bügeleisen berührt, aber binnen einer Viertelstunde waren meine Drüsen hinten am Hals derart angeschwollen, daß ich den Kopf nicht mehr drehen konnte. Dann schwollen die Drüsen unter meiner Achselhöhle an, und bald war der Arm so steif, daß ich ihn kaum noch bewegen konnte. Mein linkes Auge war zugeschwollen, und mein Ohr war nur noch ein Fleck. Selbst zwei Tage danach sah ich immer noch so merkwürdig aus, daß die Leute auf der Versammlung mich verstohlen betrachteten und dann wegsahen. Vielleicht wußte Sledge, was mir passiert war, jedenfalls sprach er mich an, und wir fingen gleich an, über Bienen zu reden.

Er sagte, er produziere und verkaufe Honig per Wagenladung, und ich stellte mir einen offenen Güterwagen vor, der bis zum Rand mit dickem goldgelbem Zeug gefüllt war, das träge herumschwappte, wenn der Zug anhielt und losfuhr. Da meine Bienen nie mehr als ein paar kaum gefüllte Kästen Wabenhonig produzierten, und oft nicht mehr als das, was sie brauchten, um durch einen harten Winter zu kommen, war ich interessiert zu erfahren, wie er das anstellte.

George Sledge war ein Südstaatler, ein großer Mann mit einem platten Gesicht, wie ein blonder Eskimo, mit schmalen Augen, die wie Glassplitter blitzten. Er war immer sehr nett und hilfsbereit zu mir, aber ich hatte das Gefühl, daß er irgend etwas Unheimliches an sich hatte. Ich glaube, er hätte nicht gezögert, jemanden umzubringen, der ihn reinlegen wollte, und ich fragte mich immer, ob er in dem Staat im Süden, aus dem er kam, «einen Mann umgelegt» hatte – seine Bezeichnung. Er sagte nie, aus welchem Staat er stammte, und sah mich scharf an, als ich sagte, meine Mutter käme aus Louisiana, und daß ich seinen schleppenden Südstaatenakzent erkannt hätte. Er lebte bei einem alten Ehepaar aus Neuengland am Rand einer nahe gelegenen Stadt, und seine Beziehung zu ihnen war ebenfalls sonderbar. Er bewegte sich so frei im Haus, als wäre er ihr Sohn. Seine Bienenvölker waren über ihr Land verstreut, und er hatte sich den Dachboden ihrer Scheune als Werkstatt eingerichtet, mit einer Menge erstklassiger Werkzeuge. Er machte wunderschöne Schreinerarbeiten und stellte antike Möbel her, komplett mit Holzwurmlöchern.

Das alte Paar nannte ihn nie anders als Mr. Sledge, aber er ging im Haus ein und aus und bediente sich vom Eisschrank, als gehöre das alles ihm. Oft schenkte er mir Gemüse oder Himbeeren aus dem Garten oder Trauben von den Weinstöcken, und ich wußte nie genau, bei wem ich mich dafür bedanken sollte. Er hatte einen ganzen Stall voller Vorurteile, gegen Neger, Katholiken, Juden, Ausländer und «Verdammteyankees». Seine hämischen und giftigen Bemerkungen gab er in einem Ton von sich, der so weich war wie das Tropfen seines eigenen Honigs, Bemerkungen, die mich normalerweise sofort auf die Barrikaden gebracht hätten. Er prahlte mit seiner Mitgliedschaft im Ku-Klux-Klan und gab mit seinen Heldentaten an, flammende Kreuze, die auf den Hügelspitzen Neuenglands brannten. Angesichts seiner zusammengekniffenen Augen und gekräuselten Lippen hielt ich den Mund und fühlte mich nicht wohl dabei. Ich hatte Angst vor ihm, ich gebe es zu, und ich war überzeugt, dem alten Ehepaar, bei dem er wohnte, ging es genau so.

Sledge hatte ein meisterhaftes Händchen mit Bienen. Seine Völker waren um die Ränder eines Sumpfes herum verteilt, wo Clethra-Sträucher wuchsen. Von diesen kleinen süßduftenden Blumen machten seine Bienen einen Honig, der ebensogut war wie der von Orangenblüten. Während wir zwischen den Bienenstöcken umhergingen, erzählte er mir viele praktische Details aus seiner eigenen Erfahrung. Er wußte alles, was in den Büchern stand, und eine Menge, was nicht drin stand. Er hatte Bienenstöcke mit zehn Rahmen statt der acht, wie sie Mr. Beeman und die traditionellen Imker empfahlen. Das schuf Platz für größere Völker und gab zwei zusätzliche Rahmen für den Wintervorrat. Er hatte eine spezielle Methode, die es seinen Bienen nicht erlaubte zu schwärmen, so daß sie die ganze Zeit volle Arbeitsleistung brachten.

Wenn die Tage warm werden und die neuen Arbeiterinnen für die Saison geschlüpft und voll entwickelt sind, wird das Volk vom Schwärmfieber erfaßt. Nur eine kleine Gruppe Arbeiterinnen überwintert, in einer Kugel um die alte Königin gedrängt. Sie sind halb ruhend und bewegen sich nur, um die Königin und sich selbst mit gerade soviel gelagertem Honig zu versorgen, daß Wärme und Lebensfunktionen erhalten bleiben. An warmen Tagen kommen diese Arbeiterinnen heraus und fliegen herum, um sich zu erleichtern, denn ihren eigenen Bienenstock würden sie niemals verunreinigen. Wenn sie bei lang anhaltenden Kälteperioden diesen reinigenden Flug nicht unternehmen können, sterben sie im Stock, von ihren eigenen Exkrementen vergiftet. Sledge sagte, seiner Erfahrung nach sei dies in unseren Breiten noch nie vorgekommen. Bienen, die es nicht schaffen zu überwintern, verhungern.

Nach unseren Inspektionsrunden setzten wir uns in den Garten unter eine Kastanie, und Sledge redete mit seiner weichen Stimme immer weiter. Er erzählte, wie die Königin in dem Stock bleibt und nur zweimal in ihrem Leben herauskommt: an der Spitze eines Schwarms, um ein neues Volk zu gründen, und für ihren Hochzeitsflug. Sie paart sich nur einmal in den zwei Jahren ihres Lebens und legt danach befruchtete Eier. Das Geschlecht wird von den Arbeiterinnen bestimmt. Soweit bekannt ist, sind alle Eier der Königin identisch, und ob sie sich zu Königinnen, Arbeiterinnen oder Drohnen entwickeln, wird durch die Form der Zelle bestimmt, die die Arbeiterinnen für sie bauen, und durch die Nahrung, die von den Ammen geliefert wird, sorgfältig ausgewogene Mischungen aus Pollenproteinen und Honig-Kohlenwasserstoffen. Sledge erzählte mir, das sei wie die geheime japanische Diät, die aus dünnen kleinen Jungen fett- und muskelbepackte Ringkämpfer macht.

Wenn die Königin alt wird, ergreift der Drang zu schwärmen das Volk. Die Arbeiterinnen bereiten dann in der dunklen Kammer des Brutnests besondere Zellen vor, die um vieles größer sind als die anderen, und die sich entwickelnden Larven werden mit der königlichen Nahrung gefüttert. Zur richtigen Zeit werden die Zellen versiegelt, und dann findet die Verwandlung von der gekrümmten weißen Made zum voll entwickelten Insekt statt. Die frisch geschlüpften Königinnen kämpfen darum, die bestehenden Bienenstöcke zu übernehmen oder einen Teil der Arbeiterinnen in eine neue Behausung zu führen: so entsteht ein Schwarm. Sledges Methode, einen Schwarm zu verhindern, bestand darin, die alte Königin zu töten und durch eine neue zu ersetzen. Das machte er jedes Jahr im Frühjahr, und zwar in all seinen hundert Kolonien. Danach öffnete er zwei Monate lang einmal in der Woche jeden einzelnen Stock und suchte in den wimmelnden Brutrahmen nach keimenden Königineiern. Die zerdrückte er. Die haselnußförmige Wiege der keimenden Königin ist leicht zu erkennen. Die Arbeiterinnen lassen sich von dem Unglück nicht entmutigen und fangen wieder von vorne an, aber gegen Ende der Saison geben sie schließlich auf.

Von ihrem instinktiven Wissen um den herannahenden Winter angetrieben, den sie schon im August spüren, werden sämtliche Anstrengungen im Bienenstock auf die Anlegung der Honigvorräte gelenkt. Die Drohnen, die von den Arbeiterinnen im Überfluß hochgepäppelt worden sind, um sicherzugehen, daß die Königin einen Mann bekommt, haben einen angenehmen Sommer damit verbracht, vor dem Schlupfloch in der Sonne zu hocken, sich an frisch gemachtem Honig vollzufressen oder kurze taumelnde Flüge um den Stock herum zu unternehmen. Von ihnen hat nur einer eine Partnerin gefunden, und er hat nicht so lange gelebt, um zurückzukehren und die Geschichte zu erzählen. Sein Augenblick der Ekstase war sein letzter, und hoch aus der Luft, wo seine Existenz ihre Berechtigung fand, ist er tot zu Boden gefallen. Der Rest der Junggesellen sind überschüssiges Gewicht, stachellose fette Jungen, die sich nicht einmal selbst ernähren können.

Wenn die Hektik der Vorbereitung auf den Winter beginnt und der Honigfluß nachläßt, werden diese faulen Burschen nicht mehr geduldet. Jeder wird erbarmungslos von zwei kleinen Arbeiterinnen an den Flügeln gepackt, von der Türschwelle gezerrt und im Gras neben dem Stock totgestochen. Andere werden drinnen vom Essenstisch weggeholt, und ihre Körper werden zusammen mit dem Abfall von der Putzkolonne hinausgefegt.

All dies und vieles mehr erfuhr ich von Sledge. Obwohl ich mein Kapital angreifen mußte, war ich von seinem System derart beeindruckt, daß ich nach Hause ging, meine Acht-Rahmen-Bienenstöcke durch zehnrahmige ersetzte und fünfzehn gezüchtete italienische Königinnen bestellte.

Endlich trafen die Königinnen in ihren kleinen Käfigen per Post aus dem Süden ein. Es war das erste Mal, daß es derartige Post in der Stadt gab, und die Beamten waren von den königlichen Insekten fasziniert, jedes mit seiner eigenen kleinen Gruppe von Hofdamen, die sich während der Fahrt um Ihre Majestät gekümmert hatten. Ein bienengroßes Loch am Ende eines jeden Käfigs war mit Zuckerfondant zugestöpselt, und sobald die Arbeiterinnen es weggefressen hatten, würde die Königin den Käfig verlassen. Ohne sich von der interessierten Menge im Postamt stören zu lassen, kümmerten sich die Arbeiterinnen um ihre Königin. Einige eilten mit Nahrung von dem Zuckerstöpsel herbei, die sie kauten und dann sorgfältig an die Königin verfütterten. Andere fächelten ihr mit vibrierenden Flügeln Luft zu oder glätteten ihren schmalen Körper mit ihren respektvollen Beinen. Niemals, selbst in den engen Käfigen, drehten sie ihr den Rücken zu, sondern umringten sie in einem schützenden Kreis, stets den Kopf in ihre Richtung, die Stacheln bereit zur Verteidigung.

Sledge war so nett, vorbeizukommen und mir den Trick zu zeigen, wie man die neuen Königinnen ins Volk einführt. Wie alles, was mit Bienen zu tun hat, war es kompliziert. Die neue Königin konnte nicht einfach ins Volk freigelassen werden, sonst wäre sie sofort umgebracht worden. Sie mußte allmählich eingeführt werden, damit sie den Geruch des Stockes annehmen konnte. Aber zuerst mußte die Neuengland-Königin gefunden und getötet werden. Die berühmte Nadel im Heuhaufen war nichts dagegen; es galt, eine Biene unter den herumwimmelnden Tausenden von Bienen im Stock zu finden. Sledge wußte, wo er suchen mußte, und auf einem der mittleren Rahmen machte er mich auf das sternenförmige Cluster von Arbeiter-Wächterinnen aufmerksam. Dort in der Mitte war Ihre Majestät, unverkennbar, ihr schlanker Körper rötlichbraun, ohne die vulgären Streifen, die von ihren Untertanen getragen wurden. Sie war viel größer, viel anmutiger, viel würdevoller als ihr Gefolge.

«Sie brauchen keine Angst zu haben», sagte Sledge. «Sie wird Sie nicht stechen. Sie hebt ihren Stachel für eine andere Königin auf und überläßt die Drecksarbeit den Arbeiterinnen.»

Er nahm sie heraus und hielt sie mir hin, damit ich sie inspizieren konnte. Sie wehrte sich nicht. Er zerdrückte sie erbarmungslos zwischen seinen stämmigen Fingern.

Es dauerte nicht lange, bis das seiner Königin beraubte Volk demoralisiert war. Gruppen untätiger Arbeiterinnen hockten auf dem Stock oder schwirrten ziellos um ihn herum. Die ganze Arbeitsroutine war zusammengebrochen, aber Sledge sagte, sie seien immer noch nicht bereit, eine neue Königin aus einem fremden Land zu akzeptieren. Das würde erst der Fall sein, wenn das Volk wirklich verzweifelt sei, trotzdem müsse die Königin den Geruch des Stockes annehmen. Ich sah zu, wie er von einem Stock einen Rahmen mit schlüpfbereiten Jungbienen auswählte. Diesen steckte er in einen besonderen Käfig mit Moskitodrahtnetz und einem Schiebedeckel. Dann tat er den kleinen Käfig mit der neuen Königin hinein, schob die ganze Vorrichtung wieder an ihren Platz und schloß den Stockdeckel. Er sagte, die Arbeiterinnen könnten die neue Königin zwar sehen, aber nicht an sie herankommen und ihr Schaden zufügen. In der Zwischenzeit wäre allein schon ihre Anwesenheit beruhigend und alles würde wieder an die Arbeit gehen.

Ich erledigte die gleiche Arbeit mehr schlecht als recht bei den anderen vierzehn Stöcken, wobei ich mir einige Stiche holte, und wartete dann eine Woche, wie er mir gesagt hatte.

Ich hatte das Gefühl, daß alles bestens war, da die Bienen hochmotiviert wirkten und ich keine Arbeiterinnen sah, die untätig herumhingen. Sledge riet mir, für die Öffnung der Stöcke und das Entfernen der Drahtkäfige einen Zeitpunkt zu wählen, an dem die Bienen mit dem Honigsammeln beschäftigt waren und sowenig Unruhe wie möglich zu verursachen, da die Arbeiterinnen sich sonst auf die neue Königin stürzen und sie in ihrer Aufregung töten könnten.

Schließlich kam der Tag, und ich näherte mich dem ersten Stock – von hinten, wie ich es gelernt hatte, um zu vermeiden, daß mein Schatten auf die Türschwelle fiel und die Flugbahn unterbrach. Ich beobachtete, wie die schwerbeladenen Arbeiterinnen landeten und in den Stock eilten. Ich nahm den Deckel ab und holte behutsam den mit Draht geschützten Rahmen heraus. Im Laufe der Woche waren an die fünfundzwanzig Arbeiterinnen geschlüpft und hatten ihre Pflichten aufgenommen. Der Reisekäfig der Königin war leer, der Zuckerstöpsel vollständig weggefressen. Eine neue Gruppe von Hofdamen umringte sie. Während ich zusah, brachten mehrere Honig aus den Zellen, die sich an den äußeren Rändern der Wabe befanden. Das beste Zeichen war, daß ich das ruhige Summen eines zufriedenen Volkes hören konnte. Die Arbeiterinnen brachten weiter Honig herein und beachteten mich gar nicht. Ich schob das Schutznetz weg und steckte den Rahmen wieder an seinen Platz.

Irgendwann, wenn die letzten Kinder der alten Königin an Überarbeitung gestorben waren, was bei Arbeitsbienen schon nach wenigen Wochen geschieht, würde der Stock mit der starken Nachkommenschaft der jungen Königin gefüllt sein. Ich brauchte nur noch den restlichen Sommer lang jeden Rahmen eines jeden Stocks zweimal im Monat zu untersuchen, um sicherzugehen, daß keine aufständische Gruppe eine neue Königin ausbrütete und eine Schwärmung vorbereitete. Dies mußte um die Mittagszeit geschehen, wenn die

Bienen zu sehr mit Honigsammeln beschäftigt waren, um sich um Störungen zu Hause zu kümmern. Also fing ich bei Tagesanbruch, so um halb vier Uhr morgens mit Spritzen an, machte um vier Uhr nachmittags weiter und arbeitete bis zum Einbruch der Dunkelheit. Ein langer, langer Tag. Solange ich das durchhalten konnte, war es gut, da am frühen Morgen und am späten Nachmittag in der Regel kein Wind wehte, der das Spritzmittel fortblies.

Sledge riet mir, immer einen reichlichen Vorrat an Aufsätzen in den Stöcken zu lagern – die Kästen, in denen die Bienen ihren überschüssigen Honig deponieren. Auf meinen Inspektionsrunden stellte ich zwischen diejenigen, die gerade aufgefüllt wurden, neue hinein, wobei mir die Gewohnheit der ordentlichen Bienen zugute kam, erst das Magazin, das sie begonnen hatten, vollzumachen, bevor sie das nächste füllten. Die kleinen Kästen für den Wabenhonig, die immer auf unserem Frühstückstisch gestanden hatten, zog ich aus dem Verkehr und konzentrierte mich auf große Waben, aus denen der Honig extrahiert werden konnte. Die Bienen arbeiteten nicht gern mit den kleinen Kästen, da zuviel Zeit mit Kleben und Wabenherstellung in den kleinen Quadraten vergeudet wurde. Wenn sie unzufrieden waren, befiel sie das Schwärmfieber, und dann fingen sie an, Zellen für Königinneneier zu bauen.

Ich befolgte Sledges System, es gab keine Schwärme mehr, und die Völker waren kräftig genug, um den Winter von Neuengland zu überleben. Am Ende hatte ich reichlich Arbeiterinnen, als ich sie am dringendsten brauchte, zu Beginn des Frühjahrs, als die Bäume anfingen zu blühen.

•

Wenn ich auf diesen ersten Sommer zurückblicke, ist mir schleierhaft, wie ich es geschafft habe, all die Dinge zu tun, die getan werden mußten, aber irgendwie wurden sie getan. Ich ritt auf der Welle der Begeisterung und Hoffnung, und trotz des Ärgers mit den oft störrischen Maschinen, den Insektenstichen und den Spritzmittelverbrennungen, war ich glücklich.

Obwohl ich abends hundemüde war, wachte ich jeden Morgen begierig auf, den neuen Tag zu beginnen. Während ich durch den Apfelgarten ging, um die Pumpe anzustellen, genoß ich die Schönheit der Morgendämmerung, den ersten Bogen Licht im Osten und die dunstigen Schatten zwischen den Bäumen, dann den rotgoldenen Glanz, der sich ausbreitete, und den glühenden Rand der Sonne, die sich aus dem Meer erhob, begleitet vom vielstimmigen Freudengesang der Vögel. Ich stimmte krächzend ein, neckte Freya und stürzte mich auf sie, wenn sie mich drängte, mit ihr zu spielen, Vorderbeine und Brust ins taunasse Gras gedrückt, die Hinterläufe hochgestellt und heftig mit ihrem albernen Schwanz hin und her peitschend. Oder es gab die Morgen mit leichtem Regen, die Tage, wenn der Wind von Osten wehte und die ganze Luft mit der Brandung des Meeres und dem Geschrei der Möwen erfüllt war. Es war alles herrlich, und mir fehlte die Gesellschaft anderer Menschen überhaupt nicht.

Die Apfel- und Pfirsichspritzungen wurden genau zur richtigen Zeit abgeschlossen – beim Spritzen ist der richtige Zeitpunkt entscheidend. Die neuen Blätter und wachsenden Früchte müssen mit Gift bedeckt sein, vor allem die McIntosh-Äpfel, deren Blätter und Früchte von einem widerlichen Pilz namens Apfelschorf befallen werden. Die Sporen sind überall und brauchen nur ein bißchen feuchtes Wetter oder Regen, um sich zu entwickeln. Wenn sie sich erst einmal als schmutzigbrauner Pelz auf einem ungeschützten Blatt festgesetzt haben, ist es fast unmöglich zu verhindern, daß sie sich auch auf die unreifen Äpfel ausbreiten. Zur Erntezeit hat ein derart befallener Apfel im besten Fall mehrere schuppige Stellen, die ihn wertlos machen, und schlimmstenfalls häßliche schwarze Flecken, unter denen die Haut aufplatzt und die die Frucht faulen lassen.

Die Liste der Feinde war endlos, und jeder hatte seine eigene Saison. Apfelwickler, Blattläuse, rote Spinnen, Rüsselkäfer (Curculionoidea – ein hübscher Name für einen widerlichen winzigen Käfer, der besonders große Zerstörung unter Pfirsichen anrichtete), Schorf, Mehltau und, am allerschlimmsten, die Apfelfruchtfliege, eine dreieckig geformte Fliege, deren Made unter die Fruchthaut schlüpfte und sich kreuz und quer durchs Fruchtfleisch fraß, bis die Frucht nur noch ein Sack fauler Pampe war. Nachts träumte ich oft von meinen Feinden.

Bei jeder Herausforderung mußte ich mit dem entsprechenden Spritzmittel bereit sein, und jeder Mischung mußte das böse ätzende Zeug beigemischt werden, Schwefelkalkpulver gegen Apfelschorf. Mit etwas Glück brauchte man drei Tage, um die tausend Bäume einmal zu behandeln.

Ich machte in jenem ersten Jahr sieben Spritzungen. Die Tage mitgezählt, an denen ich, Anfang Frühjahr, im Schlamm steckenblieb, und jene, an denen plötzlich Wind aufkam und das Spritzmittel fortblies, so daß ich alles noch mal machen mußte, und die elenden Tage, an denen die eine oder andere Maschine den Dienst versagte, muß ich allein fürs Spritzen einen ganzen Monat gebraucht haben. Unter den Bäumen herrschte eine Ofenhitze. Die Schönheit der Morgendämmerung war vergessen, wenn ich mich dort, ohne einen Blick oder einen Gedanken für irgend etwas anderes, mit verbissener Konzentration abrackerte. Der dreißig Meter lange Hochdruckschlauch war schwer und steif. Er schien mit einem feindseligen Innenleben erfüllt zu sein, schlängelte sich um unsichtbare Hindernisse im Gras, wellte sich, baute in seinem Inneren einen gefährlichen Druck auf, so daß er bedrohlich anschwoll, oder es gelangten winzige Schuppenpartikel vom Tank hinein, die die Spritzdüsen verstopften. Wenn das passierte, mußte ich rennen, um den Druck zu verringern, mußte den Düsenkopf aufschrauben und die Teile unter der Membran abzupfen.

Es schien immer noch genug Druck im Schlauch übrigzubleiben, um mir den Schwefel oder das Bleiarsenat ins Gesicht zu spritzen oder es mir über die Hände zu tröpfeln, und so wurden alte Verbrennungen durch neue aufgefrischt. Meine Hände waren so abgehärtet, daß es nur zwischen den Fingern wunde oder schuppige Stellen gab, aber Gesicht und Hals hatten den ganzen Sommer über Blasen. Um meine Probleme noch zu vergrößern, tafelten Mücken und Bremsen nach Belieben auf mir, wenn meine Hände zu beschäftigt waren, sie zu verscheuchen. Ich versuchte es mit Netzen und Masken und Overalls, schwitzte aber derart, daß ich mich noch elender fühlte, und so arbeitete ich schließlich in einer verdreckten Latzhose und einem Hemd und rieb die frei liegende Haut mit Fett ein, was ein bißchen half. Doch der Stolz, den ich über die heranreifenden prächtigen makellosen Früchte empfand, entschädigte mich für all diese Härten. Ich war immer schon drahtig und zäh gewesen, und abends war ich zu müde, um mir über die Zukunft Sorgen zu machen oder über die Vergangenheit nachzubrüten. Ich schnappte mir irgendwas, egal was, zu essen und fiel ins Bett.

Neben der Bienenhaltung und dem Spritzen gab es noch reichlich andere Dinge zu tun. Jeder Baum mußte seine Dosis Natriumkarbonat bekommen, das aus einem Eimer unter den Ästen verteilt wurde. Die Pfirsiche mußten ausgedünnt und gemulcht und das Gras zwischen ihnen mit einer Sense gemäht werden. Ich hatte noch nie zuvor eine Sense geschwungen und säbelte mir bei den ersten Versuchen fast die Beine ab. Ich wurde nie besonders geschickt mit der Sense. Ich schaffte es nicht, die Klinge richtig scharf zu bekommen, und ich meisterte auch nie den eleganten Körperschwung, sondern hackte mit linkischem Einsatz von Armen und Schultern das Gras ab. Für mich sah es gut aus.

Als das Gras im Apfelgarten so lang geworden war, daß es fast unmöglich wurde, den Schlauch hindurchzuziehen, kaufte ich für fünf Dollar einen Mähdrescher aus fünfter Hand, der für ein Pferdegespann konstruiert war. Ein Schmied stellte einen Haken her, der sich am Traktor befestigen ließ. Ein für einen Traktor konstruierter wäre besser gewesen, aber ich konnte mir keinen leisten. Die improvisierte Ausrüstung erforderte zwei Leute, einen, der den Traktor fuhr, und den anderen, der auf dem Mähdrescher stand und die schnitzelnde Schneide mit ihren dreieckigen Messern über den unebenen Boden führte. Es war mein Glück, daß Charlie, der in der Nähe auf einem Sommersitz arbeitete, sich bereit erklärte, mir nach seiner Arbeit zu helfen. Die Arbeit wurde an drei Abenden erledigt, und der Apfelgarten sah aus wie ein Park.

Es war wunderbar, mit Charlie zu arbeiten, selbst nur für diese drei Tage. Es war mir nicht so klar gewesen, aber es hatte mir gefehlt, daß ich niemanden hatte, mit dem ich mich unterhalten konnte. Im Endeffekt konnten wir wegen des Lärms, den der Traktor machte, zwar nicht viel reden, aber es war schön, sich umsehen zu können, und da war Charlie und grinste mich von seinem Platz auf dem Mäher an. Während wir uns auf die Arbeit vorbereiteten und nachdem wir fertig waren, stellte ich fest, daß ich richtig ausgehungert war zu erfahren, wie es anderen Menschen ging. Ich saugte jede Einzelheit seiner Probleme, Enttäuschungen und Triumphe mit intensivstem Interesse auf. Es ging mir durch den Kopf, daß ich vielleicht doch nicht dazu bestimmt war, als Einsiedlerin zu leben.

Charlie war ein schlanker stiller Engländer mit sehr klaren, ehrlichen blauen Augen. Er sprach von seiner Frau und seinen beiden kleinen Kindern und seinem Traum, eines Tages seine eigene Farm zu besitzen, aber bei dem Lohnniveau der gegenwärtigen Wirtschaftskrise schien dieser Tag noch in weiter Ferne zu liegen. Sein großes Interesse galt Blumen und Gemüse, und ich glaube wirklich, er hätte auf einem gepflasterten Bürgersteig etwas zum Wachsen bringen können.

«Ich war früher Akkordarbeiter in der Fabrik», sagte er. «In meiner Familie waren alle in den Baumwollspinnereien in Lancashire beschäftigt. Ich hab einen ordentlichen Wochenlohn geschafft. War ein schneller Arbeiter, wenn ich das sagen darf. Dann wurde ich krank, und der Arzt sagte mir, daß ich mich kaputtmache. Hat gesagt, wenn ich da weitermachte, könnte ich mir in ein paar Jahren die Radieschen von unten angucken. Ich hab schon immer gern Dinge zum Wachsen gebracht und hab da wohl ein gutes Händchen für. Ich werd damit nie soviel Geld machen wie früher, und meine Frau hat Schwierigkeiten, damit auszukommen. Aber ich sage ihr: Ich kann froh sein, daß ich in diesen Zeiten überhaupt Arbeit habe. In der Fabrik arbeiten sie drei Tage die Woche. Und selbst wenn sie voll arbeiten würden, ‹was nützt einem das Geld, wenn man tot ist?› sag ich zu ihr. Aber wenn die Produktion wieder voll anläuft, wird sie wahrscheinlich versuchen, mich zu überreden hinzugehen. Mag hübsche Sachen, meine Frau. Aber da geh ich nie wieder hin … Niemals. Und mein Junge auch nicht, wenn er erwachsen ist.»

Nach dieser Rede schwieg Charlie eine Weile. Er saß auf einer Kiste im Scheuneneingang, und ich lehnte an der Wand und rauchte eine Zigarette. Er streichelte eine Weile Freyas Kopf und sagte dann leise: «Es geht mich ja nichts an, aber ich glaube, Sie machen sich kaputt, wenn Sie so weitermachen. Das ist einfach zuviel für einen, egal ob Mann oder Frau. Es ist mir schleierhaft, wie Sie das überhaupt so lange geschafft haben. Die Farm sieht gut aus, so gut wie schon lange nicht mehr, aber ich glaube, Sie werden das Tempo nicht halten können. Sie werden Hilfe brauchen.»

Ich sagte: «Das habe ich mir auch schon gedacht, aber ich sehe einfach nicht, wie sich das machen läßt. Manchmal habe ich das Gefühl, daß das Land einfach die falsche Größe hat, zu groß für einen und nicht groß genug für zwei.»

«Wahrscheinlich, so wie es jetzt ist», stimmte er zu. «Aber Sie haben da noch ein ansehnliches Stück Land, das nichts produziert. Wieso überlegen Sie sich nicht, noch ein paar andere Sachen anzubauen?»

«Was zum Beispiel?»

«Vielleicht einen Morgen Spargel. Der wächst hier gut. Das ist nämlich eine Salzmarschpflanze. Würde Ihnen genau dann Bargeld bringen, wenn Sie's brauchen, im Frühjahr. Wie wär's mit ein paar Himbeeren? Die Hauptpflege würde gerade in Ihre ruhige Zeit fallen, und was den Standort anbelangt, sind sie nicht allzu heikel.»

«Noch mehr Arbeit? Ich hab jetzt schon zuviel!»

«Ja, aber Sie werden Hilfe haben, das dürfen Sie nicht vergessen.»

«Wenn ich Sie hätte, würde das wahrscheinlich gehen», sagte ich, «aber ich könnte nicht von Ihnen erwarten, sich auf so ein Risiko einzulassen, und dort, wo Sie jetzt sind, sind Sie ja ziemlich gut dran.»

«Das stimmt, ich könnte es nicht machen. Wenn ich allein wäre, würde ich es wagen, und zwar mit Vergnügen, aber jetzt geht es nicht. Aber es müßte sich eigentlich jemand finden lassen, bei so vielen Arbeitslosen. Ich werde die Augen aufhalten. So», sagte er und erhob sich von der Kiste, «ich werd mich mal auf den Heimweg machen.»

«Vielen Dank für die Hilfe und die guten Ratschläge», sagte ich.

Als ich in die Küche kam, stand das Frühstücksgeschirr in der Spüle, eine Tasse, ein Teller, ein Löffel, und eine Pfanne auf dem kalten Herd, voll mit erstarrtem Fett. In der Holzkiste waren nur noch ein paar Scheite, und ich hatte keine Zeit gehabt, die Asche auszukehren. Ich nahm eine Schachtel Cracker vom Regal. Sie waren pampig, aber eßbar. Ich goß mir ein Glas Milch ein und ging damit auf die Veranda.

Das Cottage, in dem ich im Sommer wohnte, war ziemlich baufällig und die Veranda wackelig, aber der Blick ging auf die große Eiche, wo wir früher, als wir Kinder waren, eine Schaukel und ein paar Ringe hatten. Während ich aß, dachte ich, daß ich mich so schlapp fühlte, wie sich die Cracker anfühlten. Zum erstenmal spürte ich, wie eine Welle von Niedergeschlagenheit und Zweifel über mich schwappte. Wofür machte ich das alles und wen interessierte es? Passend zu meiner Stimmung stieß eine Zwergohreule in der Eiche ein zitterndes Heulen aus, auf das eine andere unten im Wald antwortete.

«So geht das nicht, Freya, so geht das nicht», sagte ich laut. Die große Hündin rappelte sich auf und kam zu mir herüber. Sie stieß ihre kühle Schnauze in meine Hand. Ich spürte, wie meine Augen zu brennen begannen, und schüttelte energisch den Kopf. «Jetzt tu ich mir auch noch selber leid, na wunderbar», sagte ich zu dem Hund, und er wedelte mit dem Schwanz.

Ich ging in den Hof hinaus, nahm ein altes Brett und das

Beil und fing an, Holz zu hacken, schlug so fest zu, daß die Klinge in den Hackklotz sank und ich sie wieder herausreißen mußte. Plötzlich fühlte ich mich besser.

«Also, wenn's nur Arbeit braucht», sagte ich zu Freya, «davon gibt's jedenfalls genug.»

•

Anfang August reiften die ersten Pfirsiche. Die Bäume waren so gepflanzt worden, daß sie über einen Zeitraum von etwa sechs Wochen nacheinander reifen würden. Sie hatten fast alle weißes Fleisch, waren zart und aromatisch, am Baum gereift, und wurden gepflückt, wenn sie soweit waren, daß selbst ein Fingerdruck eine dunkle Stelle verursachte. Zu meines Vaters Zeiten wurden sie liebevoll einzeln gepflückt und in einen Korb gelegt, der mit violetten Papierschnitzeln ausgelegt war, dann zur Scheune getragen, als wären sie Kronjuwelen, und danach an Feinschmecker verkauft, die von nah und fern kamen, um ein Dutzend oder mehr der Crockett-Pfirsiche zu kaufen.

«Siehst du», sagte mein Vater immer und leerte triumphierend seine Taschen voller Dollarscheine und Münzgeld. Und selbst meine Mutter, die immer eine zweifelnde Thomasina war, wenn es um die Farm ging, mußte zugeben, daß die Pfirsiche ganz gut liefen und auf jeden Fall köstlich schmeckten. Wir lebten auch gut von dem Fallobst, das in Scheiben geschnitten mit Sahne vermischt wurde oder auf der hinteren Veranda in dem alten Holztrog mit Salz und Eis zu einer ambrosiagleichen Eiscreme geschlagen wurde.

Anscheinend waren unsere Pfirsiche immer noch berühmt, denn schon seit einigen Wochen telefonierten und schrieben Leute aus einem nahe gelegenen Badeort, um zu erfahren, wann die Pfirsiche soweit seien, und um Bestellungen aufzugeben. Allein schon diese ersten Kontakte mit Käufern erinnerten mich daran, daß ich es schon immer gehaßt hatte, Dinge zu verkaufen.

Der erste Job, den ich je hatte, war bei einer Wochenzeitung, und in dem Versuch, die Zeitung (und meinen Job) zu erhalten, versuchte ich, Anzeigenplatz zu verkaufen. Niemand sagte mir, wo ich hingehen oder was ich tun sollte, und so marschierte ich fröhlich los zur ersten Adresse, einem großen Kaufhaus in einer nahe gelegenen Stadt. Ich rechnete mir aus, daß unsere Leser dort wahrscheinlich einkaufen gingen, und es erschien mir als der logische Ausgangspunkt. Ich war stolz auf die Zeitung: schließlich hatte ich den größten Teil davon selbst geschrieben. Dem Verleger, der krank und entmutigt war und kurz davor, Bankrott zu machen, war es egal, was ich darin schrieb.

Der Leiter der Werbeabteilung ließ mich sehr lange warten. Da saß ich, zupfte an meiner brandneuen Aktentasche herum und spürte, wie mein Mut und mein Selbstbewußtsein allmählich versickerten. Gerade als ich mich davon überzeugt hatte, daß die Zeitung eigentlich nichts taugte, erschien er und war nur allzu schnell bereit, sich meiner Einschätzung anzuschließen. Zudem sagte er mir, daß ich seine Zeit vergeude, und die sei kostbar. Ich schlich niedergeschlagen davon und nahm mir die nächste Adresse vor, danach wiederum die nächste, mit abnehmender Zuversicht. Einige Leute waren kurz angebunden und kühl, andere waren auf peinliche Art freundlich – aber dabei ging es nicht um Werbung. Ich spürte, wie mir das Gesicht brannte, als ich versuchte, ihre scherzhaften Bemerkungen zu parieren. Das schlimmste war, daß sie abfällige Bemerkungen über die Zeitung machten, die ich stets zaghaft aus meiner Aktentasche zog. Ich versuchte es etwa eine Woche lang, aber die letzten paar Tage verbrachte ich viel Zeit in irgendwelchen Imbißbuden vor einer Tasse Kaffee und versuchte, meinen ganzen Mut zusammenzunehmen.

Ich hatte gehofft, mein eigenes Obst zu verkaufen würde anders sein. Ich wußte, daß ich es, wenn ich von einer kleinen Farm auch nur irgendeinen Gewinn machen wollte, direkt verkaufen und die Gewinnspanne des Zwischen- und Einzelhändlers selbst einbehalten mußte. Das Obst am Baum sah prächtig aus. In buntem Schnipselpapier in kleinen Körben verpackt, sah es immer noch gut aus. Aber als ich dann schließlich mit meinem zerbeulten Transporter die Dienstbotenauffahrten der reichen Anwesen hochgerattert kam, kam es mir mies vor. Ich bebte vor der Erhabenheit der Köchinnen und wand mich, wenn ich die Dienstmädchen und Chauffeure untereinander kichern hörte.

Ich fühlte mich schrecklich unwohl in meiner Haut, wenn ich Körbe und Kisten voller Obst die Hintertreppen rauf- und runterschleppte und mir dabei meiner abgetragenen Latzhose bewußt war, meiner Hände mit ihren schwarzen und abgebrochenen Nägeln und meines verbrannten und sich schälenden Gesichts. Ich kam mir wie die Schweinefrau von der Russey's Lane vor.

Aber hin und wieder gab mir eine freundliche Köchin eine Tasse Tee und ein Stück Kuchen, oder ein hemdsärmeliger Chauffeur ging mir mit einer schweren Kiste zur Hand. Und so machte ich weiter und widerstand der Versuchung, die ganze Ernte den Händlern zu überlassen, die fast täglich zur Farm kamen.

An Wochenenden stellte ich etwas auf, was wie ein «Straßenstand» aussehen sollte, ein Brett zwischen zwei Böcken, mit einer Auslage von Pfirsichen und frühen Äpfeln. Ich verkaufte eine erstaunliche Menge, mit Tageseinnahmen von fünfzehn oder zwanzig Dollar an einem guten Tag, aber ich verabscheute es. Es war notwendig zu plaudern, über das Obst zu reden und zu erklären, warum es besser sei als das billige Zeug, das auf dem Markt verkauft wurde. Die Stadtmenschen in ihren Autos schienen der Meinung zu sein, auf dem Land dürfe das Obst fast nichts kosten, da ich ja nichts weiter zu tun bräuchte, als zum Baum zu gehen und es zu pflücken. Einige Passanten waren sogar bereit, mir die Arbeit abzunehmen, indem sie über den Zaun kletterten und das Obst selbst pflückten. Von meinem Posten hinter dem Brett konnte ich den Pfirsichgarten im Auge behalten. Wahrscheinlich brachte es mir mehr Gewinn, die Diebe aufzuhalten, als das Zeug zu verkaufen.

Ich konnte nicht die ganze Zeit aufpassen. Das Obst verschwand nachts oder tagsüber, wenn ich nicht in der Nähe der Straße arbeitete. Der Zaun war umgehauen, die Drähte durchschnitten oder die Pfosten aus dem Boden gerissen. Eines Nachts versuchte ich, die arme sanfte Freya im Obstgarten festzubinden, aber sie war so einsam und hatte so viel Angst vor der Dunkelheit, daß sie bellte und jaulte und alle Hunde in der Nachbarschaft dazu brachte, ebenfalls die ganze Nacht über zu bellen. Gegen Morgen erbarmte ich mich ihrer und ließ sie frei.

Eines Tages lauerte ich einigen Schurken zwischen den Pfirsichbäumen auf, und als ich mich auf sie stürzte, entpuppten sie sich als zwei ängstliche kleine Jungen, die sich ihre Hemden vorne mit grünen Pfirsichen vollgestopft hatten. Ich schüttelte sie, bis ihre Hemdschöße aus den Hosen kamen und das Obst herauskullerte. Als ich sie losließ, sprinteten sie davon. Am Nachmittag begegnete ich demselben Paar auf der Straße. Als sie sich an mir vorbeidrücken wollten, sagte ich: «Kommt mal her.» Als sie Anstalten machten, wieder abzuhauen, sagte ich: «Na, kommt her, ich tu euch nichts.» Sie folgten mir verwirrt in den Obstgarten.

«Hier», sagte ich. «Wenn ihr Pfirsiche haben wollt, könnt ihr die hier vom Boden auflesen. Sie sind reif und können gegessen werden.»

Als sie immer noch zögerten, hob ich einige auf und legte sie ihnen in die Hände.

«Also, ihr könnt jederzeit die Pfirsiche vom Boden haben, und wenn ihr Äpfel haben wollt, kommt ihr zu mir. Ihr könnt das auch euren Freunden sagen. Aber ich vertraue euch, daß ihr die Bäume nicht anrührt. Okay?»

«Okay», sagten sie, und das war's. Dasselbe Paar Jungen kam eines Tages atemlos zu mir gerannt und berichtete, vier Männer mit einem Wagen hätten am Zaun vorm Apfelgarten gehalten und seien mit Sackleinensäcken durchgegangen.

Ich rannte im Zickzack durch den Apfelgarten, um sie abzufangen, und erwischte sie in flagranti, drei in einem Baum, die die Äste schüttelten, und einen unten, der die Äpfel einsammelte. Ich war viel zu wütend, um auch nur zu zögern.

«Raus aus dem Baum, ihr verdammten Kerle!» brüllte ich. Und sie kletterten herunter. Es war erstaunlich festzustellen, wie ein wütender Farmer auf seinem eigenen Grund und Boden einen psychologischen Vorteil hat, der dem eines kleinen Hundes in seinem eigenen Hof vergleichbar ist, der eine Meute Streuner, die ihm kräfte- und zahlenmäßig überlegen ist, in die Flucht schlagen kann.

«Ihr laßt diese Säcke mit den Äpfeln da, wo sie sind, und verschwindet», befahl ich. Als sie durch den kaputten Zaun schlichen, folgte ich ihnen, ging bedächtig um ihren Wagen herum und notierte mir das Kennzeichen. Sie sagten kein einziges Wort, fuhren nur schnell davon.

Ich gab die Nummer an die Polizei weiter und sagte, ich würde die Männer vor Gericht bringen, aber ich hörte nie mehr von der Sache. Wahrscheinlich hatten sie irgendwo Freunde. Die Polizei war nicht besonders hilfreich. Ich war ganz allein, am Ende der Straße, vier Meilen außerhalb der Stadt. Als es Herbst wurde, schätzte ich, daß ich Obst im Wert von über hundert Dollar verloren hatte, neben vier Pfirsichbäumen, die umgebrochen worden waren.

Anfang September war es mit den Pfirsichen vorbei, und ich hatte fünfhundert Dollar auf der Bank. Das sah gut aus, und ich versuchte, nicht an die fünfzehnhundert Dollar zu denken, die ich ihnen noch schuldete. Keiner meiner Schuldner hatte mich unter Druck gesetzt, und die üppige Apfelernte würde sicherlich alles regeln und genug übriglassen, um mich den Winter über zu ernähren und im Frühjahr schuldenfrei zu beginnen. Und es gab genug Bargeld, um Erntehelfer zu bezahlen.

Ich ließ die Mieter nur ungern ziehen. Ich verspürte einen Stich der Einsamkeit, als ich zum erstenmal zur Teezeit an der Steinveranda vorbeiging und mich kein freundlicher Ruf zu einer Tasse Tee einlud und es keine interessierten Fragen nach den Ereignissen des Tages gab. Sie waren mir wie eine Familie gewesen, und jetzt waren auch sie weg.

Die Sonne glitt nach Süden. Die frühen Morgen waren dunkel, und nachmittags lagen die Schatten lang über der Marsch. An den Bäumen glühten die wunderschönen Früchte in satten Farben zwischen dem sich bereits verfärbenden Laub.

•

Zwischen dem Pflücken der letzten Pfirsiche und dem Beginn der Apfelernte lag etwa eine Woche, eine himmlische Zeit, in der es sehr wenig zu tun gab. Ich verbrachte ein paar Tage damit, aus dem kleinen Haus hinter der Scheune auszuziehen und mir mein Winterquartier im Farmhaus einzurichten. Ich beschloß, nicht wieder mein altes Zimmer zu beziehen, von dem ich einen Blick auf die Marsch hatte, da es sich nicht heizen ließ, ohne die Feuerungsanlage in Betrieb zu nehmen. Ich hatte kein Geld für Kohlen, und so gab ich mit großem Bedauern die gesamte Sonnenseite des Hauses auf und installierte mich in der Küche. Oben an der Hintertreppe befand sich eine kleine Kammer, in der ich schlafen konnte, und daneben ein Badezimmer, wo ich glaubte, mit einem Petroleumofen verhindern zu können, daß mir die Leitungen zufroren.

Die Küche war ein großer Raum mit vier Fenstern, zwei über der Spüle, mit Blick nach Osten in den Weißdornbusch und ein Gestrüpp vernachlässigter Spierstauden. Die Westfenster gingen auf den Blumengarten, der einmal der ganze Stolz meiner Mutter gewesen war, jetzt vernachlässigt und unkrautüberwuchert. Es gab trotzdem noch Blumen, Kosmeen mit fedrigem Laub und Chrysanthemen, kupferrot und gelb. Ich zog den Küchentisch unter diese Fenster und stellte einen Stuhl hin, damit ich die Linde sehen konnte, den Pfeifenstrauch und die Fliederbüsche. Im Nordwesten gab es einen Hain von Pinien und Tannen, der vor langer Zeit von meinem Vater gepflanzt worden war, als Schutz gegen die Winterwinde. Sie und der Kamm des Hügels versperrten den Blick auf die untergehende Sonne, aber oben von meinem Feldbett aus konnte ich die Morgendämmerung sehen.

Ich verstaute meine mageren Lebensmittelvorräte in der Speisekammer und befestigte in der ehemaligen Waschküche ein paar Haken für meine Arbeitskleidung. Es gab dort ein paar Specksteinzuber und in einer Ecke eine keuchende elektrische Pumpe, die Regenwasser von der Zisterne hochpumpte. Es gab sechs Türen in der Küche – zum Vorratsschrank, zur Waschküche, nach draußen, zur Speisekammer an der Vorderseite des Hauses, zum Holzschuppen und zur Hintertreppe –, so daß die Möglichkeiten, die rissigen und graubraunen Wände mit irgend etwas zu verdecken, ziemlich eingeschränkt waren. Der letzte Schliff an meinem Wohnquartier war ein kleines Bücherregal, auf dem ich wechselnde Bücher aus der Bibliothek im Vorderteil des Hauses aufbewahrte, sowie der Schaukelstuhl meiner Großmutter, den ich aus meinem alten Zimmer herunterholte. Freya fand das Sofa gerade richtig und belegte umgehend die Hälfte davon für sich.

Ich war von dem Sommerprogramm noch so aufgedreht, daß ich mich nicht für ein paar Tage einfach entspannen konnte, wie ich es gehofft hatte. Anstatt rund um die Uhr zu schlafen, wachte ich wie gewöhnlich bei Tagesanbruch auf, und nach dem Frühstück lief ich unruhig im Obstgarten herum, überprüfte den Zustand der Bäume und versuchte zu schätzen, wie viele Kisten voll Äpfel an jedem Baum waren. Die Sonne hatte ihre Kraft schon verloren, und Tag für Tag war es klar, windstill und strahlend, mit kaum einer Wolke am Himmel. Mittags ging ich mit einem Sandwich unter die Bäume, und danach döste ich für eine Weile in einem Mulchhaufen.

Obwohl er den ganzen Sommer lang in der Sonne gebakken hatte und vom Regen gewaschen worden war, roch der Mulch immer noch nach der Salzmarsch, und wie ich da lag und mit halbgeschlossenen Augen in den Himmel hoch sah, dachte ich an meine Segelboote und wie ich durch die Salz-Creeks geglitten war. Andere Kinder, meine Gefährten jener Tage, jetzt alle erwachsen und fortgezogen, hatten ebenfalls Segelboote. Wir segelten in den sicheren, geschützten Gewässern, machten Picknicks am Strand und auf den Inseln, veranstalteten Wettrennen in den starken warmen Südwestwinden oder ruderten stöhnend und lachend heim, wenn der Wind abgeflaut war.

In einem Sommer bauten wir eine Stadt aus Steinhäusern, und ich war sehr stolz, als die älteren Kinder mich dafür delegierten, von einer Kiesinsel im Fluß flache Steine für die Dächer zu holen. Ich machte zahllose Fahrten mit dem Boot, das ich damals hatte – mein erstes, ein über vier Meter langes halbes Dory –, flitzte vor dem Backstagswind zu der Insel, wählte die flachen Steine aus und kreuzte hin und her, bis ich die Landzunge erreichte, wo die Häuserbauer warteten.

Mein Vater schenkte mir das kleine gelbe Dory, als ich sieben war, und in diesem ersten Sommer durfte ich mich damit nicht aus der Bucht entfernen, ein winziger Meeresarm in der Marsch, wo wir eine Schwimmplattform hatten und nach Venusmuscheln gruben. Ich sehnte mich nach dem Tag, an dem ich die Bucht verlassen durfte und endlich den Fluß ausprobieren konnte, mit seinen Gezeiten und Wellen und stärkeren Brisen. Das war fürs nächste Jahr, danach käme die richtige Bucht dran und schließlich das Meer. Der Zugang zum Meer war gefährlich, mit Sandbänken und Brechern, und erst als ich älter war und ein größeres Boot hatte, durfte ich zwischen der Felsenspitze auf der einen Seite und der Strandspitze auf der anderen hindurchsegeln. Die meisten Kinder waren gewarnt worden, nie durch den Zugang zu segeln. Gewöhnlich beneideten sie mich, da ich mich frei bewegen durfte.

Ich hatte mit meinem Vater in dem alten Katboot segeln gelernt, ein wildes verrücktes Ding, das ein viel zu großes Segel hatte. Nach einigen Erlebnissen, die meine Mutter, wie sie behauptete, frühzeitig ergrauen ließen, gab sie auf. Meine Großmutter fuhr manchmal mit, aber sie ging meinem Vater auf die Nerven, da sie die Reling immer so fest umklammerte, daß ihre Knöchel weiß wurden, und, wenn das Boot in einer plötzlichen Dünung stark krängte, «Kreischer», wie er es nannte, von sich gab.

Als ich schließlich aus dem gelben Dory herausgewachsen war, schenkte er mir ein sonderbares Boot, eine selbstgebastelte Kiste, die von einem alten Tischler gebaut worden war, demselben, der auch das Dach repariert hatte. Er versicherte meinem Vater, es sei genau das richtige für diese Gewässer, und er habe selber eines, in dem er überall hinsegelte. Ich hatte den Verdacht, daß meine «Merganser», denn so nannte ich es, in Wirklichkeit das einzige Exemplar war, das er je gebaut hatte, und nachdem es nicht so wurde, wie er sich das vorgestellt hatte, verkaufte er es an uns. Es war wie ein plattes Bügeleisen geformt und konnte nicht kentern, aber wenn es vor dem Wind mit einer See im Rücken lief, tauchte es wie seine Namensvetterin und segelte bis ganz nach unten. Ich lernte das zu vermeiden, indem ich Zickzack fuhr. Es war ein schnelles Boot, und es machte Spaß, mit ihm zu segeln.

Zu meinem vierzehnten Geburtstag schenkte mein Vater mir ein wirklich wunderschönes Boot, eine Vier-Meter-fünfzig-Rennschluppe mit einer Marconi-Takelung und mit Leinen wie die bei einem Swampscott Dory. Sein Klüver und Hauptsegel liefen auf Messingschienen, die ersten, die ich je gesehen hatte, und es ließ sich so gut manövrieren, daß ich nur sehr selten nach Hause rudern mußte. Es reagierte auf die leiseste Brise, selbst bei Gegenströmung. Wir hatten es fast zwanzig Jahre, bis es dann eines Tages buchstäblich auseinanderfiel.

Während ich da auf dem Mulchhaufen lag, sah ich das anmutige kleine Boot vor meinem inneren Auge, wie es wie ein Schwan auf dem Wasser ritt, und verspürte wieder die stolze Erregung, die ich empfand, als ich es zum erstenmal sah. Ich versuchte nicht, um all die schönen Dinge zu trauern, die es nicht mehr gab. Ich hatte sie, solange sie da waren, alle ohne besondere Dankbarkeit für selbstverständlich gehalten.

Während ich aufstand und mir die Mulchhalme aus den Haaren zupfte, dachte ich mit Belustigung daran, daß gerade jene Dinge, die ich in meiner Kindheit so gehaßt hatte, jetzt meine Rettung waren. Mein Vater war der Auffassung, daß die Sommerferien nicht zum Faulenzen da waren, so daß ich sechs Tage die Woche vier Stunden harte Arbeit leisten mußte, bevor ich segeln oder radfahren durfte. Ich fand das grausam, vor allem, da keins der Nachbarkinder das tun mußte. Ich sah sie auf ihren Fahrrädern vorbeifahren oder die Segel ihrer Boote auf der Morgenebbe, während ich Mais schnitt, Gemüse pflückte oder die versteckten Nester des Truthahns suchte und Eimer voller Körner zu den dummen Vögeln schleppte, die lieber sitzen blieben und verhungerten, als ihre Eier zu verlassen.

Frühmorgens mußte ich die Kühe melken und sie auf die Weide lassen. Es gab immer irgendwelche Beeren zu pflükken: Erdbeeren unter ihren weißen Moskitonetzen, Himbeeren, Brombeeren mit ihren häßlichen Dornen, Johannisbeeren mit ihren Würmern und Stachelbeeren mit ihren Stacheln. Ich mußte sogar Schindelndecken lernen, die Reihen gerade an einen Kreidestrich legen und die Schindeln so setzen, daß die Spalten der einen Reihe von der anderen überlappt wurden.

Das schlimmste war, daß alles richtig gemacht werden

mußte, sonst fiel an dem Nachmittag das Segeln aus. Ich schmunzelte, als ich mich an die Arbeit an dem Dach des Hühnerstalls erinnerte, die schlampig ausgeführt war. Ich hatte versucht, es schnell hinter mich zu bringen. Die splittrigen Bretter waren heiß, und durch die Spalten stieg der widerliche Gestank der Hühner hoch. Ich beschloß, auf den Kreidestrich zu verzichten, in der Annahme, ich könnte die Reihen auch ohne diese Hilfe grade legen, und hier und dort nahm ich es mit den Spalten nicht so genau.

Mein Vater kletterte hinauf, um sich die Arbeit anzusehen, während ich im Schatten der Scheune stand, ungeduldig, endlich losziehen zu können. Ein Blick auf sein Gesicht, als er wieder herunterkam, reichte aus, um einzusehen, daß eine Diskussion zwecklos wäre.

«So geht das nicht», sagte er. «Schlampige Arbeit. Du wirst alle Schindeln wieder herunternehmen und neue richtig legen. Und da diese Schindeln nun vergeudet sind und sie Geld kosten, wirst du die nächste Woche über den ganzen Tag arbeiten, und zwar ohne Bezahlung.»

Ich wurde immer für meine Arbeit bezahlt, obwohl ich sie tun mußte. Er war der Ansicht, daß jede ehrliche Arbeit Anspruch auf Entlohnung habe. In diesem Moment haßte ich ihn und starrte ihn so wütend an, wie ich es nur wagte. Ich war überzeugt, eine ganze Woche Plackerei würde ich nie überleben. Es kam mir endlos vor. Ich fluchte vor mich hin, während ich die Schindeln mit dem Spaten abschlug, verfluchte die stinkenden Hühner, die gackerten und flatterten, als ich auf dem Dach herumtrampelte, und versuchte, nicht nach meinem Boot zu sehen, das untätig an seinem Anlegeplatz schaukelte. Zum Abendessen kam ich verschwitzt, schmollend und wütend ins Haus, warf meinem Vater böse Blicke zu und antwortete kurz angebunden, wenn er mit mir redete. Wenn ich es nicht getan hätte, hätte er wahrscheinlich nachgegeben. Er war ein weichherziger Mann.

Als die Arbeit schließlich erledigt war, sah er sie sich an und erklärte, sie sei perfekt ausgeführt.

«Wahrscheinlich denkst du, ich bin sehr hart zu dir», sagte er.

«Keins der anderen Kinder hier in der Gegend muß im Sommer arbeiten», sagte ich. «Ich finde das nicht fair. Man könnte ja denken, wir wären arm oder so.»

«Es gibt schlimmere Dinge, als arm zu sein», sagte er. «Zum Beispiel untätig und nutzlos zu sein. Jeder, der was taugt, muß lernen, in dieser Welt zu arbeiten, Mädchen genauso wie Jungen. Ich bin sicher, eine Menge Leute finden, daß ich dich nicht so hart rannehmen sollte, weil du ein Mädchen bist, aber untätige Frauen machen noch mehr Ärger als untätige Männer. Ich verlange von dir doch nicht, daß du etwas tust, das zu schwer für dich ist, oder?»

«Wahrscheinlich nicht», murmelte ich, «aber andere Kinder müssen das nicht tun.»

«Das ist ihre Sache», sagte er. «Du brauchst nicht zu denken, daß es mir leichtfällt, dich arbeiten zu lassen, wo du weißt und ich weiß, daß das wegen des Geldes nicht nötig wäre. Ich könnte es mir leisten, dich den ganzen Sommer lang faulenzen zu lassen und jemanden zu engagieren, der die Arbeit macht, und das wahrscheinlich besser als du. Aber ich möchte, daß du bereit bist, wenn was passiert. Angenommen, ich verliere mein Augenlicht vollständig ...»

«O nein!» rief ich.

«Doch, das ist gut möglich. Was glaubst du, warum ich abends nicht lese? Um mir das Augenlicht zu bewahren, das ich noch habe. Du mußt vielleicht drum kämpfen, deine Ausbildung zu bekommen, so wie ich es mußte, und ich will, daß du vorbereitet bist, weiter nichts. Jetzt lauf hier nicht wie eine kranke Katze rum. Morgen geht die Welt nicht unter und übermorgen auch nicht. Dreh eine Runde mit deinem Boot. Es weht grade eine schöne Brise.»

Von dem Tag an sah ich meine Arbeit mit anderen Augen, nicht immer, aber manchmal. Sie schien einen gewissen Sinn zu haben, und ich konnte mit Stolz und ohne Verbitterung sagen: «Ich kann nicht kommen, ich muß arbeiten.»

Während ich durch den Apfelgarten zum Haus ging, hoffte ich, mein Vater könnte die Bäume mit ihrer prallen Obstlast sehen und wissen, daß ich bereit war.

•

Es gab eine wirklich große kommerzielle Plantage in der Stadt, Goodale Orchard, ein Gut mit einer eindrucksvollen Kapitaldecke, nach ihrem Maschinenpark zu urteilen – alles vom Modernsten und Neuesten. Sie bauten hektarweise McIntosh an, und ich ging bei ihnen vorbei, um zu sehen, wann sie mit dem Pflücken anfangen würden. Etwa in einer Woche, sagte der Geschäftsführer. Er schätzte, es müßten an die zwanzig Männer für sechs Wochen eingestellt werden, als Tagelöhner.

«Was werden Sie ihnen zahlen?» fragte ich.

«Zwei Dollar für neun Stunden, mehr ist nicht drin.»

«Wie kann irgend jemand mit so wenig auskommen?»

Er zuckte die Achseln.

«Glauben Sie, Sie finden jemand, der für so wenig arbeitet?»

«Glauben!» sagte er. «Ich weiß es. Es haben schon an die fünfzig Typen bei mir angefragt. Die treiben sich bereits seit Wochen hier rum. Wenn sie mit der Arbeit anfangen und feststellen, daß sie's doch nicht tun wollen, gibt's immer mehr als genug, die ihren Platz einnehmen können. Was ist denn die Alternative? Sozialhilfe. Die werden schon arbeiten, und zwar gerne.»

Ich war angewidert, hielt aber den Mund. Ich hatte gehofft, daß wir uns über die Preise einigen könnten, die wir von den Händlern für das Kleinzeug und das Fallobst verlangen wollten, aber ich würde nie die Unverfrorenheit besitzen, einem Mann zwei Dollar für neun Stunden Erntearbeit zu bezahlen. Wenn ich mich nicht an das vom Geschäftsführer vorgegebene Lohnniveau hielt, konnte ich nicht erwarten, daß er mich besonders berücksichtigte, wenn es dazu kam, das Ausschußobst zu entladen. Ich würde seinen Preis akzeptieren und mich damit abfinden müssen.

Wir gingen hinaus in die wunderschön gepflegte Apfelplantage und sahen uns die Bäume an. Es war eine Genugtuung zu sehen, daß meine Früchte besser waren als seine – sauberer, kräftiger in den Farben und dabei von vergleichbarer Größe, obwohl seine Bäume jünger waren und viel besser gestutzt. Als ich das beinahe geometrische Arrangement der Äste betrachtete, sah ich vor meinem inneren Auge die Arbeit des Winters Gestalt annehmen.

Auf dem Heimweg fuhr ich an Charlies Arbeitsstelle vorbei. Er verließ die geraden Reihen seines schönen Gemüsegartens und kam zum Zaun.

«Ich werde in ein paar Tagen fünf Leute fürs Apfelpflücken brauchen», sagte ich. «Kennen Sie irgend jemanden wirklich Guten, der den Job haben will?»

«Wieviel wollen Sie zahlen?»

«Ich dachte an vier Dollar.»

Er zögerte. «Soviel bezahlt hier keiner. Hier sind überall zwei Dollar üblich und zwei fünfundsiebzig drüben im Apfelland. Mein Schwager bekommt drei da oben, aber er ist erfahren und eine Art Vorarbeiter.»

«Ich würde mir einfach mies vorkommen, wenn ich die Wirtschaftskrise ausnutze, um einem Mann weniger zu bezahlen, als er zum Leben braucht», sagte ich. «Wenn der Apfelgarten es nicht schafft, eine anständige Bezahlung zu garantieren, dann zum Teufel damit. Und außerdem glaube ich, daß jemand, den man fair behandelt, bereit ist, Verantwortung zu übernehmen und einen gewissen Stolz in seine Arbeit zu legen. Es liegt mir einfach nicht, Leute zur Arbeit anzutreiben, und selbst wenn ich es könnte, gibt's noch genügend Tricks, zu trödeln. Ich kann nicht überall sein, um aufzupassen, daß jeder einzelne Apfel in seine Kiste kommt. Ich finde einfach, es zahlt sich aus, anständig zu sein, meinen Sie nicht auch?»

Charlie grinste mich an. «Klar mein ich das. Und es hat auch schon ein Typ mit mir geredet, Joe LaPlante, ein Franzose. Er wäre vielleicht jemand für die ganze Zeit, wenn Sie mit ihm klarkommen. Er kann nichts, noch nicht mal Auto fahren, aber er lernt schnell und arbeitet hart. Hat früher für einen Bauunternehmer gearbeitet, bis der Laden dichtgemacht hat. Wenn Sie einen Mann kriegen können, dem Sie voll und ganz vertrauen können, dann können Sie sich die anderen aussuchen. Es werden genügend bei Ihnen anfragen, wenn es sich herumgesprochen hat, was Sie bezahlen.»

Früh am nächsten Morgen erschien Joe. Er war die vier Meilen von der Stadt zu Fuß gegangen, aber das allein schien nicht der Grund für die Schweißtropfen auf seiner Stirn zu sein. Er war nicht gerade eine eindrucksvolle Erscheinung, wie er da stand und sich das Gesicht mit einem blauen, nicht allzu sauberen Baumwolltaschentuch abwischte – eine Zeitverschwendung, denn kaum hatte er das Taschentuch weggesteckt, mußte er es wieder hervorholen und von vorne anfangen. Er war sehr klein, bestimmt nicht über eins sechzig, aber stämmig. Seine Haut war fahl, aber sehr dunkel, und er hatte glatte schwarze Haare, die ziemlich fettig waren. Er hielt den Blick zu Boden gesenkt, hantierte mit seinem Taschentuch, wischte und wischte. Was war mit ihm los? Er verhielt sich so, daß es mir peinlich war und ich mich unbehaglich fühlte. Ich machte ein paar vorsichtige Bemerkungen bezüglich Apfelpflücken, und er murmelte irgendwelche einsilbigen Antworten darauf.

Plötzlich kam mir der Gedanke, daß er einfach furchtbar schüchtern war. Ich sagte: «Ich habe noch nicht fertig gefrühstückt. Kommen Sie rein und trinken Sie eine Tasse Kaffee mit mir.» Er hob den Blick, sah mich mit haselnußbraunen Augen an, die merkwürdig in dem dunklen Gesicht wirkten, dann sah er wieder zu Boden und sagte: «Gehen Sie ruhig. Ich warte solange. Hab's nicht eilig. Gibt ja nichts zu tun.»

Ich weiß nicht, wieso ich sagte: «Haben Sie eigentlich schon gefrühstückt?»

Auf die Frage war er nicht vorbereitet, und er sagte: «Nein ... das heißt ... na ja, nein. Bei uns zu Hause frühstücken die Erwachsenen nicht. Aber die Kinder ... die brauchen ihr Frühstück.»

«Kommen Sie», sagte ich. «Wenn wir diese Äpfel nicht pflücken, dann gibt's hier bald auch kein Frühstück und auch kein Abendessen mehr, aber jetzt ist noch welches da, also essen wir's.» Er folgte mir in die Küche.

Nachdem wir ein paar Schalen Haferflocken und ein paar Tassen Kaffee verdrückt hatten, war alles bestens. Es geht nichts über Haferflocken, um das Eis zu brechen. Er erzählte mir, daß es bei ihm zu Hause sechs Kinder gäbe, drei von seiner eigenen Familie und drei andere, die seine Mutter aufgenommen hatte, nachdem ihre Eltern im Winter davor an Lungenentzündung gestorben waren. «Besser, sie kommen zu uns als in ein Heim, hat meine Mutter gedacht», sagte Joe. «Mit dem, was Maurice, mein älterer Bruder, und ich so zusammen verdienen, kommen wir über die Runden. Aber dieser Job wird uns riesig helfen. Ich hoff nur, daß ich das Geld wert bin. Ich hab so was noch nie gemacht. Immer nur Hacke und Schaufel oder in den Wäldern.» Als wir durch die Hintertür hinausgingen, bemerkte er: «Ich dachte immer, nur Millionäre wohnen hier draußen», und «Leben bei den Millionären» wurde danach ein Witz zwischen uns beiden.

Wie Charlie vorausgesagt hatte, kamen eine Menge Männer vorbei. Ich erkannte nur einen von ihnen, einen jungen Burschen, der manchmal für ein oder zwei Tage als Aushilfe bei ihm arbeitete. Ich wußte, daß er eine Frau und mehrere kleine Kinder hatte und eine schwere Zeit durchmachte. Ich nahm mir schon vor, ihn als einen der fünf auszusuchen, die ich brauchen würde. Somit blieben noch drei. Dann entstand ein Problem.

Vier nett aussehende Polen, etwa neunzehn oder zwanzig Jahre alt, erschienen zusammen, zwei Brüder und zwei Cousins, wie sie sagten. Bei ihnen war ein älterer Mann, auch Pole. Er war drahtig und zäh, mit weisen traurigen Augen in einem tief zerfurchten Gesicht. Ich fühlte mich von ihm angezogen und spürte, daß er jemand war, dem ich vertrauen konnte. Es berührte mich auch, eine selbstgemachte Reparatur an einem seiner Schuhe zu bemerken und eine Anzahl säuberlich gestopfter Stellen auf seinem sauberen Overall.

Der Sprecher der Gruppe war Kasimir, einer der jungen Burschen. Er winkte mich mit einem Kopfzucken und halbgeschlossenen Augen beiseite. Als wir außer Hörweite von Joe und den anderen waren, sagte er: «Wir wollen zusammen arbeiten. Wir wohnen alle im selben Haus und legen alles zusammen, was wir verdienen. Wenn Sie uns nehmen, machen wir's für zwei Dollar pro Kopf. So sparen Sie die Hälfte von dem, was Sie ursprünglich bezahlen wollten, und Sie brauchen niemand sonst.»

Für einen Moment war ich versucht, darauf einzugehen. Über einen Zeitraum von sechs Wochen wäre die Einsparung erheblich und würde vielleicht sogar den Unterschied zwischen Erfolg und Mißerfolg ausmachen. Natürlich war ich Joe verpflichtet, aber ich konnte ja so tun, als wäre er ein Vorarbeiter. Das war etwas, woran ich noch nicht gedacht hatte. Auf gewisse Weise erschien es vernünftig, und doch fühlte ich mich von der Vorstellung instinktiv abgestoßen.

Um Zeit zu schinden, sagte ich: «Ich sehe nicht, wie jemand mit Familie mit weniger als vier Dollar auskommen kann. Das sind nur vierundzwanzig Dollar in der Woche, und das auch nur Saisonarbeit. Wie schaffen Sie das?»

«Ich hab Ihnen ja gesagt, wir legen alles zusammen», sagte Kasimir. «Das machen wir so: Meine Schwester arbeitet für eine reiche Frau, die ihr fünf Dollar die Woche bezahlt. Natürlich kriegt sie da auch was zu essen, und so gibt sie die ganzen fünf Dollar ab, na ja, manchmal behält sie einen Vierteldollar für sich. Die jüngeren Brüder kriegen fünfzig Cents fürs Grasmähen oder einen Dime dafür, daß sie für Leute die Einkäufe vom Geschäft nach Hause tragen und so was. Wir kommen hin. Das hier sieht uns wie ein fester Job aus.»

«Wieviel Personen kommen so über die Runden?» fragte ich.

«In unserm Haus sind es fünfzehn, drei Familien», sagte Kasimir. «Eine Familie mußte ihr Haus der Steuern wegen abgeben. Das andere wurde an Verwandte aus der Stadt vermietet. Ihre Fabrik hat dichtgemacht, und sie kommen so über die Runden wie wir, jeder holt sich Arbeit, wo er kann, im Wald, ab und zu einen Tag bei der Heuernte. Sie zahlen nur die Steuern auf das Haus und natürlich die Bank, aber solange sie bei uns bleiben, wird mein Cousin sein Haus nicht verlieren ... das heißt, wenn sie regelmäßig weiterzahlen. Jetzt wissen Sie, wie es bei uns steht. Wäre das nicht schlau von Ihnen, uns alle zu nehmen?»

Ich war wirklich mattgesetzt, und Kasimir hielt seine kleinen blauen Augen auf mich gerichtet, während ich zögerte. In den Monaten meines eigenen Überlebenskampfes war mir nicht klar gewesen, wie es anderen Leuten ging. Trotzdem fiel mir immer wieder der Ausspruch meines Vaters von der ehrlichen Arbeit, die Anspruch auf gerechte Entlohnung hat, ein. Und obwohl sie es jetzt ausdrücklich so haben wollten, fand ich, daß es falsch war. Irgendwann würden sie mich dafür hassen. Wenn ich ihre Notlage ausnutzte, würde ich mich selbst hassen.

Schließlich sagte ich: «Es tut mir leid, ich kann's einfach nicht. Es geht ums Prinzip, verstehen Sie? Ich werde drei von euch für vier Dollar engagieren, den alten Herrn und zwei von euch jungen Burschen, wen, das könnt ihr selbst bestimmen. Ich werde nicht weniger bezahlen, ich kann's einfach nicht.»

«Wir werden es keinem erzählen, wenn's deswegen ist.»

«Es ist nicht deswegen.»

Er sah, daß ich darüber nicht mehr diskutieren wollte und allmählich ärgerlich wurde, und so sagte er nur: «Okay.»

Er besprach sich auf polnisch mit seinen Brüdern und seinen Cousins, wobei sie immer wieder Blicke in meine Richtung warfen. Ich konnte nicht erraten, was sie dachten, wahrscheinlich, daß ich verrückt sei. Vielleicht war ich es; ich habe mich das oft gefragt. So war's jedenfalls 1932.

Es waren sympathische Leute und gute Arbeiter. Ich engagierte Kasimir, seinen Cousin Stanley und einen Yankee, Carl. Louis, der Alte, war, wie ich dann erfuhr, einer der Flüchtlinge aus der Stadt, und er war zum erstenmal wieder auf dem Land, seit er seinen Bauernhof in Polen viele Jahre zuvor verlassen hatte. Er sprach wenig Englisch und machte in der ganzen Zeit, die er im Apfelgarten verbrachte, kaum den Mund auf, aber er arbeitete stetig, lachte oft und schien Spaß an seiner Arbeit zu haben.

Am Montag früh waren sie alle auf dem Marktplatz in der Stadt versammelt und kletterten auf den Pritschenwagen, und dann fuhren wir zur Farm. Alles war bereit, der Traktor war vollgetankt, hatte frisches Öl und war mit dem Anhänger verkoppelt, die Sortiermaschine war abgedeckt, abgestaubt und zusammen mit den Behältern aufgestellt. Es war ein guter Tag, strahlend, windstill und nicht zu heiß. Es hatte keinen Nachtfrost gegeben. Auf der Marsch lag nur ein

Hauch von Gold. Hier und dort hatte ein Sumach schon ein rotes Blatt. Jeder Grashalm strahlte vor Tau, und die langen Morgenschatten zeigten Richtung Norden.

An diesem ersten Morgen waren wir alle noch sehr befangen. Ich fühlte mich besonders unbehaglich. Ich hatte noch nie jemanden engagiert oder herumkommandiert, und ich war mir über die richtige Vorgehensweise nicht im klaren. Auf mich wirkten die drei polnischen Gesichter ausdruckslos und das des Yankees mißmutig. Aber als ich zu Joe hinübersah, trafen sich unsere Blicke, und er warf mir ein Zwinkern und ein halb verstecktes Grinsen zu. Das beruhigte mich.

«Ich werde den Traktor fahren», sagte ich. «Ich will nicht, daß ihn irgend jemand anderer anfaßt oder auch nur ankurbelt. Ich werde auch das ganze Verpacken selber machen, zumindest am Anfang, weil ich die einzige bin, die weiß, wie es geht, und es Zeit braucht, um es zu lernen. Zuerst werden wir alle im Apfelgarten arbeiten und so viele Äpfel ernten, wie in der Scheune Platz haben. Wir werden unsere Arbeit so einrichten, daß die Scheune immer voll ist, damit wir weitermachen können, wenn es regnet, und wir keine Zeit verlieren. Bei dieser Apfelernte geht's für mich ums Überleben. Ich brauch jeden Cent, genauso wie ihr. Ich sag's euch gleich, ich kann nicht die ganze Zeit überall meine Augen haben. Ich verlasse mich auf euch, daß ihr mir helft und euer Bestes tut. So, und jetzt packen wir eine Ladung Kisten auf den Anhänger, und los geht's.»

•

Es gibt bestimmte Tricks beim Apfelpflücken. Der Stiel muß abgeknipst und darf nicht herausgerissen werden, sonst fault die Frucht dort, wo die Haut verletzt ist. Man muß vorsichtig mit ihnen umgehen: Druckstellen ergeben später dunkle Flecken. Die gepflückten Äpfel werden in Säcke getan, die mit Riemen über der Schulter getragen werden, so daß man beide Hände frei hat, und die Säcke müssen sehr sanft in die Kisten ausgeleert werden, sonst bekommen die Äpfel braune Stellen. Jedes kleine Blattbüschel enthält die Knospe für die Frucht des nächsten Jahres. Grober Umgang mit den Leitern oder Äpfel vom Zweig reißen beschädigt zu viele von diesen Fruchttrieben.

All das erklärte ich, als wir mit der ersten Reihe Bäume anfingen. Joe mußte man es nur einmal zeigen – Charlie hatte recht –, den andern zwei- oder dreimal. Dem alten Louis fiel es nicht leicht, beide Hände zu benutzen, aber er war sehr vorsichtig. Wir begannen mit zwei Mann pro Baum, wobei Joe und ich jeweils einen Baum alleine nahmen. Obwohl ich anfangs oft meinen Baum verlassen mußte, um den andern zu helfen, achtete ich darauf, nicht nur die unteren Äste abzuernten und die schwerere Arbeit mit der Leiter oben in der Krone jemand anderem zu überlassen. Ich sah, daß das Kasimir und Stanley nicht entging.

Gegen Ende des Vormittags fragte Joe: «Wieviel Äpfel

sollte man denn so pro Tag pflücken, also, wenn man ein guter Pflücker ist?»

«An dichten hohen Bäumen wie denen hier würde ich fünf Scheffel schon für sehr gut halten, natürlich sorgfältig gepflückt, ohne Druckstellen.»

«Bis zum Ende der Woche kommen wir auf unsere fünf Scheffel pro Tag.»

«Ist es okay, wenn wir rauchen?» fragte Carl.

«Sicher, aber bitte die Kippe ausdrücken. Das Gras ist trokken.»

Ich fühlte mich gut, als ich mit der ersten leuchtenden sauberen Ladung McIntosh zur Scheune ratterte.

Als ich am gleichen Nachmittag eine zweite Ladung einfuhr, stand im Scheunenvorhof ein erbsengrüner Pritschenwagen. Er war mit gebrauchten, billig aussehenden Kisten vollgestapelt. Auf dem Vordersitz schlief ein Mann, der die Beine durch die offene Wagentür heraushängen ließ. Ein magerer, etwa sechzehnjähriger Junge saß auf einer Kiste in der Nähe der Sortiermaschine, und am Scheunentor lehnte rauchend ein hagerer, dunkelhaariger Mann mit schmalem Gesicht, der einen zerrissenen schmutzigen Overall anhatte.

Ich fuhr rückwärts ein und stellte den Motor ab.

Als ich vom Sitz herunterkletterte, nahm er die Zigarette aus dem Mund und sagte: «Wo ist der Doktor?»

«Er ist letztes Frühjahr gestorben.»

«Ach ja? Und wer ist jetzt hier der Chef?»

«Ich.»

«Ach ja?»

An dieser Stelle kletterte der Schläfer aus dem Wagen und fing an, sich die Hose aufzuknöpfen. «Muß mal pinkeln», sagte er.

«Halt den Mund, du Blödmann. Siehst du denn nicht, daß das 'ne Frau ist?» sagte der dünngesichtige Mann angewidert. «So alt, daß er gar nichts mehr kapiert.»

Der Junge auf der Kiste kicherte. Der Alte murmelte: «'tschuldigung, Lady», und zog sich hinter die Scheune zurück.

«Was wollt ihr hier?» fragte ich. Ich spürte, daß mein Gesicht vom Sonnenbrand rot wie rote Bete war.

«Wollen Sie Ihr Fallobst verkaufen? Wir waren schon früher hier. Haben immer vom Doktor gekauft.»

«Wieviel zahlen Sie?»

«Einen Dime. Unsere Kiste.»

Ich hatte keine Ahnung, ob ein Dime viel oder wenig war für Äpfel vom Boden, aber wie diese Truppe aussah, schätzte ich, daß es eher wenig war.

Und so sagte ich: «Zwanzig.»

Er fing sofort an zu winseln. «Zwanzig – ich kann überall für fünfzehn soviel kriegen, wie ich will, und das ist schon zuviel. Ihr Reichen seid doch alle gleich: Tut alles, um einen armen Mann daran zu hindern, einen Dollar zu machen.»

«Hier gibt's keine Reichen», sagte ich verärgert. «Fünfzehn ist mein letztes Angebot. Entscheiden Sie sich, ich hab keine Zeit, hier rumzudiskutieren.»

«Na gut, einverstanden, aber nur, wenn wir alle haben können. Es rechnet sich für mich kaum, bei dem Preis, hier runterzukommen, aber ich war schon die letzten Jahre hier und kenn mich ein bißchen aus.»

«Das glaub ich gern», dachte ich und sagte: «Noch was: Ihr sammelt nur unter den Bäumen, die wir schon abgeerntet haben, und ihr nehmt alles, auch die für Most. Wir haben erst heute morgen mit dem Ernten begonnen, für euch gibt's also erst in drei Tagen was zu tun. Kommt in drei Tagen wieder, und ihr könnt sie haben – zu fünfzehn.»

«Ham Sie denn nichts für heute? Wo wir schon hier sind und gleich loslegen können?»

«Heute nichts, hab ich doch gesagt. Fahrt doch weiter nach Goodale. Ihr sagt, ihr könnt sie dort für fünfzehn kriegen. Ich hab zu tun, und ich will, daß ihr hier verschwindet, bevor ich den Anhänger da ausgeladen habe. Kommt in drei Tagen wieder, oder laßt es bleiben … ist mir egal.»

Als ich anfing, die Kisten zu entladen, hörte ich den dünngesichtigen Mann sagen: «Jesses. Was für eine Frau. Geht hier dieses Jahr 'n bißchen anders zu, schätz ich mal.» Ich war sehr stolz.

Aber als sie fort waren und ich wieder bei meinem Baum war, kamen mir doch Bedenken. Vielleicht hätte ich nicht so unabhängig sein sollen. Was, wenn sie nicht wiederkamen? Was, wenn niemand kam, um das Fallobst zu kaufen? Wir hätten nie die Zeit gehabt, es einzusammeln, und ich hatte sowieso keine Ahnung, wo ich es hätte verkaufen sollen. Fünfundsiebzig oder sogar hundert Dollar zum Fenster rausgeworfen, und außerdem sollte das Obst nicht herumliegen und verfaulen. Ich wollte nicht jedesmal, wenn es irgendwelche Probleme gab, nach Goodale hochlaufen und die Leute mit Fragen belästigen wie jemand, der sich nicht auskennt.

Drei Tage später waren sie wieder da, freundlich und aufgeräumt. Mir schwante, daß mein Preis wahrscheinlich zu niedrig war, aber jetzt war nichts mehr daran zu ändern. Ich zeigte ihnen den Abschnitt mit den Bäumen, die wir schon abgeerntet hatten, und überließ sie sich selbst, als sie begannen, fleißig das Fallobst aufzuschichten. Ich hörte noch kurz, wie der dünne Mann den Jungen anbrüllte, er solle endlich seinen Hintern bewegen, und dann vergaß ich sie. Während des Vormittags ging Joe zur Scheune, um den Wasserkrug aufzufüllen, und dann sah ich ihn zwischen den Bäumen zurücklaufen.

Ich rannte auf den Hügel hinauf, von wo ich, versteckt hinter dem Windschutz der Tannen, auf die kleinen mit Äpfel beladenen Bäume des nördlichen Apfelgartens hinuntersehen konnte. Und tatsächlich bewegte sich da eine Gestalt in einem Overall zwischen dem Laub, erschien und verschwand wieder. Schüttelte er die Bäume? Ich konnte es nicht mit Sicherheit sagen. In dem Moment entdeckte ihn Freya, die hinter mir herumgeschnüffelt hatte, und wetzte bellend den Hügel hinunter. Sie war nicht sehr mutig, und auf halbem Wege nach unten blieb sie stehen, stand kläffend da und blickte sich schwanzwedelnd nach mir um. Der Händler sah auf und entdeckte mich, aber er war zu abgebrüht, um sich schuldbewußt zu verhalten. Er bewegte sich einfach weiter ganz beiläufig zwischen den Bäumen umher.

Ich war stinksauer, als ich auf ihn zuging. «Was ist los? Reicht euch das Fallobst da drüben nicht? Müßt ihr euch hier noch mehr machen? Ich hab gesehen, wie Sie die Bäume geschüttelt haben.»

«Dann haben Sie eben falsch gesehen», sagte er glatt. «So was würde ich doch nie machen, Lady. Ich hab nur mal eben einen Gang hier runter gemacht, um zu sehen, was es hier so gibt. Schöne Früchte … die besten, die ich hier weit und breit gesehen hab. Auch schon reif, sehen Sie?» Er hielt mir mit Unschuldsmiene einen frisch herabgefallenen Apfel hin, dessen Stil noch grün war. «Sie sollten hier bald anfangen zu pflücken. Kann sein, daß Sie die Ernte verlieren, wenn ein Wind aufkommt. Wär für mich natürlich gut, aber nicht für Sie.»

«Danke für Ihre fürsorglichen Gedanken», sagte ich. «Aber hier haben Sie nichts zu suchen. Die Äpfel kommen schon ohne Sie zurecht. Bis jetzt sind jedenfalls noch keine runtergefallen.»

Ich hätte ihn auf der Stelle rauswerfen sollen, aber es waren keine anderen Händler vorbeigekommen. Die Hypothekenzinsen waren bald wieder fällig. Wenn ich ihn im Auge behielt, würde es schon gehen.

Um Viertel nach fünf wollten wir Feierabend machen. Es sollten bis dahin einhundertfünfzig Kästen in der Scheune sein, mit Platz für noch weitere vierhundert, bevor wir anfangen wollten, sie zu verpacken. Um halb vier war ich müde – das waren wir alle. Die Halbe-Scheffel-Säcke zogen an unseren Nacken und Schultern, als seien sie voller Steine. Arme und Gesichter waren von den dornenähnlichen Fruchttrieben zerkratzt. Es wurde immer schwerer, die fünf Meter langen Stufenleitern und die Zehn-Meter-Schiebeleitern in die richtige Stellung zu bekommen. Die hohen Äste schienen glatter zu werden und die obersten paar Dutzend Äpfel, stets die besten, immer unerreichbarer.

Auf einmal fing Joe an zu pfeifen, eine fröhliche jazzige Melodie – zuerst das Thema, dann eine kunstvolle Reihe von Variationen und schließlich eine ganze Kette rhythmischer Veränderungen. Aus dem schlichten kleinen Liedchen wurde wirklich was Großes, und alle fühlten sich besser. Das Schweigen, das den größten Teil des Nachmittags über geherrscht hatte, war gebrochen, und wir schwebten durch die letzte Stunde auf einer Rutschbahn von Gelächter und Scherzen.

Auf dem Weg zur Scheune, mit der vorletzten Ladung, sah ich bei den Fallobstjungen vorbei, um zu sehen, wie sie vorankamen. Sie waren alle drei fleißig bei der Arbeit und zeigten keine Anzeichen, daß sie demnächst aufhören wollten. Die Äpfel waren unter den Bäumen in Haufen sortiert, aber es waren keine in den Kisten.

«Wie lange habt ihr vor, heute zu arbeiten?» fragte ich.

«Weiß nicht. Bis es so dunkel wird, daß man nichts mehr sehen kann.»

Daran hatte ich nicht gedacht. Es war jetzt zu spät, ihren Wagen zu beladen, bevor ich mit den Männern in die Stadt fuhr, und ich wagte es nicht, sie allein im Apfelgarten zu lassen.

«Keine Sorge, Lady», sagte der dünne Mann. «Ich komm am Haus vorbei, wenn wir geladen haben, und dann können Sie sie selber zählen. Ich bezahle immer pro Ladung.»

Ich konnte nichts dagegen sagen. Ich hatte nicht daran gedacht, ihnen zu sagen, daß sie draußen sein mußten, wenn wir fertig waren, und jetzt war es zu spät.

Wieder unter den Bäumen, sagte ich: «Kann einer von euch Jungs den Wagen fahren?»

«Ich», sagte Carl.

«Gott sei Dank. Sie werden die andern zum Marktplatz fahren müssen, den Wagen mit nach Hause nehmen und sie morgen früh wieder abholen. Diese Burschen da wollen bleiben, bis es dunkel wird, und ich will sie hier nicht allein lassen. Es ist meine eigene Schuld, ich kann nichts dagegen machen.»

Als die andern schon auf dem Wagen waren, blieb Joe zurück und tat so, als würde er nach seinem Brotbeutel suchen. «Soll ich bleiben?» sagte er. «Würde ich eigentlich lieber. Die haben vielleicht was vor.»

«Nein. Trotzdem vielen Dank. Ich werde schon allein damit fertig. Was könnten sie denn schon machen?»

«Mit der Ladung verschwinden, ohne zu bezahlen. Sie wären hier ganz allein, ohne Wagen und alles.»

«Ich komm schon zurecht. Fahren Sie mit den andern. Es war ein langer Tag.»

Widerstrebend kletterte er in den Wagen, und dann fuhren sie davon.

Ich ging zum Haus zurück, machte mir ein paar Sandwiches und schlang sie hinunter. Ich hatte vorgehabt, zum Apfelgarten zurückzugehen, einfach dazusitzen und sie zu beobachten, bis sie geladen hatten. Aber dann fiel mir ein, daß sie ja annahmen, daß ich in die Stadt gefahren war. Wenn ich sie dabei erwischen konnte, wie sie die Bäume schüttelten, hätte ich einen guten Grund, sie rauszuwerfen. Mir wurde plötzlich klar, daß ich sie schon seit dem Morgen hatte loswerden wollen, aber sie hatten mir keinen triftigen Grund geliefert. Ich sperrte Freya im Haus ein und machte mich auf den Weg zum Apfelgarten. Dann kehrte ich noch mal um und rannte zum Speicher hoch, um eine alte Pistole zu holen, die meinem Vater gehört hatte. Sie war rostig und ohne Munition, und ich kam mir recht albern und theatralisch vor, als ich sie in meine Tasche steckte.

Ich ging hinten um die Scheune herum und lief die Rückseite des Hügels hoch in den Windschutz der Nadelbäume, die sich wie eine Pferdemähne den ganzen Kamm entlangzogen. Noch bevor ich sie sah, konnte ich schon das Geklapper von Kisten hören und wußte, daß sie den Wagen beluden. Ich ging weiter vor zur nächsten Reihe Bäume, von wo aus ich sie deutlich sehen konnte. Sie bewegten sich schneller, als sie es den ganzen Tag über getan hatten. Aus einer klapprigen Kiste, die der Junge trug, fiel der Boden heraus, und ich hörte den dünnen Mann nervös fluchen und sagen: «Laß sie liegen. Wir haben nicht viel Zeit.»

Mein Herz klopfte so schnell, daß ich überzeugt war, daß sie mich atmen hören konnten. Vorsichtig, ohne einen Zweig zu brechen oder einen Ast zu bewegen, glitt ich die Länge des Windschutzes entlang, rannte den offenen Hang hinunter und arbeitete mich, abgeschirmt durch eine Reihe von Weiden, am Fuß des Hügels zur Straße vor. Es war noch reichlich hell, obwohl die Sonne schon untergegangen war, und ich bewegte mich vorsichtig von Busch zu Busch am Zaun des Apfelgartens entlang. Eine Auffahrt führte durch den Apfelgarten zu einem Tor aus Stahl und Draht, auf der halben Höhe des Zauns. Das Vorhängeschloß war kaputt, und ich hatte es noch nicht ersetzt. Neben dem Tor wuchs ein dichter Geißblattbusch. Ich schlüpfte dahinter und wartete – nicht lange.

Der Mann, der «sich auskannte», kam gemächlich herunter, öffnete das Tor und verschwand ebenso gemächlich wieder. Ich stand keine zwei Meter entfernt und hielt den Atem an. Ich hörte, wie der Motor mit einem Husten ansprang, und dann das Schrappen von Ästen gegen die hohe Ladung, als der Laster die gefurchte Piste heruntergekrochen kam. Ich zog die Pistole aus der Tasche und trat in die Toreinfahrt. Gleichzeitig hörte ich ein Rascheln in einem Busch auf der anderen Seite des Tors, und hervor trat Joe.

«Geben Sie mir die Pistole», sagte er. «Ist sie geladen?»

«Nein.» Ich gab sie ihm. Er sah sehr grimmig aus: seine hellen Augen waren Schlitze in seinem dunklen Gesicht, seine Lippen waren zu einem dünnen Strich zusammengepreßt.

«Sie reden», flüsterte er. «Ich tu so, als würde ich schießen, wenn sie uns krumm kommen wollen.»

Der Laster kam vor uns zum Stillstand, und dann wurde der Motor abgewürgt. Niemand würde für dreißig Dollar Äpfel zwei Menschen überfahren, und da war noch die Pistole, fest in Joes Hand.

«So», sagte ich. «Und jetzt zurücksetzen.»

Der dünne Mann hantierte mit dem Anlasser. Niemand rührte sich. Sie hatten alle eine Riesenangst.

Joe stellte sich mit der Pistole auf das Trittbrett der Fahrerseite und ich auf die andere.

«Setzt das Ding bis dahin zurück, wo ihr hergekommen seid», sagte ich. Der Fahrer legte den Gang ein, und wir setzten zögernd zurück den Hügel hinauf. «Und jetzt», sagte ich, «entladen. Stapelt sie auf und seid vorsichtig.»

Der dünne Mann riß sich zusammen. «Ich wollte gerade mit dem Geld zum Haus hochfahren und Sie suchen», sagte er schmeichlerisch.

«Ja, ja.»

«Nein, ehrlich. Hab's hier bei mir, sehen Sie?» Er hielt mir ein zerknittertes Bündel Scheine hin. Ich nahm es, zählte sie und gab sie ihm zurück. «Der Preis war fünfzehn Cents, du Mistkerl. Sie sind jetzt sowieso nicht mehr zu verkaufen. Holt sie da runter, und zwar schnell.»

Sie entluden den Laster mit mißmutigen Gesichtern. Joe

stand bedrohlich mit der Pistole daneben. Einmal trafen sich unsere Blicke, und er zwinkerte mir zu. Wir amüsierten uns.

Nachdem der Laster mit seiner ratternden Ladung leerer Kisten um die Ecke gehoppelt war, gab Joe mir die Pistole zurück.

«Ziemlich nützlich, auch ohne Munition», bemerkte er.

«Mann», sagte ich, «Mann, war ich froh, Sie zu sehen.»

Wir tranken eine Tasse Kaffee und aßen ein Sandwich, und dann machte er sich auf den langen Weg in die Stadt.

•

Der nächste Morgen wurde durch Joes Bericht der Ereignisse des Vorabends aufgelockert, die dabei nichts von ihrer Dramatik verloren. Ich erkannte mich in der Geschichte kaum wieder, während Joe zu einer Art Schattenfigur verkümmerte, die zufällig in einem günstigen Augenblick vorbeigekommen war. So konnte ich es nicht stehenlassen, und so sagte ich: «Wenn Sie nicht dabeigewesen wären, hätten sie mich wahrscheinlich überfahren und wären mit der Ladung getürmt.»

Joe lachte. «Mann», sagte er, «Sie sahen scharf genug aus, um ihnen die Reifen platzen zu lassen.»

Wir waren alle gerade dabei, leere Kisten vom Anhänger auszuladen, als plötzlich der alte Louis kicherte und etwas auf polnisch sagte. Kasimir und Stanley sahen mich an und lächelten. Dann klopfte er mir auf den Rücken, und ohne ein weiteres Wort nahm er seine Kisten, ging zu seinem Baum und sagte für den Rest des Tages kein Wort mehr.

Die Arbeit lief glatt und schnell, und es herrschte eine entspannte Stimmung zwischen uns. Wir bedeckten den großen Haufen Fallobst mit der Schutzplane der Sortiermaschine. Ich hoffte, es würde sich irgendein Weg finden, ihn loszuwerden. Der Tag war windstill und heiß. Gegen Mittag bedeckte eine leichte Dunstschicht die Sonne, und es wehte gelegentlich der feuchte Hauch eines Südwestwindes.

«Wird Regen geben», bemerkte Carl.

«Und Wind auch, was meinen Sie?» fragte ich besorgt.

«Glaub nicht. Bloß Regen.»

«Laßt uns soviel runterholen wie möglich, dann haben wir morgen drinnen genug zu tun.»

Den ganzen Nachmittag war ich mit dem Transport beschäftigt. Sowie ich mit einer Ladung leerer Kisten wiederkam, war es auch schon fast wieder Zeit, neu zu laden. Um fünf Uhr waren bereits vierhundert Kisten in der Scheune, und das Obst war sauber gepflückt, keine Druckstellen, keine Fruchttriebe.

«Wir werden denen da oben bei Goodale zeigen, wie man Äpfel pflückt», sagte Joe überschwenglich.

«Denke auch», stimmte ich zu.

In der Nacht wachte ich von einem starken Regenschauer auf, der auf die Schindeln trommelte. Er ging vorüber, und ich hörte das Tropfen der Ulme und das Gurgeln des Abflußrohrs der Zisterne. Kein Wind. Ich schlief wieder ein.

Am Morgen goß es in Strömen. Louis, der Älteste, saß vorne bei mir auf dem Traktor. Die andern kauerten hinten unter einer Plane. Ich konnte sie lachen hören. Der Wagen von Goodale überholte uns, und ich sah die Männer auf Bänken sitzen, bequem und vor dem Regen geschützt.

«Ich wünschte, ich hätte auch so einen Wagen», sagte ich, als wir die Scheune erreichten. «Ihr müßt ja ganz schön naß sein, Jungs.»

«Können die gern behalten», sagte Stanley knapp.

«Ich hab gestern mit einem Typ gesprochen, der da oben arbeitet», bemerkte Joe. «Er hat gesagt, die dort meinen, fünfundzwanzig Scheffel pro Tag sei ein guter Schnitt fürs Pflükken. Als ich ihm gesagt hab, daß wir zu fünft das gleiche schaffen, hat er gedacht, ich lüge oder mache Witze. Der Boss brüllt sie den ganzen Tag an, sagt er. Ist aber nicht gut. Sowie der mal wegguckt, machen die nur Mist. Also, ich mag so was nicht.»

Es war angenehm in der Scheune. Die feuchte Luft strömte durchs offene Tor herein, frisch und kühl. Über dem Gerumpel und Geratter der Sortiermaschine konnten wir das Pladdern des Regens auf dem Dach hören. Da war das geschäftige Geklopfe von Hämmern, als Kasimir und Stanley im Speicher aus Brettern Kisten zimmerten, und Carl stand bei der Presse und verschloß die, die schon gepackt waren. Joe fütterte die Sortiermaschine mit Äpfeln und stapelte die fertigen Kisten neben der Rutsche, die zum Lagerkeller unter der Scheune führte. Der alte Louis legte die kleinen, die nicht in Papier gewickelt wurden, vorsichtig in die Kisten. Ich hatte vor, nur die sieben und siebeneinhalb Zentimeter großen Äpfel in die sogenannten Western-Boxen zu verpacken, in denen jeder Apfel in Papier eingewickelt wird. Es gibt in diesen Boxen eine ganz bestimmte Anzahl von Äpfeln pro Schicht und eine ganz bestimmte Anzahl von Schichten, je nach Größe. Die obere Schicht wird in der Mitte etwas hochgewölbt, indem man für die mittleren Reihen etwas größere Äpfel auswählt. Die fertiggepackten Boxen werden in eine Presse geschoben, die die Deckholzstreifen nach unten drückt, damit sie festgenagelt werden können. Eine richtig gepackte Kiste ist oben und unten gewölbt, und die Äpfel bewegen sich nicht, wenn die Kiste geschüttelt oder herumgeworfen wird.

Als ich die Streifen niederdrückte, um Carl zu zeigen, wie man es macht, sagte er: «Jesses, man könnte denken, daß da gleich der Most rauskommt, wenn man so drückt.»

«Es drückt nur auf das Papier. Das Obst bekommt überhaupt keine Druckstellen. Schauen Sie, ich zeig's Ihnen.»

«Raffiniertes System», sagte er beeindruckt. «Man könnte denken, man drückt sie zu Mus.»

«Es zahlt sich nur aus, die wirklich erstklassige Ware so zu verpacken. Das Wachspapier ist teuer, und es gibt nicht viele Leute hier, die sich damit auskennen. Der Chef von Goodale weiß, wie es geht. Ich hab mit ihm zusammen auf einer gro-

ßen Obstplantage in New Hampshire gelernt. Mein Vater dachte, es wäre hier draußen nützlich, wenn ich es kann, und ich schätze, das ist der Fall.»

Nachdem wir in Fahrt gekommen waren, kamen die Jungs vom Speicher herunter. Kasimir übernahm Joes Arbeit, und ich zeigte Joe und Stanley, wie man sortierte. Die Sortiermaschine ordnet das Obst nur nach Größe. Die Äpfel werden über abschüssig angeordnete, gummibezogene Rollen hineingeschoben, die sie langsam hin und her wenden. Leute, die zu beiden Seiten der Rutsche stehen, müssen das fleckige oder verfärbte Obst entdecken und herausnehmen und entscheiden, ob es sich lohnt, es später als Güteklasse 2 zu verpacken, oder ob es sich nur noch für Most eignet. Es gibt Toleranzgrenzen für alle Güteklassen, aber es erfordert ein schnelles Auge, um den beschädigten Apfel zu entdecken, und ein schnelles, sicheres Urteilsvermögen, um zu entscheiden, wo er hingehört. Joe und Stanley machten das sehr gut. Am Anfang gingen ihnen natürlich einige durch, aber ich entdeckte sie dann noch beim Packen. Ich zeigte ihnen die Mängel, und nach erstaunlich kurzer Zeit landeten nur noch makellose Früchte in den Behältern.

Am späteren Vormittag stellte ich die Maschine ab, und wir machten eine Pause, rauchten, plauderten und aßen Äpfel. Dann machten wir erfrischt weiter, und alles lief so reibungslos wie ein Uhrwerk. Am Ende des Tages hatten wir uns durch den größten Teil dessen, was sich angehäuft hatte, durchgearbeitet. Zuletzt ließen wir die Kisten die Rutsche hinunter in die feuchte, hallende Leere des Kellers und stapelten sie nach Größe und Güteklasse. Auf der Rückfahrt in die Stadt kam die Sonne heraus.

Und so lief es, Tag für Tag: zwei Tage auf der Plantage, dann einen Tag in der Scheune. Eines Morgens lag statt Tau frischer Rauhreif auf dem Gras. Danach flammten der Sumach und die Blaubeerbüsche scharlach- und purpurrot auf, die rauhen Blätter des Hickory glänzten golden in der Sonne, und die weite Marsch verwandelte sich von Smaragdgrün zu Gelbbraun. Es war morgens jetzt schon dunkel, so daß wir erst um halb acht beginnen konnten, und wenn wir aufhörten, war es im Apfelgarten schon dämmerig. In der Luft lag ein Hauch winterlicher Kälte. Ich nutzte die Gelegenheit, um den Keller abzukühlen, indem ich nachts auf der Nordseite Tür und Fenster öffnete und sie morgens schloß. Die späten Äpfel, Baldwins und Northern Spies, leuchteten vor Farbe, und die letzten McIntoshs waren vollreif und fielen bei der leisesten Berührung herunter.

Wir hatten schon längst unsere Marke von fünfzig pro Tag erreicht und hatten das gefeiert, indem wir eine halbe Stunde früher Schluß machten und unter den Bäumen Eis und Kuchen aßen.

Sogar die Situation mit dem Fallobst hatte ich inzwischen im Griff. Ein paar Tage nach dem Abenteuer mit dem grünen Laster suchte mich ein Mann im Apfelgarten auf: «Mein Name ist Greenberg, Farmer's Fruit and Produce», sagte er.

Auf den ersten Blick schien er gegenüber den vorigen keine große Verbesserung zu sein. Er war gedrungen, hatte eine fettige Nase, aufgeworfene Lippen und ein blindes milchiges Auge. Aber das erste, was er sagte, war: «Es hat mir sehr leid getan zu hören, daß der Doktor gestorben ist. Er war ein prachtvoller Mensch.»

«Ja.»

«Ich hab letztes Jahr nach dem Sturm das gekauft, was von der Ernte noch übriggeblieben war. Das war eine schreckliche Sache. Noch nicht mal Goodale hat was abgekriegt, nur hier unten. Ist schwer zu begreifen, so was.»

«Allerdings», stimmte ich zu, und fast widerwillig taute ich zunehmend auf.

«Wie ich höre, führen Sie die Farm jetzt weiter. Ziemlich schwere Arbeit für 'ne Frau, oder?»

«Es geht», sagte ich kurz angebunden.

«Na gut, dann kommen wir mal zur Sache», sagte er freundlich. «Was wollen Sie für Ihr Fallobst haben?»

«Zwanzig», sagte ich.

«Auch Mostobst?»

«Ja.»

«Zuviel», sagte er, «und ich sag Ihnen auch warum. Der Markt ist mit Mostobst überladen. Gestern gab's hundert für einen Dime und keine Abnehmer. An Ihrer Stelle würde ich jetzt gar nicht erst versuchen, das Mostobst zu verkaufen. Lassen Sie es einfach unter den Bäumen gestapelt und sammeln Sie es später mit Ihren späten Äpfeln ein. Dann wird es mehr wert sein, garantiert.»

«Aber was ist, wenn es dann keiner kauft? Dann bleib ich auf ihm sitzen.»

«Keine Sorge. Ich werd schon jemand auftreiben, wenn's soweit ist. Ich handle nicht selber mit Mostobst, aber ich kenne Leute, die es tun. Der Preis kann nicht schlechter sein, als er jetzt ist, und er könnte besser werden. Sie verlieren nichts, wenn Sie abwarten.»

«Und was wollen Sie mir für das gute Fallobst geben?»

«Fünfzehn ist das Äußerste, was ich Ihnen anbieten kann. Ehrlich gesagt, ich könnte jede Menge für zehn kriegen oben bei Goodale, wenn ich mich da einschleimen wollte. Sie verlangen zwar fünfzehn, aber ich weiß, daß da gestern eine Ladung für einen Dime rausgegangen ist. Sie haben unterschiedliche Preise für unterschiedliche Leute, je nachdem, wer man ist und in was für einer Stimmung der Chef ist. Ich mach meine Geschäfte nicht in diesem Stil.»

Ich zögerte. «Sie brauchen keine Angst zu haben, daß irgend so was wie letzte Woche noch mal passiert», sagte er. «Ein Haufen Diebe, diese Typen.»

«Sie sind ja gut informiert.» Ich mußte lachen.

«Der Junge hat geplaudert, unten auf dem Markt. Das

werden sie noch lange zu hören kriegen, Schiß vor einer Frau mit einem Kindergewehr. Hätten Sie eigentlich geschossen?»

«Sie war nicht geladen.»

«Er hätte Sie auch nicht überfahren, zu feige. Aber das konnten Sie ja nicht wissen.»

«Joe war ja auch noch da.»

«Aber Sie waren es, vor dem er Schiß gehabt hat. Er hat immer nur gesagt, ‹Jesses›, entschuldigen Sie, ‹was für eine Frau!›»

Wir lachten beide. «Also gut», sagte ich. «Fünfzehn.»

Und es gab keine Probleme.

•

Bis Mitte Oktober waren wir mit den McIntoshs fertig und bereit, die Greenings anzugehen, zehn große niederstämmige Bäume, die mit prächtigen glatthäutigen Äpfeln beladen waren. «Geht nichts über Greenings, wenn man Apfelkuchen machen will», hatte meine Großmutter immer gesagt, und mein Vater hatte diese Bäume mit als erste gepflanzt. Diese und die Baldwins waren die ältesten Bäume. Der reiche Ertrag dieser Bäume hatte ihn fünfundzwanzig Jahre zuvor ermutigt, die anderen zu pflanzen: zuerst die Spies und später die McIntoshs, damals eine neue Sorte.

Es gab auch fünf große alte Boskopbäume, die aus rein sentimentalen Gründen gepflanzt worden waren, da er sich erinnert hatte, wie er als Junge Ende März mal in den Keller gegangen war und aus dem würzig duftenden Faß einen schönen saftigen Boskop ausgesucht hatte. Die meisten Leute, die Boskop mögen, sind schon längst gestorben, aber gelegentlich kam Ende Winter ein Oldtimer vorbei und kaufte ein paar Kisten. Wir pflückten sie trotzdem vorsichtig, auch wenn die meisten davon später zu Most verarbeitet wurden.

Gerade als wir die Spies pflückten, kam ein bejahrtes Paar, das man sicher als «Oldtimer» bezeichnen konnte, im Scheunenhof vorgefahren. Ein großer dünner alter Mann und eine zerbrechliche kleine alte Dame saßen hinten im Wagen, und am Steuer saß ein gelangweilter junger Mann, Enkel eines Nachbarn, der zum Chauffeur verdonnert worden war. Als ich mit meiner Ladung gewendet und den Motor abgestellt hatte, stieg der alte Herr steif aus dem Wagen und kam auf mich zu.

«Wir kommen fast jedes Jahr her, um einige Ihrer Spies und Boskop zu kaufen», sagte er. «Wir sind altmodisch und mögen altmodische Äpfel. Hatten selbst einen prächtigen Spy im Garten, aber er ist vor einigen Jahren umgeweht worden, und es schien uns irgendwie nicht sinnvoll, in unserem Alter noch einen neuen zu pflanzen. Ich bin letzten August fünfundachtzig geworden, und meine Frau hier wird achtzig.»

«Das hätte ich nicht gedacht», sagte ich taktvoll. Wenn er gesagt hätte, er sei hundert, wäre ich nicht überrascht gewesen. Er war so alt, daß er schon alterslos wirkte. Er hatte seidige weiße Haare, aber seine blauen Augen unter den faltigen wimpernlosen Lidern waren klar und funkelten vor Vitalität. Er sah, wie ich auf seine Hände blickte, die braun und knorrig wie Baumwurzeln waren und denen an der Linken zwei Finger fehlten.

«Hab sie vor Jahren in der Hobelmaschine verloren», sagte er. «War mein ganzes Leben lang Schiffbauer, und sie holen mich immer noch manchmal, wenn es irgendwas zu drechseln gibt.»

«Dann kommen Sie also aus Essex?»

«Ja.» Er bewunderte die Spies, die ich geladen hatte, und ich schickte Joe in den Keller, damit er ein paar fertiggepackte Kisten holte. Während wir warteten, sah er sich um.

«Die Dinge haben sich ganz schön verändert gegenüber damals, als ich mit den Jungen der Burnhams auf dem Heuboden spielte oder wir im Stall huckepack herumritten und König Artus und seine Tafelrunde spielten. Als die kleinen Jungen anfingen, Yankees und Rebellen zu spielen, war ich schon zu groß für derlei Spiele, und Johnny Burnham war bei Missionary Ridge gefallen. Er war ein paar Jahre älter als Gussie und ich. Wir selber haben nie irgendwelche Kämpfe erlebt, obwohl wir eine Weile auch Uniform trugen. Ja, die Dinge haben sich enorm verändert.»

Ich verspürte ein Kribbeln in den Haarwurzeln. Die Farm, vor siebzig, achtzig Jahren. Wie gestern.

«Ich erinnere mich an Mrs. Burnhams Keksglas», sagte er und kicherte vor sich hin. «Hat uns Jungen scheint's nie satt bekommen. Und die Spiele oben auf dem Speicher. Wir versuchten Eichhörnchen mit Schleudern zu erlegen. Meistens waren sie zu schnell für uns. Hatten die Sachen in Mrs. Burnhams Koffern verschmutzt, schrecklich.»

«Die sind immer noch da oben», sagte ich. «Sie kommen von der großen Linde und nagen sich durch die Schindeln.»

«Das war damals schon ein gewaltiger Baum. Er scheint seitdem nicht viel in die Höhe gewachsen zu sein, nur in die Breite. Aber die Ulme, die ist gewachsen. Und die Eiche auf der Weide. Sie hat sich immer noch gehalten, seit vor Jahren der Blitz einschlug. Farmer Burnham dachte, es ist mit ihr vorbei, aber sie lebt immer noch, wie ich sehe.»

«Sie ist aber gespalten und im Kern verfault.»

«Steckt viel Kraft in so einem alten Baum. Muß an die fünfhundert Jahre alt sein. Reicht eindeutig bis in die indianische Zeit zurück.»

Joe hatte die Äpfel im Wagen verstaut, den Anhänger entladen und war dann zur Plantage zurückgegangen.

«Es tut mir wirklich leid», sagte ich. «Aber ich muß jetzt wieder an die Arbeit. Könnten Sie und Ihre Frau nicht am Sonntag wiederkommen, wenn das Wetter schön ist? Vielleicht möchten Sie sich das Haus wieder einmal von innen ansehen, und ich würde jedenfalls sehr gerne alles mögliche darüber erfahren, über die alten Zeiten und die Zeit, als es gebaut wurde.»

«Danke, das würden wir sehr gern, wenn Fred uns fährt. Würden Sie uns fahren, Fred?» Fred brummte etwas.

Der alte Herr schüttelte mir zum Abschied die Hand. «Das ist eine traurige Geschichte mit den Burnhams. Es sind hier ein paar schreckliche Dinge passiert. Urgroßvater Burnham erzählte uns, wie das Haus gebaut wurde. Ich werde versuchen, mich zu erinnern. Es ist so lange her. Auf Wiedersehen.» Und dann fuhren sie davon.

Was ich erfahren hatte, beschäftigte mich noch den ganzen Nachmittag über. Wie wenig wir doch über diesen Ort wußten: das Haus, die Bühne, auf der meine Familie so lange schon ihre Rollen gespielt hatte; die üppigen Felder von Lehmerde, Glazialkies und Mergel, in die unsere Wurzeln so tief hinunterreichten. Wir waren nur vierzig Jahre hier gewesen, aber meine Urgroßmutter, meine Großmutter und mein Vater waren hier gestorben. Wir Kinder waren alle in dem quadratischen Schlafzimmer geboren worden, das auf der Südwestseite über dem Fliederbusch lag, hatten unter der Linde gespielt und waren fortgegangen. Bis jetzt war ich die einzige, die zurückgekehrt war, aber die anderen hatten etwas davon in sich mitgenommen. Was hatten die Burnhams seit der Erbauung des Hauses im Jahr 1790 alles erlebt? Man hatte mir ein heißersehntes Buch gezeigt, eine Seite war aufgeschlagen worden, ich hatte einen kurzen Blick auf die Titelseite und auf ein paar verlockende Bilder geworfen. Dann war das Buch wieder geschlossen und weggetragen worden. Ich hoffte, es wieder in die Hände zu bekommen, es zu lesen. Aber am Sonntag regnete es, und die Wochen vergingen und nichts geschah.

«Wenn ich mit der Ernte fertig bin, spüre ich ihn auf», dachte ich. Ich wußte zwar nicht, wie er hieß, aber ich wußte, ich würde ihn finden. Essex war ein kleiner Ort.

Bis dahin, weiter mit der Arbeit.

•

Am 1. November waren wir mit allem fertig. Es gab dreitausendfünfhundert Kisten McIntoshs im Keller, von denen fünfzehnhundert extra aufwendig in Western-Boxen verpackt waren und die übrigen in normalen, aber alle waren gut. Es gab tausend Kisten mit Winteräpfeln, ein paar Greenings und der Rest Baldwins und Spies. Insgesamt viertausendfünfhundert, kein schlechtes Ergebnis. Wenn die Preise gut gestanden hätten. Aber sie standen niedrig. Es herrschte immer noch tiefste Wirtschaftskrise, und jeder hatte Äpfel. Der Markt war mit Obst überschwemmt.

«Glauben Sie, es wird später besser?» fragte ich Greenberg besorgt.

«Schlimmer als jetzt kann's nicht mehr werden», erwiderte er trübsinnig. «Das höchste, was ich Ihnen anbieten kann, sind fünfzig Cents für 5,7-cm-eins-a-McIntoshs. Für die Baldwins würde ich noch nicht mal einen Preis nennen. Will sie gar nicht haben. Nicht jetzt.»

«Fünfzig Cents!» wiederholte ich entsetzt.

«Das gilt für jetzt. Am besten halten Sie sie noch zurück, wenn Sie können.» Mir war schlecht. Wenn das so lief, würde mich die Bank im Frühjahr kassiert haben.

Ich fühlte mich zu niedergeschlagen, um unsere Abschlußfeier richtig genießen zu können – selbstgebrautes Bier, von Joes Mutter aus Malz und Gerste hergestellt, die ich ihr geliefert hatte. Es war gut, süffig und klar und stark. Der alte Louis hielt eine lange Rede auf polnisch, anscheinend eine sehr komische. Kassie und Stanley lachten viel. Joe imitierte eine Jazzband, trommelte mit ein Paar Stöcken in einem wunderbaren Rhythmus auf einer leeren Kiste. Wir lachten zusammen über Dinge, die passiert waren, zogen einander auf, bis die letzte Flasche geleert war, alle immer noch Freunde waren und ich sie zum letztenmal in die Stadt zurückfuhr.

Dort, als ich mich zum erstenmal den einsamen Monaten bis Frühjahr gegenübersah, sagte ich zu Joe: «Und was jetzt?»

Er zuckte die Achseln.

«Ich könnte Ihnen zeigen, wie man den Traktor und den Laster fährt, wenn Sie möchten. Es könnte Ihnen helfen, einen Job zu finden, und es wäre auf jeden Fall nächstes Frühjahr hilfreich, wenn Sie wiederkommen – falls ich noch da bin.»

«Keine Sorge», sagte er. «Das werden Sie. Und ich auch, hoffe ich. Mir hat noch nie ein Job so gut gefallen wie dieser. Und ja, vielen Dank. Ich wollte immer schon fahren lernen.»

Und so brachte ich es ihm bei, einen Tag hier, einen Tag dort, zwischen den Gelegenheitsarbeiten, die er sich verschaffte, ein paar Tage Gehölz schneiden oder in einer Kiesgrube schaufeln oder Möbel tragen für einen Fuhrunternehmer, der ein paar Umzugsaufträge hatte. Dann gab es eine rätselhafte Zeit, in der er fast täglich erschien, immer pfeifend und fröhlich, aber ausweichend in bezug auf das, was er gerade tat. Er lernte schnell, den Laster zu fahren, und lernte die Regeln in der Verkehrsfibel auswendig, bis er sie Wort für Wort konnte, aber bei dem Traktor war er nervös und hatte Angst vor dem störrischen Ding. Ein Unglück, das ihm bei einem der ersten Male widerfuhr, wo er allein am Steuer saß, erschreckte ihn fast zu Tode, und ich hatte vorübergehend die Befürchtung, daß er ihn nie wieder anrühren würde.

Er drängte darauf, daß er Arbeit damit verrichtete, anstatt nur auf den Wiesen herumzufahren. Wir hatten eine richtige Auseinandersetzung darüber, wobei ich den Standpunkt vertrat, daß er nicht für mich arbeiten sollte, wenn ich kein Geld hatte, um ihn zu bezahlen, und er, daß jede Hilfe, die er leisten könnte, gering wäre im Vergleich zu der Zeit, die ich darauf verwendete, ihn zu unterrichten, und wieviel Benzin dabei verbraucht würde. Ich gab schließlich nach, und wir machten uns daran, von der Nordmarsch Mulch herüberzutransportieren, den wir um die Pfirsichbäume aufhäufen wollten. Wir fuhren bergab, und ich stand auf dem Achsengehäuse, hauptsächlich, um ihm Mut zu machen, denn an die Gangschaltung kam ich nicht ran, und es gab keine Bremse. Der Anhänger mit den Mistgabeln ratterte hinter uns her. Wir luden eine hohe Ladung auf, und ich hatte vor, mich obendrauf zu setzen, um sie zu stabilisieren.

«Jetzt ganz sachte», warnte ich ihn. Er sah nervös zu, wie ich hinaufkletterte und die Mistgabeln in den Mulch stieß, um ihn zu verankern.

«Okay, fahren wir.»

Er schrappte in den ersten rein, dann in den zweiten. Der Boden war uneben, so daß ich herumhüpfte wie Mais in einem Popcornröster. Der Motor brüllte, so daß ich mich nicht verständlich machen konnte, aber Joe merkte von selbst, daß er an der steilsten Stelle des Hügels eine geringere Geschwindigkeit brauchte, um zu verhindern, daß die gemuldeten Räder in dem losen Kies durchdrehten. Er versuchte zu schalten und schaffte es, in den Leerlauf zu kommen. Dann würgte er den Motor ab, und ohne Selbstanlasser oder Bremse war er hilflos. Der Traktor begann nach hinten zu rollen, und zwar schnell.

«Springen Sie, springen», brüllte er. Aber ich wagte es nicht, aus Angst, von dem rasenden Traktor überfahren zu werden.

Er warf das Steuerrad hin und her, versuchte, zwischen den Baumreihen gerade zu bleiben, und kurze Zeit sah es so aus, als könnten wir sicher ebenen Boden erreichen. Aber plötzlich stellte sich der Anhänger quer. Es gab einen Knacks, als der Zughaken aus dem Holz brach, und dann kippte er um. Ich rutschte hinunter, wobei ich mit einigem Glück den glänzenden Zinken der Gabeln ausweichen konnte. Aber der größte Teil der Ladung rutschte auf mich drauf. Der Mulch war trocken und nicht schwer, aber es gab ein paar grauenhafte Momente voller Panik, während ich unter der erstickenden Finsternis begraben lag. Dann fing ich an herumzuwühlen, und Joe grub wie ein hektischer Hund in dem Zeug und hatte mich schnell herausgeholt, so daß ich bald wieder auf den Beinen war. Er versuchte linkisch, mich abzubürsten. Ich war wie ein Stachelschwein mit Stroh bedeckt.

«Mein Gott», sagte er ständig, «sind Sie verletzt? Alles in Ordnung?»

«Klar, klar, alles okay», keuchte ich und hatte einen Niesanfall. Dann, als ich Joes kleine untröstliche Gestalt vor mir sah, fast verloren in dem unordentlichen Haufen, dazu den umgekippten Anhänger und den Traktor, der unschuldig und hämisch danebenstand, mußte ich lachen, und abwechselnd keuchend und niesend beruhigte ich ihn.

Er mußte selbst lachen. «Ich bin vielleicht ein Fahrer, mannomann. Ich bin vielleicht ein Fahrer», wiederholte er immerzu. «Ich war mir diesmal sicher, daß ich Sie umgebracht hätte.»

Es war nichts passiert. Wir steckten die Bolzen in andere Löcher an der Anhängerdeichsel und beluden den Anhänger wieder, aber ich konnte ihn nicht dazu überreden, den Traktor an diesem Tag noch einmal anzurühren. Erst einige Tage später und erst nach ein paar aufmunternden Worten, teils freundlichen, teils scheltenden, ließ er sich dazu überreden, es noch einmal am Hang zu probieren. Mit dem Traktor wurde er nie richtig warm, war immer nervös und bereit, bei den ersten Schwierigkeiten die Fassung zu verlieren. Aber mit dem Laster kam er sehr gut zurecht und machte seinen Führerschein ohne Probleme.

Inzwischen war meine eigene Lage ziemlich verzweifelt. Zugegeben, ich hatte die Äpfel, aber ich konnte damit weder die Bank bezahlen noch die Rechnungen begleichen. Aus dem Verkauf des Fallobsts an Greenberg und der Mostäpfel zu fünf Cents pro hundert hatte ich etwas über dreihundert Dollar eingenommen. Es hatte beinahe siebenhundert Dollar gekostet, die Äpfel zu pflücken, fünf Männer zu zwanzig Dollar über fast sechs Wochen. Dafür gingen sämtliche Einkünfte aus den Pfirsichen und fast alle aus dem Fallobst drauf.

Am 1. November waren achtzig Dollar auf der Bank. Mit der staatlichen Rückerstattung der Straßensteuer, die auf das während des Sommers für den Traktor benutzte Benzin erhoben worden war, ließ sich glücklicherweise das Benzin für den Laster bezahlen. Ich mußte jeden Monat die Telefonrechnung bezahlen, denn auf das Telefon konnte ich nicht verzichten, jedenfalls meinte ich das. Die Stromrechnung war schon seit drei Monaten fällig, und ich hatte deswegen bereits eine Mahnung von der Stadt bekommen. Mitte Dezember waren zweihundert Dollar Hypothekenzinsen fällig. Die letzte Zahlung war von meiner gehorteten Rücklage bestritten worden, die dadurch unter tausend Dollar sank. Von den tausendfünfhundert Dollar der noch ausstehenden Rechnungen war noch kein Cent zurückgezahlt worden. Außerdem mußte ich essen, wenn auch nicht viel. Haferflocken, Äpfel, Pflaumen, Fisch, Aal, Muscheln und Kartoffeln. Mit einem Hühnerfarmer tauschte ich Fallobst gegen angestoßene oder schmutzige Eier. Kaufen mußte ich die Haferflokken und Pflaumen, Dosenmilch, Salz und Margarine, Seife, dies und das, aber mit fünf Dollar die Woche waren meine

Ausgaben mehr als abgedeckt. Die Diät war ausreichend, und ich war immer so hungrig, daß ich sie nicht monoton fand.

Als ich Joe drängte, mir zu sagen, wie er zurechtkomme, senkte er den Blick und sagte, daß seine Mutter zum erstenmal wegen eines Lebensmittelscheins zur städtischen Wohlfahrt hatte gehen müssen.

«Die Frau dort wollte wissen, was ich mache, und wieso mein Bruder und ich nicht in der Lage seien zu verhindern, daß die Familie um Almosen bitten muß», sagte er. Er errötete stark, und seine Augen füllten sich mit Tränen.

«Meine Mutter hat gesagt: ‹Dann finden Sie doch Arbeit für meine Jungs. Sie wollen arbeiten.› Aber das konnte sie natürlich nicht. Es gibt nirgends Arbeit, nirgends. Nicht mal mehr Muscheln, die man ausgraben könnte. Nichts.»

Ich war sprachlos.

•

Etwa zu dieser Zeit bekam ich Besuch von meinen Brüdern. Sie kamen eines Sonnabends mit dem Zug. Beide hatten eine Art Arbeit: Einer verdiente fünfundzwanzig Dollar die Woche, der andere zwanzig, und da sie in der Stadt zusammenwohnten, kamen sie über die Runden. Wir waren stolz auf Mutter, die den besten Job von uns allen bekommen hatte, als Hausmutter in einem Internat, wo sie ein kleines Gehalt bezog, ein bequemes Zimmer und gutes Essen hatte. Aber sie war weg und an den Ort gebunden, und bis auf ihre fröhlichen Briefe wußten wir eigentlich nicht, wie sie zurechtkam.

Ich hatte mich darauf gefreut, daheim mal wieder etwas Familie zu haben. Es war das erste Mal seit der Beerdigung meines Vaters, daß wir wieder zusammen waren. Ich hatte einen Schweinebraten gekauft, wir würden die letzten Karotten von dem unkrautüberwucherten kleinen Gemüsegarten ernten, und zum Nachtisch gab's Pudding – aus Äpfeln natürlich. Und Kaffee. Ein Fest. Ich hatte etwas Holz für den Kamin im Eßzimmer ergattert, hatte den dunklen Mahagonitisch poliert, den mein Vater auf Antigua gekauft hatte, hatte das ungenutzte Silber herausgeholt und es blank geputzt. Wir gaben uns alle große Mühe, fröhlich zu sein.

Als sie mich über Finanzen und Aussichten befragten, gab ich ausweichende Antworten. Ich wußte, wenn ihnen klar würde, wie brisant die Lage war, würden sie das sagen, was sie schon vorher gesagt hatten: «Gib auf. Es ist hoffnungslos. Überlaß alles der Bank.» Und so führte ich sie nach dem Essen in den Keller, damit sie selbst sehen konnten, was da war. Sie waren sehr beeindruckt von der Menge und der Qualität der Äpfel. Dergleichen hatten wir noch nie gehabt, und es wurde einem schlecht bei dem Gedanken, daß wir bei vernünftigen Preisen völlig aus dem Schneider wären.

«Ich will die ganze gute Ware im Einzelhandel verkaufen», sagte ich. «Zwischenhändlerpreise sind horrend, und wenn ich die tausendfünfhundert Eins-a-Macs und die besten Baldwins und Spies an Schulen, Colleges und Privatkunden in der Stadt verkaufen könnte, müßte ich es schaffen. Ich kann sie für einen Dime pro Kiste transportieren lassen.»

Sie waren sofort voller Ideen, und so gingen wir wieder ins Haus zurück und setzten einen Verkaufsbrief auf.

«Du wirst über zweihundert pro Woche verkaufen müssen, um die Macs loszuwerden, bevor sie anfangen, weich zu werden», warnte mich mein älterer Bruder. «Und das erfordert einigen Aufwand. Du wirst mit den Einkäufern und Diätisten der Colleges persönlich reden müssen. Denen wird ein Brief nicht reichen. Wenn du mit dem Brief fünfzig pro Woche bewegen kannst, wäre das wunderbar und das Äußerste, was du erwarten kannst.»

«Du wirst bei ihnen vorsprechen müssen», stimmte mein jüngerer Bruder zu. «Wenigstens bei den Krankenhäusern, Hotels und Colleges.» Mich schauderte bei dem Gedanken.

Während wir auf den Zug warteten, streiften wir das Thema, das den ganzen Tag über gemieden worden war.

«Wir können diese Sache nicht bis zu dem Punkt schleifen lassen, wo es einen Bankrott gibt und für uns alle ein riesiger Schuldenberg entsteht», sagte mein älterer Bruder. «Wir finden, daß du dich sehr bemühst, aber du weißt, daß die Aussichten von Anfang an nicht gut waren. Du bist sehr optimistisch und so weiter, aber wir finden, es wäre viel besser, es der Bank zu überlassen, als einen Zusammenbruch zu riskieren, der uns alle umhauen würde, bevor wir überhaupt unter dem ersten hervorgekrochen sind.»

«Irgendwann werdet ihr noch froh sein, daß wir es behalten haben», beharrte ich. «Es wird alles gutgehen.»

«Hoffentlich», bemerkte mein jüngerer Bruder. «Aber selbst wenn du dir die größte Mühe gibst, sieht es nicht so aus, als wäre es etwas, woran wir für längere Zeit Freude haben könnten, wenn überhaupt.»

Der Zug trug sie dann davon, aber ich spürte, daß mein Selbstbewußtsein Risse bekommen hatte und die scharfe Spitze eines Messers meine Haut berührte.

Entmutigt und schweren Herzens ging ich den kalten windigen Bahnsteig entlang. Ich hörte Schritte hinter mir, spürte eine leichte Berührung an meiner Schulter. Als ich mich umwandte, sah ich mich Joe gegenüber, fein herausgeputzt und ein Lächeln auf dem Gesicht. Unter der Krempe seines grauen Filzhutes leuchteten seine haselnußbraunen Augen im Licht.

«Wir haben für heute abend einen Job bekommen, was sagen Sie dazu?» sagte er. «Wir spielen im Tiger Club.»

«Spielen?» wiederholte ich. «Was meinen Sie damit?»

«Musik. Die Band. Ach, das mit der Band wissen Sie ja gar nicht. Fünf Nummern. ‹Joe LaPlante and his Wildcats›.» Er sah mich unsicher an, ob ich lachen würde, aber als ich es nicht tat, fuhr er fort: «Wir haben den ganzen Sommer über geprobt. Das hier ist unsere erste Chance. Sie kommen gerade rechtzeitig, um uns Glück zu wünschen. Kommen Sie doch, und hören Sie sich's an. Es ist bloß so eine Bierkneipe – keine Millionäre dort. Ich würde mich sehr freuen. Kommen Sie?»

«Klar», sagte ich. «Warum nicht?»

Der Tiger Club war ein Holzgebäude, das in einer ziemlich miesen Gegend lag. Es stand am Rand einer Kiesgrube, und eine lange wacklige Treppe führte zur Tanzfläche hinauf. Es standen einige Paare auf der Treppe, und als wir näher kamen, sah ich auch Leute in den Nischen.

«Hoffentlich wird es heute voll», sagte Joe nervös. «Sie haben hier noch nie eine Band gehabt, immer nur Schallplatten. Sie zahlen uns zehn Dollar, später mehr, wenn's gut läuft. Es gibt 'ne Menge heiße Schuppen, und dann die Städte ... Das könnte für uns der Anfang sein. Ich hätte oft schon fast mein Schlagzeug verkauft. Mann, bin ich froh, daß ich's nie gemacht hab.»

Er führte mich mit einer großartigen Geste zu einem guten Tisch in der Nähe der Bühne, wo zwei Musiker schon ein gedämpftes Duett probten, Posaune und Tenorsaxophon. Zwei weitere Stühle waren mit einer zweiten Posaune und einem weiteren Saxophon belegt, und neben dem fünften stand Joes Ausrüstung. Die große Trommel war mit dem fauchenden Gesicht einer Wildkatze bemalt. Der Laden war kein El Morocco. Die Wände waren aus braungestrichenem Sperrholz. Die Nischen waren braun und cremefarben, und bei mehreren von ihnen war das Holz gesprungen. Das einzige Licht, das es gab, kam von den mit Schirmen versehenen Lampen auf den Nischentischen. Die fliegenbesprenkelte Decke über der abgewetzten Tanzfläche war mit einem Kreuzmuster aus verblichenen Papierschleifen geschmückt.

Joe winkte einen schäbig gekleideten Kellner mit einer weltmännischen Geste herbei und bestellte Bier – es kam in einem Glaskrug mit zwei schmierigen Gläsern. Aber es sei gutes Bier, sagte Joe, selbstgebraut, und schmecke nur ganz schwach nach Hefe.

«Lassen Sie mich eine Runde für die Band spendieren, bevor ihr anfangt», schlug ich vor.

«Ich hab Sie nicht mitgebracht, damit Sie Geld ausgeben», sagte Joe streng. «Sie spendieren heute nichts. Sie sind mein Gast.»

Er rief den Kellner und knallte einen Vierteldollar für einen weiteren Krug auf den Tisch. Mit einer ruckartigen Kopfbewegung forderte er die anderen Bandmitglieder auf, sich zu uns zu setzen. Die beiden Posaunisten waren Franzosen, Fortier und Bernard, sie waren fröhlich und stanken schon nach Bier. Der zweite Saxophonspieler, Williams, sah sterbenskrank aus, ausgemergelt, mit gelber Haut und tiefliegenden Augen. Das erste Saxophon, bloß als Kip vorgestellt, sah aus wie ein richtiger Schwindler, flott, wenn auch etwas schäbig gekleidet. Sein karierter Anzug, der nicht ganz schreiend genug war, um theatralisch zu sein, war an den Manschetten und Aufschlägen abgewetzt, und sein Hemd war grün mit einem abnehmbaren Kragen. Er hatte blonde, gewellte Haare, in denen noch die Kammspuren zu sehen waren. Das Weiß seiner Augen war mit einem Kreuzmuster kleiner roter Äderchen überzogen. Sein Gesicht war schlaff, tiefe Falten zogen sich von Nase zu Mund und über die Stirn. Er hatte mir gegenüber eine leichte, selbstsichere Art und Joe gegenüber eine scherzhafte. Die anderen ignorierte er.

«Kip hat schon mit prominenten Bands gespielt», sagte Joe stolz. «In New York und anderswo. Es ist großes Glück, daß wir ihn haben. Hat eine Menge von unseren Arrangements geschrieben. Tiger Rag ... Warten Sie nur, bis Sie das gehört haben!»

«Dein ‹Sweet Sue› ist auch nicht schlecht», bemerkte Kip.

«Also, was meinen Sie?» sagte Joe, sich erhebend. «Sie kommen hier klar? Genug zu trinken? Genug zu rauchen? Wir stoßen in der Pause wieder zu Ihnen. Drücken Sie uns die Daumen.» Und dann nahmen sie ihre Plätze auf der Bühne ein.

Der Laden hatte sich inzwischen gefüllt. Es waren schon an die fünfzig Leute da, und es kamen immer noch mehr. Die Kellner flitzten mit Bierkrügen umher, und der Besitzer steckte immer wieder seinen Kopf aus einer kleinen Tür hinter der Bühne heraus, um das Publikum zu zählen. Das Lächeln auf seinem dunklen Gesicht wurde jedesmal breiter. Die Wildcats legten mit ihrer ersten Nummer los.

Der anfängliche Eindruck war ein wirklich ungeheurer Lärm, und das von so wenigen Instrumenten. Jeder blies, so laut er konnte. Sogar der bleiche Williams war rot angelaufen, und Kips Gesicht war blaurot. Der Krach holte die Gäste aus ihren Nischen auf die Tanzfläche. Nach ein paar Minuten beruhigten sie sich ein wenig und gingen zu raffinierten Rhythmen und komplizierten Harmonien über, die ich einmalig fand.

Sie waren wirklich gut, die Wildcats, von Joe und Kip angefeuert. Sie brachten Schwung und Leben in den Tiger Club. Am Schluß der ersten Nummer gab es rauschenden Beifall, und Joe sah strahlend zu mir hinüber und hob ein imaginäres Glas zu einem Toast. Wir hatten eine gute Zeit in der Pause. Ich kam mir wie eine Berühmtheit am Musikertisch vor. Der Besitzer bestellte brüllend ein paar Krüge Bier für uns und klopfte Joe auf den Rücken. Alle redeten und lachten gleichzeitig. Kip, der sich, wie Williams sich ausdrückte, als ein «rechter Racontör» entpuppte, erzählte ein paar komische Geschichten. Ich ließ meine Sorgen irgendwo unterm Tisch zurück, und als ich in die kalte klare Nacht hinaustrat, fühlte ich mich wieder fröhlich und hoffnungsvoll.

Adele «Kitty» Crockett Robertson im Alter von sechzehn Jahren, 1917

Kitty mit achtzehn Jahren

Dr. Eugene Crockett, Kittys Vater

Crockett House. «Ich beschloß, daß diese Felder und dieses alte Haus, in dem wir alle geboren worden waren, nie verlorengehen würden.»

Kitty am Crane Beach . . .

. . . und mit Freya, der großen Dogge

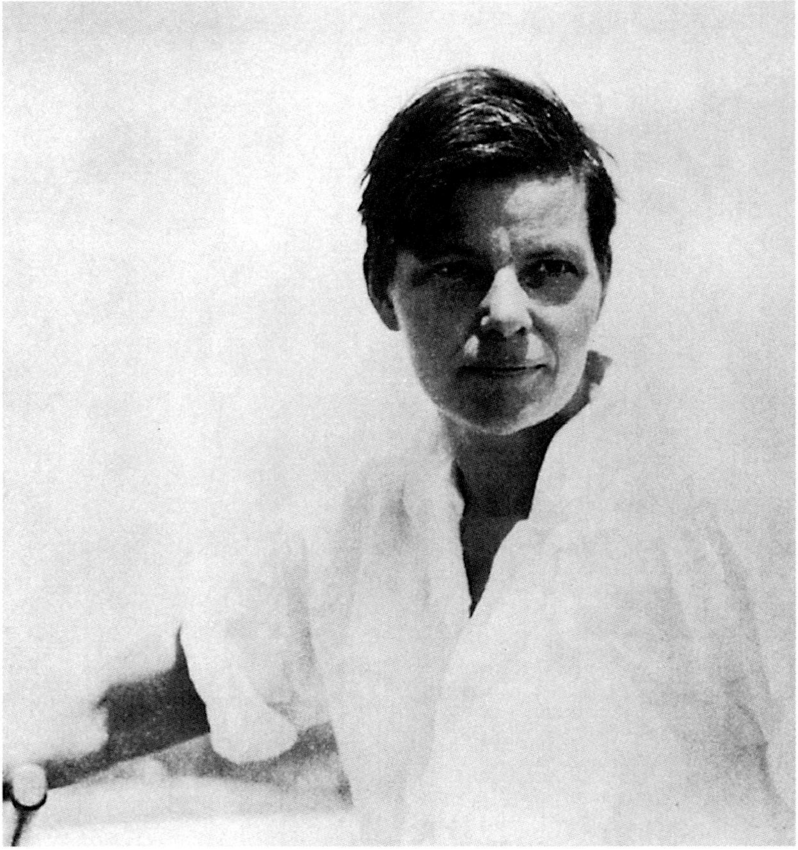

Adele Crockett Robertson, 1935

•

Bevor das Gefühl wieder verblaßte, nahm ich gleich am nächsten Tag den Zug in die Stadt, um mit dem Einkäufer des Colleges zu sprechen. Ich mußte nicht lange auf ihn warten, was ein Glück war, denn während ich auf der Bank draußen vor seiner Tür saß, spürte ich, wie mir der Mut, an den ich mich so gut erinnerte, zerrann. Ein klein wenig hatte ich noch übrig, als die Tür aufging und ich hereingebeten wurde.

«Ich habe eine Apfelplantage», sagte ich zögernd, «und die diesjährige McIntosh-Ernte ist die beste, die wir je hatten. Unsere Sieben- und Siebeneinhalb-Zentimeter-Äpfel sind in Western-Boxen verpackt, einzeln in Papier eingewickelt und werden, wann immer Sie es wünschen, bis vor die Tür geliefert ...» Ich fuhr fort, bis ich alles herausgebracht hatte, und hielt dann inne.

Es trat eine Stille ein, in der das Klappern der Schreibmaschinen von der anderen Seite des Flures sehr laut klang. Ich saß Mr. Moss vor seinem glänzenden Schreibtisch gegenüber. Er hatte das Fenster im Rücken. Ich konnte nur die Umrisse seines Kopfes sehen, seine grauen Haare, und hinter ihm die wogenden kahlen Äste einer Ulme und einen vom Nordwind durcheinandergewirbelten Taubenschwarm.

Plötzlich sagte er: «Habe ich Sie nicht schon mal gesehen? Irgendwo hier im College?»

«Vielleicht», sagte ich. «Ich habe fünf Jahre für das College gearbeitet. In der Bibliothek. Am andern Ufer in der Business School. Und im Museum. Aber nicht in dieser Abteilung.»

«Und jetzt verkaufen Sie Äpfel. Na ja, viele Leute verkaufen heutzutage Äpfel ... an jeder Straßenecke.»

«Aber ich baue sie an. Das ist der Unterschied. Ich baue sie gern an, und ich kann das auch, wie Sie feststellen können, wenn Sie sie probieren. Aber das Verkaufen liegt mir nicht. Am liebsten wäre es mir, wenn jemand bei meinem Keller vorfahren, sie bezahlen, mir einen Bonus dafür geben, daß sie besonders gut sind, und wieder weggehen würde, damit ich mich aufs nächste Jahr vorbereiten kann. Ich hasse es, hier zu sitzen. Es macht mir eine Heidenangst.»

Er lachte. «Ich muß schon sagen, Sie haben eine sonderbare Verkaufsstrategie», sagte er. «Zunächst einmal haben Sie noch nicht vom Preis gesprochen, und das ist ein ziemlich wichtiger Punkt. Und bevor Sie es tun, will ich Ihnen sagen, daß ich nie feilsche. Ich glaube nicht dran. Sie wissen, was Ihr Obst Ihnen wert ist, ich weiß, was es mir wert ist. Also, was ist Ihr Preis pro fünfzig Stück einschließlich Lieferung?»

«Zweieinviertel», sagte ich direkt.

«In Ordnung», sagte er ohne zu zögern, und mir schoß der Gedanke durch den Kopf: «Hätte ich zweieinhalb verlangen sollen? Nein», denn er fuhr fort: «Das ist ein Spitzenpreis, und ich erwarte Spitzenqualität. Diese erste Bestellung ist eine Probeorder. Wenn die Qualität nicht makellos ist, wird es auch die letzte Bestellung sein. Wenn das Obst gut ist, überlasse ich Ihnen das restliche Geschäft. Wir haben einen Bedarf von einhundert pro Woche in allen unsern Speisesälen. Wir zahlen monatlich. Schicken Sie mir morgen fünfzig.»

Ich machte an diesem Tag keine weiteren Besuche, sondern eilte mit dem ersten Zug nach Hause, rief den Mann von der Paketpostgesellschaft an und schaffte fünfzig gepackte Kisten zur Tür. Ich war versucht, sie zu öffnen, um zu sehen, ob sie wirklich so gut waren, wie ich sie in Erinnerung hatte, aber ich verkniff es mir. Ich würde die Deckel nie wieder draufkriegen, wenn ich sie mit dem Stemmeisen abmachte. Der Keller war kalt und feucht genug. Sie waren in Ordnung. Sie mußten es sein.

Der Expreßbote kam um fünf Uhr morgens, und ich erwartete ihn schon.

«Gehen Sie um Gottes willen vorsichtig mit ihnen um», sagte ich. «Stapeln Sie nichts drauf. Werfen Sie sie nicht auf den Bürgersteig. Bringen Sie sie dorthin, wo man es Ihnen sagt, keine Diskussion. Wenn es irgendwelche Mehrarbeit gibt, bekommen Sie das von mir vergütet.»

Er grinste mich an. «Keine Sorge», sagte er. «Es wird keine Probleme geben. Ich bin auch im Geschäft.»

Drei Tage später fand ich einen Brief im Briefkasten. In einer Ecke stand «Einkaufsabteilung». Ich wagte fast nicht, ihn zu öffnen. Es stand lediglich ein Satz darin: «Mr. Moss bittet Sie, ihn zur frühestmöglichen Gelegenheit zwischen 10 und 11.30 Uhr aufzusuchen.»

Um Viertel vor zehn am nächsten Morgen saß ich ein weiteres Mal auf der Bank. Es war ein trauriger Tag: grau und rauh, es regnete und ich war naß. Das Gras im Collegehof war glitschig und braun. Die Ulmen tropften. Mir war schlecht. Ich hatte Kopfschmerzen. Ich zitterte. Meine Zähne klapperten. Was konnte schiefgelaufen sein?

Die Tür ging auf, und Mrs. Moss' Sekretärin sagte: «Mr. Moss kann Sie jetzt empfangen.»

Ich ahnte, was es für ein Gefühl sein mußte, zum elektrischen Stuhl zu gehen. Ich ging hinein, setzte mich und wartete darauf, daß der Strom angestellt würde.

Im Gegenlicht, das durch die grauen Fensterscheiben drang, sah ich, daß Mr. Moss lächelte und sich wahrscheinlich darauf vorbereitete, es mir schonend beizubringen. Ich versuchte zurückzulächeln.

«Ich habe ein paar Erkundigungen über Sie eingeholt», begann er. «Ich habe einen Freund, der in Ihrer Gegend auf Vogeljagd geht, und er kennt eine Reihe von Leuten dort. Er hat gesagt, Sie haben ganz schön zu kämpfen.»

Er hielt inne und betrachtete seine Finger. Ich hielt es nicht mehr aus.

«Waren die Äpfel nicht gut?» fragte ich.

Er sah schnell auf. «Sicher», sagte er. «Sie waren bestens. Wußten Sie nicht, daß sie es sein würden?»

Ich räusperte mich. «Ja, schon, natürlich. Ich habe mich nur gefragt ...»

«Sie waren bestens», wiederholte er. «Der Bestellungsplan ist schon in der Post. Beläuft sich auf achthundert Kisten. Hundert pro Woche für acht Wochen, Lieferung montags, okay?»

«Okay», sagte ich zittrig.

«Es tut mir leid, wenn ich Ihnen einen Schrecken eingejagt habe», sagte er sanft. «Ich wollte mit Ihnen über etwas anderes sprechen. Zigarette?»

Ich nahm eine, wobei ich versuchte zu verbergen, wie sehr meine Hand noch zitterte.

«Ich hoffe, Sie nehmen es mir nicht übel, wenn ich Ihnen sage, daß Sie kein besonders großes Verkaufstalent sind», bemerkte er. «Viel zu dünnhäutig. Längst nicht genug Geschwafel. Ihre ungewöhnliche Herangehensweise hat mich interessiert, mehr, als das vielleicht bei jemand anderem der Fall wäre. Und so habe ich mich mal umgehört. Es ist reiner Zufall, daß Ihr Vater einmal vor einigen Jahren eine Brustdrüsenoperation an meinem Jungen durchgeführt hat. Ein prachtvoller Arzt und ein prachtvoller Mensch. Natürlich, wenn das Obst nicht gut gewesen wäre, hätte ich nichts für Sie tun können. Aber es ist gut, hervorragend. Und so denke ich, daß ich Ihnen helfen kann. Kommen Sie mit Ihrem Stuhl mal hier rüber, und dann zeige ich Ihnen was. Also, wie viele Macs haben Sie insgesamt? Fünfzehnhundert? Bleiben noch siebenhundert, die Sie loswerden müssen. Das dürfte einfach sein.»

Er hatte ein halbes Dutzend bereits fertig getippte Briefe an Einkäufer in der ganzen Stadt, mit denen er per du war.

«Auf diese drei hier müßten zusammen siebzig oder achtzig kommen», sagte er. «Und den hier lassen Sie nicht mit weniger als zehn ziehen. So, haben Sie auch Winteräpfel? Greenings? Also, bei denen bin ich mir nicht so sicher. Klar, sie sind gut, aber die Farbe schreckt die Leute ab. Sie wollen rote Äpfel. Ich würde versuchen, sie bei der Scheune oder an Privatkunden zu verkaufen. Aber Baldwins und Northern Spies, die sind gut. Es ist natürlich noch zu früh, sie jetzt auf den Markt zu bringen, aber ich würde sie erwähnen. Und wenn Sie mit Ihren Macs zu Ende sind, können Sie darauf zurückkommen. Die Adressen stehen schon auf den Briefumschlägen. Sie brauchen nur noch die Briefe verschicken. Das erspart Ihnen das schreckliche Gefühl, da kalt reinzugehen und verkaufen zu müssen. Das ist schon in Ordnung, ich tu das gern für Sie. Ich stehe bei Ihrem Vater in einer Schuld, die ich nie zurückzahlen kann.»

Ich war sprachlos. Hätte ich den Mund aufgemacht, hätte ich laut gelacht oder geweint, ich weiß nicht, was von beidem, wahrscheinlich geweint, denn ich spürte, wie es in meinen Augen prickelte, und der Flur, durch den ich beinahe rannte, war verschwommen, als sei der Stadtnebel selbst dort eingedrungen.

Von allen Qualen, allen Triumphen jener Jahre auf der Plantage war dies der Höhepunkt, der höchste Augenblick. Nicht das Bargeld, nicht die Rettung aus einer fatalen Situation, sondern die Freundlichkeit, das völlig unerwartete Mitgefühl und Verständnis eines Fremden, das war's! Wundervoll, inspirierend, unvergeßlich. Ich hoffe, daß die Vögel gesungen haben und die Äpfel reif waren, als Mr. Moss und mein Vater sich unter den Bäumen des Himmels begegneten.

Und so wurde ich gerettet. Jeden Montag transportierte der Laster die Äpfel ab. Die kleinen hielt ich ohne Bedenken zurück. Sie waren noch makellos. Ich zahlte die achthundert Dollar Hypothekenzinsen in einem Batzen, und bei der Bank schien man überrascht zu sein und, wie ich fand, enttäuscht. Sie hatten mich fast gehabt, und nun war ich ihnen wieder entwischt. Stück um Stück trug ich den Berg von Rechnungen ab. Einhundert Dollar hier, dort und sonstwo.

•

Ich lebte in der Küche und ging selten in die sonnigen Zimmer auf der Südseite. Es wäre viel zu teuer geworden, sie mit der alten ausgedienten Feuerungsanlage zu heizen, und Holz war schwer zu bekommen. Ich sägte vorsichtig die größeren Äste klein, die beim Stutzen dran glauben mußten, aber sie waren noch grün. Joe und ich fällten und teilten uns das Holz eines riesigen Hickorys, der halbtot auf einer verlassenen Weide stand. Wir hatten ein schlechtes Gewissen, als die Schläge der Axt durch die frostige Luft hallten. Es herrschte eine klirrende Kälte an dem Tag. Die ersten Schneeflocken rieselten auf das trockene Laub herab.

Vielleicht gehörte der Baum irgend jemandem, und vielleicht würde man uns verhaften, weil wir ihn gestohlen hatten. Aber es kam niemand, und wir fällten ihn, zersägten und karrten ihn mit dem Laster weg. Ich behielt meinen Anteil für den Eßzimmerkamin, falls Weihnachten die Familie kam. Die Küche befand sich in einem Winkel auf der Nordseite, der dunkel und düster war. Es gab keinen Keller darunter, und der Boden war immer kalt. Abends kuschelten Freya und ich uns vor dem Ofen auf dem alten Sofa aneinander, bis ich aufgab und oben in der kalten Kammer ins Bett ging.

Jetzt, wo der Druck weg war, hatte ich beim Stutzen Zeit, an den alten Herrn aus Essex zu denken. Vielleicht war es ihm, jetzt, wo es kalt geworden war, nicht gelungen, den unwilligen Fred dazu zu überreden, ihn zu chauffieren. Ich sollte ihn selber suchen gehen. Ich wollte es, und mehrmals war ich kurz davor, damit anzufangen. Es würde Zeit brauchen, ihn aufzuspüren (wieso hatte ich nicht nach seinem Namen gefragt?), und es kam immer irgendwas dazwischen. Dann lag eines Tages ein dicker länglicher Umschlag im Briefkasten, die Adresse war mit bräunlicher Tinte geschrieben, und der Poststempel war von South Essex. Die Buchstaben waren zwar wacklig, aber sorgfältig proportioniert, und eins der S in Massachussetts hatte einen langen Schwanz.

Liebe gnädige Frau,

vielleicht haben Sie sich gefragt, weshalb ich Ihrer freundlichen Einladung, wiederzukommen und ein weiteres Mal das Haus zu besuchen, in dem ich als Knabe so viele glückliche Stunden mit den Burnham-Jungen verbrachte, nicht nachgekommen bin. Ich kann Ihnen versichern, dies liegt nicht an fehlendem Interesse meinerseits.

Ich bedaure, Ihnen die Mitteilung zu machen, daß meine liebe Frau seit einiger Zeit schwer krank ist. Kurz nach unserem Besuch auf Ihrer Farm erlitt sie einen Anfall, und viele Wochen lang bangte man um ihr Leben. Es geht ihr jetzt etwas besser, zumindest wird dies vom Arzt behauptet. Ich persönlich kann nur wenig Besserung bemerken. Sie ist bedauernswert schwach und hilflos. Ich bin seitdem ständig an ihrer Seite, wie ich es überhaupt die siebenundfünfzig Jahre unserer Ehe über gewesen bin. Sie wirkt ruhiger, wenn ich in ihrer Nähe bin, aber es kommt auch eine Nachbarin, um zu helfen.

Während der langen Nachtstunden habe ich über die Vergangenheit nachgedacht. Ich glaube, ich erzählte Ihnen, daß die Geschichte der Familie Burnham eine tragische war. Ich war immer der Meinung, sie sollte von je-

mandem niedergeschrieben werden, der in der Schriftstellerei bewandert ist. Vielleicht kennen Sie eine solche Person?

Nun, sage ich mir, ich werde einige der Dinge für diese freundliche Dame aufschreiben, die so viel Interesse für die Geschichte eines alten Mannes zeigte. Ab und zu werde ich das, woran ich mich erinnere, niederschreiben und Ihnen zuschicken.

In der Hoffnung, daß Sie Beiliegendes von Interesse finden, verbleibe ich Ihr sehr ergebener

Augustus Burnham Patch

«Beiliegendes» waren mehrere dichtbeschriebene Blätter billigen linierten Papiers. Die erste Seite trug die Überschrift: «Eine Geschichte der Burnham-Farm», und sie begann mit den Worten:

«Mein Großvater, Joel Burnham, wurde im Jahr 1800 geboren, in dem quadratischen Farmhaus, das von seinem Großvater im Jahr 1760 erbaut worden war. Als ich ein kleiner Junge war, bewohnte er die nordöstliche Kammer, und sein Sohn, mein Onkel Samuel, und Tante Ruth bewohnten die südwestliche Kammer mit Blick auf den blauen Flieder, der gepflanzt worden war, als das Haus von Joel Burnhams Großvater Samuel gebaut wurde. Vor dem Bau des neuen Hauses hatte die Familie das alte Haus am Meer bewohnt, das von dem ersten Joel Burnham im Jahr 1690 gebaut worden war. Dieses Haus brannte im Jahr 1881 oder 82 infolge eines Blitzschlages ab.

Mein Großvater erzählte, daß Samuel Burnham und sein älterer Bruder William schon als Kinder streitsüchtig gewesen seien, und Samuel heiratete Ruth Oakes aus Salem nur zwei Tage vor dem Tag, an dem sie William heiraten sollte. Es war ihnen nicht mehr möglich, unter einem Dach weiterzuleben. So wurde die Farm zum erstenmal aufgeteilt. Samuel wurden die zweihundert Morgen zugesprochen, die mehr oder weniger westlich des Damms lagen, und er machte sich umgehend daran, ein Haus zu bauen. Es wurde ihm dabei von Nachbarn geholfen, wie es Brauch war. Die Ochsengespanne wurden unter den Bäumen angebunden, die Frauen bereiteten einen Imbiß vor, und es gab ein Faß Rum, Krüge mit Molasse und Wasser für die Mittagspause. Die Eichen und Tannen für das Balkenwerk des Hauses wurden im nördlichen Waldabschnitt geschnitten, und es wurde ein Hain stehengelassen, um das Haus vor den Winden des Winters zu schützen.

Der Winter des Jahres 1850 war hart. Der Boden fror vor Thanksgiving und taute bis zum Frühjahr nicht mehr auf, es gab Stürme und schwere Schneefälle. Marsch und Buchten froren so tief zu, daß sie Ochsengespanne und Kastenschlitten tragen konnten, und auf diese Weise wurde der im Steinbruch gebrochene Stein direkt von West Gloucester sechs Meilen übers Eis geschafft. Im Februar gab das trügerische Eis, von der Sonne aufgeweicht, nach, und vier Ochsengespanne mit dem mit drei behauenen Granitquadern beladenen Kastenschlitten brachen ein. Die Ochsen ertranken in ihrem Joch, und Amasa Brown wurde bei dem Versuch, sie zu befreien, unter das Eis gespült und kam nicht mehr hoch.»

Das war alles. Ich saß auf dem Zaun beim Briefkasten, legte die Blätter zusammen und steckte sie wieder in den Umschlag. Die weite Marsch erstreckte sich vor mir, weiß wie in jenem lange zurückliegenden Winter, und glitzerte in der Sonne. Irgendwo unter dem Eis des Flusses lagen die drei Granitblöcke. Als Kind hatte ich von meinem Dory hinunter ins Wasser gesehen und sie dort entdeckt, mit Seegras überwuchert und mit Rankenfüßer gespickt. Wie waren sie dort hingekommen, hatte ich mich damals gefragt. Jetzt wußte ich es.

Einige Wochen lang hörte ich nichts mehr von Mr. Patch. Dann kam eine kurze Mitteilung in einer Handschrift, die so zittrig war, daß sie kaum noch zu entziffern war: *«Meine geliebte Frau ist gegen Morgen des letzten Montags verschieden. Ich bin zu sehr von Gram erschüttert, um weiter zu schreiben …»* Ich schrieb ihm, erhielt aber keine Antwort.

Eines Tages hupte der Postbote, und als ich hinausrannte, legte er mir ein zerfleddertes Bündel in die Hand, das mit unterschiedlichen Bindfäden zusammengebunden war.

«Zu groß, um in den Kasten zu passen», sagte er. «Schätze, das ist für Sie, aber im Amt oben war man sich nicht so sicher. Bißchen schwer zu lesen.»

«Ja», sagte ich, «es ist für mich.»

Ich breitete die Blätter auf dem Küchentisch aus. Viele Blätter des gleichen linierten Papiers, unnumeriert, einige bekritzelt, wie von einem Kind, das Schreiben spielt, andere leer. Auf einigen waren noch Wörter und Passagen zu erkennen. «Samuel tot im Waldstück mit gespaltenem Schädel, sein Gehirn zwischen dem Laub ausgeflossen … William stand vor Gericht, und danach hat er nie wieder ein Wort gesprochen. Schreib einfach aufs Papier: ‹Ich habe die unverzeihliche Sünde begang … einliefern.› Sie unterschrieben das Papier, sie dachten, es sei für die Kirche … die Übertragungsurkunde für die Farm, und so wurde alles verloren …»

Das letzte, was ich von Mr. Patch hörte, stand im Lokalblatt. «Gestorben in Essex, am 27. Januar, Augustus Burnham Patch, im 86. Lebensjahr.»

•

Der Winter 1932/33 war schön und mild. Nur vor Weihnachten gab es mal kaltes Wetter. Da stand die Quecksilbersäule eine Woche lang auf minus zwölf, und die Marsch und die Creeks froren zu. Ein heftiger Sturm mit Schneeregen und Regen brachte die Tauchenten zu Tausenden herein, und frühmorgens ging ich mit meinem Schrotgewehr hinaus, um zu sehen, was sich machen ließ.

Mein älterer Bruder hatte früher viel gejagt, und ich hatte ihn mit meinem Gewehr begleitet. Es interessierte mich mehr, in der Morgendämmerung und bei Sonnenuntergang draußen auf der Marsch zu sein, als irgendwas zu töten, und so hatte ich meist auf das Boot aufgepaßt, die Köder ausgelegt und war herumgestapft, um die Enten aus den Gräben herauszuscheuchen und sie in Richtung des Jagdschirms zu treiben, hinter dem mein Bruder kauerte. Aber dieses Jahr war es etwas anderes, und bei dem Gedanken an seltenes saftiges Entenfleisch lief mir das Wasser im Munde zusammen. Ich ruderte gleich bei Tagesanbruch bei Gezeitenmitte über den Creek und ging in Schaftstiefeln über die weite Marsch, ohne Köder oder Jagdschirm. Die ersten paar Vögel, die fast vor meinen Füßen aufflogen, erschreckten mich so, daß ich nicht einmal das Gewehr hob, aber danach war ich vorbereitet, und an diesem ersten Morgen erwischte ich sechs prachtvolle fette Exemplare. Ich verfehlte mehr, als ich erlegte, aber trotzdem waren sechs Enten kein schlechtes Ergebnis. Ich schenkte Joe drei und aß an diesem Tag zum Abendessen eine ganze und ging vollgestopft ins Bett.

Die Familie hatte gesagt, sie würde zu Weihnachten kommen, und ein Entenessen wäre genau das Richtige – ein richtiger Festschmaus, natürlich mit Apfelsoße. Aber als es soweit war, hatten wir sogar noch etwas Besseres als das. Bei einem meiner Pirschgänge auf der Marsch hörte ich eine Gans schreien und entdeckte sie, wie sie in niedriger Höhe direkt auf mich zuflog. Ich kauerte mich auf dem schlammigen Bett eines Creeks nieder, und als sie in Schußweite kam, verpaßte ich ihr beide Ladungen. Sie ging in einem Wirbel von Federn nieder. Als ich sie aufhob, entdeckte ich zu meinem Schrekken, daß sie eine lange Schnur an einem Bein hatte ... der fliegende Köder irgendeines Jägers. Ich blickte mich nervös um, aber es war auf der Marsch weit und breit niemand zu sehen, und so entfernte ich die Schnur und trug meine Beute im Triumph heim. Sie war schön fett, der Kropf vollgestopft mit Jägermais, eine richtige Kanada-Gans, wenn auch halb zahm. Das ließ ich beim Essen unerwähnt, und alle fanden, ich sei eine ganz schön tüchtige Jägerin.

Wir waren fröhlich zu Weihnachten. Wir waren alle zusammen. Es war ein milder Tag, und die Sonne strömte ins Eßzimmer. Das Hickory-Feuer loderte und prasselte. Im ganzen Haus roch es köstlich nach gebratener Gans. Wir waren entschlossen, nicht an frühere Weihnachtsfeste zu denken, sondern das Beste aus diesem zu machen. Selbst meine zweifelnden Brüder gestatteten sich einen vorsichtigen Optimismus, als sie den leeren Platz im Keller sahen, wo noch bei ihrem letzten Besuch die Kisten gestapelt standen.

«Letzten Montag sind zweihundertsechzig Kisten rausgegangen», sagte ich. «Fünfundsiebzig durch den Brief: Weihnachtsbestellungen. Alle Kunden von Mr. Moss haben bestellt. Ich rechne damit, daß die gepackten Macs bis Mitte

Januar weg sind, und die Baldwins und Spies müßten bis März halten.»

«Klingt gut», sagte mein älterer Bruder.

«Aber was ist mit all den kleinen hier?» fragte der jüngere. «Die kommen mir ziemlich reif vor.» Er drückte einen, und am Stielende zeigte sich ein deutliches Runzeln.

«Mir wurden fünfzig Cents für alle angeboten», erwiderte ich, «aber ich hab mir ausgerechnet, ich würde bei dem Preis einen Dime pro Kiste verlieren, und ich hoffe immer noch, siebzig zu bekommen.»

«Wenn du sie noch viel länger behältst, werden sie nichts mehr wert sein. Du solltest sie schleunigst abstoßen, solange du überhaupt noch was dafür bekommst. Und was ist mit dem ganzen Honig in der Speisekammer? Mir ist aufgefallen, daß er angefangen hat zu zuckern.»

«Es gibt einfach keine Stelle im Haus, wo ich ihn warm genug halten kann, um das zu verhindern, es sei denn, ich nehme ihn mit ins Bett. Ich habe ein bißchen davon zusammen mit den Äpfeln verkauft, aber Honig scheint etwas zu sein, was die Leute sehr schnell satt haben. Ein halbes Kilo pro Kunde scheint ungefähr das Maximum zu sein, und in der Kammer sind über fünfundzwanzig Kilo. Sledge verkauft seinen waggonweise, aber er hat durchblicken lassen, daß er das meiste, was er verkauft, selber einkauft und verbessert, indem er seinen eigenen Honig zusetzt, um den anderen zu verdicken und das Aroma anzureichern. Er sagte, er würde uns unseren ganzen Bestand abkaufen, und vermutlich muß ich darauf eingehen, obwohl mit seinem Preis gerade die Kosten für die Gläser abgedeckt sind. Wir brauchen die Bienen, aber mit Honig ist für uns vermutlich kein Gewinn zu machen.»

«Du solltest dich umgehend um die kleinen Macs kümmern», wiederholte mein Bruder, als er durch die Tür ging.

Am nächsten Tag rief ich Greenberg an, und er kam gleich

am Vormittag. Es war ein wüster und trüber Morgen, bedeckt und nieselig. Ein kalter Nebel waberte zwischen den Bäumen. Greenberg war offensichtlich erkältet. Er hustete und räusperte sich in dem feuchten Keller.

«Sie sind ziemlich reif», klagte er. «Und die Preise sind niedrig, selbst für gute Ware. Sechzig ist das Höchste, was ich Ihnen bieten kann.»

«Sechzig ist nicht genug», sagte ich bestimmt. «Bei dem Preis würde ich einen Verlust machen.»

«Ich würde bei einem höheren einen Verlust machen. Vor allem, wenn sie mir faul werden.»

«Hören Sie, Greenberg, Sie machen nie bei irgendwas Verlust. Um Sie mach ich mir überhaupt keine Sorgen.»

«Sie würden nicht glauben, was ich in meinem Leben alles für Verluste gehabt habe. Nein, Sie würden es mir nicht glauben.»

«Hören Sie, bevor ich sie Ihnen für sechzig überlasse, verhökere ich sie lieber selbst. Ich fahre einfach mit einem Laster von Haus zu Haus. Ich fahre lieber durch die Stadt und brülle: ‹Äpfel, Äpfel, kaufen Sie Ihre Äpfel hier!›, als sie Ihnen mit Verlust zu verkaufen. Auf die Art könnte ich neunzig dafür kriegen.»

«Das würden Sie nicht tun, eine gebildete Frau wie Sie, herumfahren und Äpfel verhökern.»

«Und ob ich das machen würde. Was hat denn Bildung damit zu tun?» wollte ich aufgebracht wissen.

«Wenn Sie meine Kinder reden hörten, würden Sie denken, daß es eine Menge Dinge gibt, die für einen gebildeten Menschen nicht gut genug sind. Glauben Sie, ich könnte meinen Jungen dazu bringen, einen Schubkarren zu schieben, wie es sein Alter getan hat? Meinen Sie, meine Tochter würde sich ihre Hände ruinieren, indem sie sie mit Spülwasser in Berührung bringt?»

«Damit habe ich keine Probleme. Der einzige Grund, weshalb ich nicht Obst verkaufen würde, wäre der, daß ich es nicht gut genug kann, nicht, daß ich mir dafür zu gut bin. Aber bevor ich Ihnen mein Obst gebe, mach ich das. Darauf können Sie sich verlassen.»

«Wahrscheinlich würden Sie das sogar machen, und vermutlich gar nicht so übel. Ihnen trau ich alles zu, mit Verlaub gesagt.»

Mr. Moss hatte sofort erkannt, wie gering mein Selbstbewußtsein war. Es war offenbar leichter, Greenberg zu täuschen. Und außerdem war das mal wieder der Fall des zornigen kleinen Hunds in seinem eigenen Hof.

«Ich mache Ihnen einen Vorschlag», sagte ich, meinen Vorteil nutzend. «Sie können alles für fünfundsiebzig haben, wenn Sie die Kisten stellen. Und Sie dürfen sie aussortieren. Sie können alle, bei denen Sie das Gefühl haben, daß sie demnächst hinüber sind, aussortieren. Die anderen werden halten. Ich habe ein paar schon seit über einer Woche im Haus, und sie sind noch kein bißchen runzlig. Ich würde niemanden außer Ihnen allein in meinen Keller lassen, aber wenn Sie sie zu diesen Bedingungen nehmen, können Sie sie haben.»

«Also gut. Ich tu Ihnen einen Gefallen, das wissen Sie?»

«Tun Sie nicht», sagte ich böse. «Verschonen Sie mich mit Ihrem Gerede von ‹Gefallen› und so. Sie brauchen mir nichts vorzumachen. Ich weiß, daß Sie mindestens einen Quarter pro Kiste machen werden, und das ist mehr, als ich verdiene, und ich hab die Äpfel angebaut. Seien wir doch ehrlich und verzichten wir auf die Schöntuerei.»

Ich drehte ihm den Rücken zu und stapfte hinaus in den nebeligen Apfelgarten zu dem Baum, unter dem ich meine Astsäge und die Gartenschere abgelegt hatte. Den ganzen Vormittag lang sägte und schnitt ich und stapelte den Abfall in einiger Entfernung der Bäume, von wo ich ihn später abtransportieren würde. Stutzen machte mir Spaß. Es gab mir das Gefühl, die Natur nach meinen eigenen Vorstellungen zu formen, einen Baum so zurechtzuschneiden, daß die Sonne jeden Apfel und das Spritzmittel jedes Blatt erreichen würde, daß die Pflückleitern im nächsten Herbst einen guten Halt hätten und es keine schweren Äste gäbe, die zu klein geratene Früchte trugen.

Die Natur hat nur das Ziel, eine größtmögliche Menge von Äpfeln zu erzeugen. Ein dichter, verknorrter, wild wachsender Apfelbaum auf einer Weide zeigt uns, wie Bäume gerne sein würden, wenn man sie in Ruhe ließe. Nach zwei Jahren Vernachlässigung, in denen mein Vater niemanden auch nur ein Zweiglein von einem seiner Bäume abschneiden ließ, verwilderten sie, so schnell sie konnten. Ein Wald von Wasserschossen sproß auf jedem Ast. Die Kronen waren ein Gewirr von ineinander verknoteten Ästen und wilden langen Peitschen, die länger als jede Leiter waren.

Jeder Baum warf ein neues Problem auf, und jede Sorte hatte ihre eigenen Wachstumsgewohnheiten, die berücksichtigt werden mußten. Die Macs hatten die Tendenz, schwache Äste zu entwickeln, die unter einer zu großen Fruchtlast brechen würden; die Spies wuchsen vertikal und buschig und neigten dazu auszubrechen; die Baldwins versuchten in den Himmel zu wachsen, so daß die besten Früchte in Reichweite der Engel waren. Unbelaubt hatten die Greenings die schönste und charakteristischste Form von allen. Die Äste begannen etwa ein oder zwei Fuß über dem Boden und schossen gerade aus dem dicken kräftigen Stamm mit seiner rauhen grauen Rinde. Die seitliche Art des Wachstums ging bis zur Krone durch und ergab einen niedrigen Baum von enormem Durchmesser und so dichtem Schatten, daß unter ihm kein Gras mehr wachsen konnte. Die kraftvollen Bäume bildeten ein solches Dickicht, daß sich die Äpfel nur von außen ernten ließen. Es tat mir weh, sie zu beschneiden, sie sahen so prächtig aus.

Überall auf der Plantage waren riesige Haufen von Gestrüpp der Beweis dafür, daß ich nicht untätig gewesen war, aber es gab immer noch eine Menge zu tun.

Es war schon Nachmittag, als ich wieder zum Keller ging. Noch bevor ich die Tür öffnete, hörte ich Greenberg husten. Er hatte etwa dreißig Kisten mit sortiertem Obst neben der Tür gestapelt, und es gab ein paar Scheffel Ausschuß, einige mit kleinen faulen Stellen um einen unbemerkten Stiel herum, einige mit Druckstellen, einige verschrumpelt und ein paar zu kleine, die durch die Sortiermaschine geschlüpft waren. Er hatte die guten Äpfel fachmännisch in den Kisten geschichtet, die roten Seiten nach oben, und sie sahen bestens aus, fand ich. Gerade machte er sich daran, sein Mittagsbrot zu verzehren, das er in einer abgewetzten Tasche aus imitiertem Leder mitgebracht hatte.

«Um Himmels willen, Sie holen sich hier ja den Tod», sagte ich. «Kommen Sie ins Haus, wo es warm ist. Ich habe etwas gute heiße Suppe, die wird Sie aufwärmen. Und ich mach uns Kaffee. Sie können sich den in Ihrer Thermosflasche für den Nachmittag aufheben.»

Er erhob sich von seiner Kiste und kam zur Tür, wo ich stand.

«Sie bitten mich, daß ich zu Ihnen ins Haus komme und mit Ihnen esse?» fragte er.

«Klar. Ich hätte Sie gern bei mir im Haus.»

«Sie sagen tatsächlich, daß Sie mich gern bei sich im Haus hätten?»

«Ja, natürlich. Was ist los? Wollen Sie nicht?»

«Ich bin nicht sauber genug, um im Haus einer Dame zu essen.»

«Sie sind genauso sauber wie ich, mein Gott. Ich esse in der Küche. Wir können uns an der Spüle waschen. Na los. Stehen wir hier nicht rum und diskutieren. Ich möchte, daß Sie mit reinkommen. Ich bin es schrecklich leid, alleine vor einem Buch zu essen, das ich an die Kaffeekanne lehne.»

Und so kam er, mit seinem Brotbeutel und seiner Thermosflasche. Er war sehr schweigsam, wusch sich schüchtern die Hände an der Spüle, trocknete sie an der Handtuchrolle ab und setzte sich an den Tisch beim Fenster, wo ich ihm eine Suppenschale, eine Kaffeetasse und Löffel gedeckt hatte. Er sah hinaus auf die vertrockneten braunen Stiele im vernachlässigten Blumengarten, dann ließ er den Blick durch die schäbige Küche schweifen. Sein eines gesundes Auge nahm alles auf, das abgewetzte Sofa vor dem Ofen, das halbleere Regal über der Spüle, das abgetretene Linoleum mit dem Rattenloch in der Ecke.

«Ich habe Ihnen vorhin gesagt, Sie wären überrascht, was für Verluste ich in meinem Leben hatte. Vielleicht wären Sie es doch nicht», sagte er plötzlich aus heiterem Himmel.

«Mich kann nichts mehr überraschen», sagte ich, stellte eine Schale Suppe vor ihm hin und setzte mich auf meinen Platz. «Aber interessieren kann mich noch einiges. Was haben Sie damit gemeint? Was haben Sie verloren?»

«Als ich das sagte, hatte ich an Geld gedacht. Wir hatten über Geld gesprochen, erinnern Sie sich? Aber während ich heute vormittag die Äpfel durchgesehen habe, bin ich ins Grübeln geraten. Vielleicht habe ich mehr verloren als nur Geld. Hoffnung vielleicht, oder einen Grund weiterzumachen. Aber bei Ihnen scheint es anders zu sein: Geld haben Sie verloren, wie ich sehe. Aber Hoffnung nicht.»

«Ich habe den Eindruck, daß es Ihnen ziemlich gutgeht», bemerkte ich. «Sie haben Ihr eigenes Geschäft, Ihren eigenen Laster.»

«Aber wozu? Das ist es, was ich mich frage. Ich war noch ein kleiner Junge, als wir aus Rußland hierherkamen. Drüben war mein Vater ein gebildeter Mann, ein Rabbi. Als er starb, nahm meine Mutter die Kinder und kam zu ihrem Bruder nach New York. Hier im Gelobten Land würde es Bildung geben. Aber dem war nicht so. Für mich gab es nur Arbeit.

Für sie: Arbeit, bis sie von ihr umgebracht wurde. Für meine Brüder, für meine Schwestern: Arbeit. Am Anfang schien es mir hier nicht so gut wie zu Hause. Aber hier gab es kein Ghetto, keine Pogrome, und allmählich konnte ich sehen, daß es für Amerikaner eine Chance gab. Gut, dann würde ich also Amerikaner werden. Und meine Kinder würden es auch werden, und sie würden Bildung erhalten. Nun, sie haben welche erhalten, aber ich habe immer noch meine Zweifel.»

«Wieso?» fragte ich.

«Ich werde es Ihnen erzählen. Für mich ist Bildung alles. Ich hatte, während mein Vater noch lebte, bis zu meinem zehnten Lebensjahr, genug davon abbekommen, um zu erkennen, daß es alles bedeutete. Aber dann mußte ich arbeiten. Ich sparte mein Geld und kaufte eine Schubkarre, sparte weiter und kaufte eine zweite. (Mein Onkel hatte Geld und bezahlte mir einen Teil.) Dann kaufte ich einen Laster, einen alten. Dann einen neuen. Dann ein Mietshaus, auf Kredit. Dann ein Apartmenthaus, auf mehr Kredit. Dann kam der Zusammenbruch. Kein Apartmenthaus mehr, kein Mietshaus, keinen Laster, kein Geschäft. Nur noch die Schubkarre. Diesmal Boston, nicht New York. Jetzt bin ich wieder beim Laster und dem kleinen Geschäft. Nächstes Jahr vielleicht das Mietshaus. Und so weiter. Und wozu das alles?»

«Wahrscheinlich für Ihre Kinder», sagte ich. «Um ihnen zu geben, was Sie vermißt haben. Ist das nicht Grund genug?»

«Das habe ich auch immer gedacht. Deswegen habe ich weitergemacht. Und jetzt habe ich das Geld, um meinen Sohn aufs College zu schicken, um ihm ein Medizin- oder Jurastudium zu bezahlen. Und was will er? An Straßenecken herumlungern. So ein billiges Volk, das sollten Sie mal sehen. In einer Jazzband spielen, in Nachtklubs. ‹Also gut›, sage ich, ‹du willst Musik machen. Dann solltest du aufs Konservatorium gehen.› O nein – nicht diese Art von Musik. Die große Musik der Welt ist nichts für meinen Jungen. ‹Wir sind hier in

Amerika, Paps, da gibt's nichts von diesem verstaubten Zeugs von drüben.› Mit der Tochter ist es genau das gleiche, wild, frech zu ihrer Mutter. ‹Bring doch deinen Freund mal mit.› – ‹O nein, Mama, er ist Amerikaner. Ihm würde das hier nicht gefallen.› Schämt sich für uns. Für den Obsthändler. Für die alte jüdische Frau, die nicht so gut Englisch spricht.»

«So was Schreckliches hab ich ja noch nie gehört», entfuhr es mir.

«‹Schrecklich›? Nein. Traurig, tragisch vielleicht. Was habe ich getan? Liegt es daran, daß ich nicht gebildet bin? Sagen Sie's mir.»

«O nein, daran liegt es bestimmt nicht. Ich bin sicher, daß es bestimmt nicht daran liegt. Die sind es, die nicht gebildet sind. Nicht Sie.»

«Aber sie sind auf die Schule gegangen.»

«Trotzdem sind sie nicht gebildet.»

Er schüttelte traurig den Kopf.

Ich schenkte ihm Suppe und Kaffee nach. Wie wenig wir für einen leidenden Menschen tun können. Mein Vater konnte das Leiden des Körpers lindern. Wie wunderbar, wie befriedigend. Hier saß der arme Greenberg in meiner Küche und litt, und ich konnte nicht mehr für ihn tun, als ihm eine Schale Suppe geben.

Schließlich sagte er: «Sie könnten etwas für mich tun, wenn Sie möchten. Sie könnten mit meinen Kindern reden. Sie könnten in mein Haus kommen, um ihnen zu zeigen, daß eine richtige amerikanische Dame sich nicht schämt, mit uns zusammen zu essen. Ich lade Sie ein, werden Sie kommen?»

«Aber natürlich, Greenberg», sagte ich. «Wann immer Sie wollen. Aber ich fürchte, daß Ihre Kinder nicht viel Sinn in dem sehen würden, was ich hier mache. Ihnen würde es dumm vorkommen, daß jemand sich abmüht und abrackert, um einen Ort zu erhalten, der die Familie zusammenhalten soll. Aber ich kann Ihren Kindern ehrlich sagen, daß ich ihren

Vater sehr bewundere für all das, was er für sie getan hat und wofür er sich einsetzt. Das würde ich sehr gerne tun.» Und außerdem, fügte ich in Gedanken hinzu, würde ich gerne ihre hohlen Köpfe zusammenschlagen. Der arme Greenberg weinte, und ich tat es fast auch.

Die Kinder der Greenbergs hatten nichts Emotionales an sich. Sie waren ein hübsches Paar mit einem harten Blick in den Augen. Greenberg zuliebe hatte ich versucht, einer «amerikanischen Dame» so nahe wie möglich zu kommen, aber angesichts Esther Greenbergs, siebzehn Jahre alt, hatte ich das Gefühl, daß es mir nicht gelungen war. Nicht, daß sie nicht höflich gewesen wäre, sie war es, und zwar sehr. Mir war schmerzlich bewußt, daß durch die harte Arbeit mit dem Traktor meine Schultern breiter geworden waren, so daß die Gabardine-Kostümjacke fast aus den Nähten platzte und Muskelknoten unter den Seidenstrümpfen hervortraten, die eine kleine Laufmasche auf der Innenseite hatten. Meine Hände, an denen ich hart gearbeitet hatte, sahen immer noch rauh und rot aus, im Gegensatz zu Esthers Händen, die schlank, glatt und weiß waren wie auf einer Werbung für Nagellack. Der junge Sam, ein oder zwei Jahre älter als seine Schwester, schüttelte mir locker die Hand und sagte «Howdydo», als er mir vorgestellt wurde, und ging dann wieder zu seinem Stuhl zurück, wo er still dasaß und seine Finger betrachtete.

Greenberg, der sich in Schale geworfen hatte, einen blauen Sergeanzug, einen steifen Kragen und eine rote Krawatte trug, sprang herum, zog einen Stuhl unter die Stehlampe mit dem Perlenrand für mich heran, schob dann die Lampe beiseite, brachte einen kleinen Tisch herein mit Zigaretten und einem Souvenir-Aschenbecher, eilte in die Küche, um Streichhölzer zu holen, und gab mir schließlich mit soviel Aufmerksamkeit Feuer, daß er mir fast die Wimpern versengt hätte.

Mrs. Greenberg hatte nichts Verlegenes an sich, obwohl sie kaum Englisch sprach. Sie eilte zwischen Küche und Eßtisch hin und her, der in der Nische gedeckt war. Jedesmal, wenn sie vorbeikam, begleitet vom köstlichen Duft von gebratenem Hähnchen, strahlte sie mich an und tätschelte meine Schulter. Sie war dick und hatte wahrscheinlich ebensolche Mühe gehabt, in ihr violettes Kreppkleid hineinzukommen wie ich in mein Kostüm. Ihre breite Stirn war mit Schweißtropfen bedeckt, und ihre grauen Haare wurden zunehmend unordentlicher, aber die blauen Augen in ihrem flachen slawischen Gesicht strahlten freundlich. Die Kinder hatten ihren dunklen Teint offensichtlich vom Vater.

Es fiel mir nichts ein, womit ich mich oder sonst jemanden in eine entspannte Stimmung versetzen konnte. Mr. Greenberg und ich unterhielten uns lustlos über das Apfelgeschäft.

«Sie ist eine Farmerin. Sie arbeitet – sogar noch härter als ein Mann», erklärte Mr. Greenberg. «So was findet man nur in Amerika, ein College-Mädchen, das nicht zu stolz ist, auf dem Feld zu arbeiten wie ein Mann ...»

«Ach, Poppa», sagte Esther peinlich berührt, «das interessiert doch keinen, wie es drüben im alten Land ist.»

«Da irrst du dich», sagte ich schnell. «Amerika ist nichts anderes als das, ein neuer Ort, der aus all den alten Ländern der Alten Welt besteht. Die schlechten Dinge der alten Länder sind dort geblieben, aber neue Amerikaner wie dein Vater haben die guten Dinge Europas mitgebracht. Wenn ein Land sich aus all den guten Dingen von überall her zusammensetzt, dann müßte es eigentlich das beste Land der Welt sein.» Ich hatte nicht vorgehabt zu predigen, aber ich quasselte weiter. «Mein Urgroßvater kam aus Frankreich. Euer Vater kam aus Rußland. Zwei von den Männern, die in diesem Herbst mit mir Äpfel geerntet haben, waren polnische Amerikaner, und der dritte ist ein Franzose. Es ist die Kombination all dieser Dinge, was dieses Land zu einem so wundervollen Ort macht – das heißt, wenn wir Respekt und Verständnis für die Hintergründe haben, die uns alle noch so nah sind.»

Esthers Miene war ausdruckslos, aber Sam blickte mit einem winzigen Flackern von Interesse auf.

«Zum Beispiel Musik», sagte ich, mit einem Blick zum Klavier, auf dessen Notenständer Noten populärer Musik aufgeschlagen waren, und dem Saxophon, das in seinem Koffer daneben stand. «Bis jetzt hat Amerika Jazz produziert, mit seinem afrikanischen Akzent. Jazz kann etwas, was in uns ist, ausdrücken, aber nicht alles – nicht annähernd alles. Es müssen noch so viele Stimmen dazukommen.»

«Ich verstehe nicht, was Sie meinen», sagte Sam plötzlich.

«Das wundert mich nicht. Ich lebe so viel alleine und rede so wenig, daß meine Worte rostig geworden sind. Es fällt mir schwer, sie herauszuholen, wenn ich sie brauche. Aber es muß Musik geschrieben werden ...»

«Jetzt verstehe ich. Sie reden genau wie Poppa: Amerika ist nichts als Arbeit, Arbeit und noch mehr Arbeit. Ich will nicht komponieren – ich will Arrangements für die Band schreiben, okay, aber das mache ich jetzt schon. Wenn ich aufs Konservatorium gehen würde, wie Poppa es will, würde mir das etwa helfen, einen Job als erstes Sax zu kriegen, bei Paul Whiteman oder so?»

«Wahrscheinlich nicht. Ich weiß es nicht.»

«Also, wozu ist es dann gut? Kann ich was dafür, wenn Großvater in Rußland Rabbi war? Ich will nur nach New York und in einer großen Band spielen – Samuel Green, erstes Sax bei Paul Whiteman. Green, nicht Greenberg.» Er warf seinem Vater einen kurzen Blick zu.

Mr. Greenberg öffnete den Mund, um etwas zu sagen, machte ihn dann aber wieder zu und schüttelte nur den Kopf.

«Ich habe noch nie jemand auf der Gesellschaftsseite der Zeitungen gesehen, der Greenberg heißt», sagte Esther trotzig.

In diesem Augenblick rief uns Mrs. Greenberg zu meiner großen Erleichterung zum Abendessen. Während ich gebratenes Hähnchen, Erbsen, Kartoffeln, Soße und Schwarzbrot mit süßer Butter aß, fand ich, daß ich das unter Vorspiegelung falscher Tatsachen tat. Ich konnte in dieser Situation nicht helfen, außer vielleicht, indem ich mir das Essen schmecken ließ. Und das tat ich.

Auf der langen Heimfahrt im Laster dachte ich über den Abend nach, und danach noch viele Male zwischen den Bäumen. Die Greenberg-Kinder taten mir leid, da sie unter einem unmöglichen Druck zwischen der Alten und der Neuen Welt standen, und ganz besonders leid tat mir Mr. Greenberg, der das Gefühl hatte, daß seine sämtlichen Bemühungen umsonst gewesen waren. Alle konnten sie etwas von Mrs. Greenberg lernen, dachte ich, die niemanden unter Druck setzte, außer daß sie einen drängte, sich eine zweite Portion Hähnchen mit Soße zu nehmen.

Ich beschloß, bei meinem nächsten Treffen mit Mr. Greenberg keine tiefschürfenden Fragen zu stellen. Es hatte schon genug Zündstoff gegeben. Und so sagte ich einfach: «Es war ein netter Abend und ein wunderbares Festessen. Ihre Kinder haben mir sehr gefallen. Sie sind nur jung, weiter nichts, und tun sich schwer, das zu erfüllen, was Sie von ihnen erwarten. Ich denke, Sie werden mit der Zeit feststellen, daß Ihre Mühe nicht umsonst gewesen ist. Keine Mühe ist je umsonst, da bin ich mir ganz sicher.»

Wir sprachen nie wieder über das Thema. Aber obwohl wir über die Äpfel feilschten und stritten, blieben wir immer Freunde.

•

In der ersten Aprilwoche war der Keller leer, und meine Hoffnung stieg mit der Sonne. Es war ein guter Winter gewesen, fast ohne Schnee, der Januar war so mild, daß ich draußen in kurzen Ärmeln arbeiten konnte. Die Rechnungen waren bezahlt, und sobald die letzten Einnahmen da waren, würde ich das Jahr mit zweitausend Dollar plus beginnen können. Die Bäume waren alle gestutzt, und als der Boden trocken genug war, fing ich an, das Astwerk abzutransportieren, stapelte es am Rand der Marsch, um es im nächsten Winter zu verbrennen. Hoffnung und Optimismus beflügelten mich.

Aber selbst im Augenblick des Hochgefühls schlug meine Stimmung ebenso plötzlich und unberechenbar um wie der Apriltag, der, nachdem er sonnig und warm begonnen hatte, mittags unter dem Hauch des Ostwinds nebelig und kühl werden konnte. Im Jahr zuvor hatte ich mich nicht so gefühlt, obwohl ich mit Scheitern und Ruin konfrontiert war. Wie paradox, daß das erste bißchen Erfolg von der Kälte der Vorahnung begleitet wurde. Zuerst versuchte ich, die Stimmung mit Arbeit zu ersticken, aber wenn es dunkel wurde, mußte ich aufhören, und wenn ich nach dem Abendessen auf dem Sofa saß, spürte ich wieder, wie der Nebel herankroch und sich mir kalt aufs Gemüt schlug, während er draußen gegen die Scheiben drückte und die Sterne verhängte.

«Was ist los, Freya?» sagte ich zu dem Hund. «Was ist los mit mir?» Und plötzlich wußte ich, was es war. Die Farm konnte soweit gebracht werden, daß sie sich trug, dessen war ich mir sicher. Aber dafür würde ich allein bleiben müssen. Zu groß für einen, zu klein für zwei. Plötzlich, als ich die Worte aussprach, war alles klar – eine ganze Reihe von Jahren, allein. Und das war nichts für mich. Ich sprang vom Sofa auf und ging rastlos auf und ab. Freya beobachtete mich mit ihren traurigen Augen, die Stirn sorgenvoll gerunzelt. Wie ich sie so sah, mußte ich lachen, und danach fühlte ich mich plötzlich besser.

«Keine Sorge, guter alter Hund. Ist schon gut, ich laß mir was einfallen.» Ich hatte die Worte ausgesprochen und mich der Tatsache gestellt: Es war alles klar. Bis zum nächsten Winter würde ich mir etwas einfallen lassen müssen.

Zweitausend Dollar und die Hypothekenzinsen bis Juli schon bezahlt, das hörte sich nach viel Geld an, aber nach etwas Rechnerei mit dem Zimmermannsstift draußen in der Scheune sah es gar nicht mehr so wunderbar aus. April bis September, das waren sechs Monate. Die einzigen Einnahmen in dieser Zeit würden von den Pfirsichen kommen. Ich wagte nicht zu hoffen, daß sie genausogut werden würden wie in der letzten Saison. Pfirsiche wachsen nur auf dem neuen Holz des vorangegangenen Jahres, und der Trick besteht darin, sie fortlaufend am Wachsen zu halten. Wenn das alte Holz zurückgeschnitten wird, treiben sie Peitschen mit dunkelroter Rinde, und auf diesen bilden und entwickeln sich die dreifachen Knospen für die Frucht des nächsten Jahres.

Die Bäume waren seit mehreren Jahren nicht mehr beschnitten worden, und ihr neuer Wuchs beschränkte sich auf die Spitzen langer schwacher Äste. Sie waren zwar hübsch anzusehen, aber nicht profitabel. Mit Blick auf die Zukunft mußte ich ihnen drastisch zu Leibe rücken. Die ältesten

Bäume schnitt ich fast bis zum Stamm zurück, die stärksten verloren zwei Drittel ihres Holzes, altes wie neues. Sie sahen erbärmlich aus, und ich hatte Gewissensbisse, als ich die Haufen von Astwerk sah, die mit dreifachen Knospen gespickt waren, der Ernte dieses Jahres, die wegtransportiert und verbrannt werden sollten. Aber es war die richtige Methode. Mit etwas Glück, Mulchen und intensivem Düngen müßten sie drei oder vier Fuß starkes neues Holz treiben, und in späteren Jahren müßten sie sich durch leichtes Stutzen im Griff behalten lassen.

Und natürlich würde es auch Ausgaben geben. Ich würde dieses Jahr Kisten kaufen müssen. Selbst wenn ich Bretter kaufte und sie in meiner Freizeit zusammenzimmerte, würden die Kisten auf zweihundert Dollar kommen. Spritzmittel würden etwa vierhundert Dollar ausmachen, Benzin noch mal hundert, und ich würde versuchen, Lebensmittel und sonstige Lebenshaltungskosten auf zweihundert zu beschränken. Das war schon die Hälfte meines gesamten Kapitals, Lohnkosten waren noch gar nicht mitgerechnet. Die Hoffnung, Joe ganztags beschäftigen zu können, verblaßte. Um das zu schaffen, würde ich Charlies Ratschlag befolgen und für die Zwischenzeit etwas anbauen. Ich wagte es und bestellte eintausend Spargelwurzeln und fünfhundert Himbeeren. Aber dies war langfristige Planung. Es würde drei Jahre dauern, bis ich den Spargel in irgendwelchen nennenswerten Mengen ernten könnte, und die Himbeeren würden erst im nächsten Jahr einen Ertrag bringen.

In die Zukunft zu blicken macht mit die Faszination beim Landbau aus. Und in die Vergangenheit zu blicken. Ich hatte das Gefühl, in einem Fluß mit einer tiefen, unwiderstehlichen Strömung zu schwimmen, einer Kraft, die von irgendeiner sprudelnden Quelle weit hinter mir in den Bergen herrührte und mich immer weiter einer unbekannten Zukunft entgegentrieb. Ich konnte weder den Fluß noch die Richtung der

Strömung verändern, ich konnte nur meinen eigenen Kurs ändern, um sie mir zunutze zu machen, um Strudeln und toten Seitenarmen auszuweichen, damit ich mich geschmeidig in ihr bewegte. Die Jahreszeiten wechselten in unveränderlichem Rhythmus, und in jeder schwamm ich immer noch in der Strommitte. Es war ein wunderbares Gefühl der Sicherheit und Gewißheit in einer Welt, die weder sicher noch gewiß war.

Es gab einen Streifen guter schwarzer Erde, einen Morgen oder noch mehr, der mitten durch den Pfirsichgarten verlief, wo keine Bäume standen, und hier beschloß ich, das Spargelbeet anzulegen. Jahre zuvor war der Spargel meiner Großmutter hier gediehen, und ich erinnerte mich daran, wie ich als Kind mit ihr hinausging, mit einem Korb und einem seltsam geformten Messer. Die Reihen waren von den braunen Stielen der letztjährigen Ernte markiert, und ich raste auf und ab und suchte nach den ersten dicken grünen Trieben, während der schwarze Hund Nixie bellend herumtollte und die Vögel sangen. Manchmal durfte ich eine Stange schneiden, vorsichtig, knapp unter der Erde, ohne dabei die blassen Triebe zu verletzen, die sich durch die Dunkelheit zur Sonne hinaufschoben.

Aber jetzt hängte ich den zweirädrigen Pflug an den Traktor und pflügte den Buchweizen unter, der sich selbst ausgesät und praktischerweise das Gras vernichtet hatte. Mein Vater muß für dieses Stück Land Pläne gehabt haben. Er hatte zwei Jahre zuvor Buchweizen dort gepflanzt, und obwohl er nie untergepflügt worden war, hatte er sich neu gesät und war jeden Sommer dichter und üppiger gewachsen. Die unscheinbaren rosaroten Blüten hatten die Bienen mit reichlich dunklem bitterem Honig für ihre Wintervorräte versorgt. Dieses Jahr würden die Wurzeln und die jungen Blätter die neue Zweitkultur mit Humus versorgen.

Ich mußte trotzdem noch Dung hinzufügen, und ich kaufte vier Ladungen von einem bärtigen Freund des alten

Louis, der so entgegenkommend war, die dampfenden Haufen an strategischen Stellen abzuladen, wo sie später per Hand verteilt und eingeeggt werden würden. Er besah sich meine Pflügarbeit mit kritischem Blick. Die Furchen waren nicht ganz gerade und hier und dort von unterschiedlicher Tiefe, aber er sagte nichts. Ich fand, es sah dafür, daß ich es zum erstenmal gemacht hatte, sehr gut aus, und es hatte mir großen Spaß bereitet zuzusehen, wie sich das schwarze Band hinter der leuchtenden Pflugschar entrollte, und den feinen Frühlingsduft zu riechen, der von der gewendeten Erde aufstieg. Während ich mit der sechszinkigen Gabel den Dünger verteilte, erinnerte der kräftige Geruch mit schmerzhafter Eindringlichkeit an die alten Zeiten, als die Kühe wohlig in ihren Freßgittern seufzten, die Pferde in ihren Ställen stampften, und es keine Maschinen gab. Diese Art des Farmens hätte mir am besten gefallen.

Die Spargelpflanzen waren seltsam aussehende Dinger, ein Netz blasser Wurzeln, wie irgendwas vom Meeresgrund. Von der Spitze jeder Pflanze sprossen ein paar bleiche schwache Triebe, die, wie ich hoffte, durch Zeit und fruchtbare Erde ermutigt würden, kräftig und grün zu werden. Die Himbeerruten setzte ich in einer Stelle mit leichterer Erde, und dann war es plötzlich Zeit für die Ölspritzung gegen die Blattläuse, die ich im letzten Jahr versäumt hatte.

Ich hatte Joe seit einigen Wochen nicht mehr gesehen. Die Wildcats waren auf Tournee gewesen und hatten fast jeden Abend in den umliegenden Städten gespielt. Sein älterer Bruder Bernie hatte einen Job als Lastwagenfahrer beim Bundesstaat bekommen, und für die LaPlantes sah die Zukunft etwas rosiger aus. Es konnten jetzt alle frühstücken, hatte Joe mit einem Grinsen erzählt. Falls er enttäuscht war, als ich ihm erzählte, wie es mir ging, dann zeigte er es nicht.

«Drei Tage in der Woche ist okay für mich», sagte er fröhlich. «Wissen Sie, Kip kommt aus Newburyport, und er glaubt, daß er uns für den Sommer eine Menge Auftritte verschaffen kann, an Stränden und in der Tanzhalle. Fünf Dollar pro Abend pro Kopf, meint er. Momentan kriegen wir vier. Den ganzen Winter über lief es gut, und jetzt, wo Bernie den Job hat, mußte meine Mutter schon lange nicht mehr zum Rathaus gehen. Sie hat selber wieder gearbeitet, unten im Hotel, Bettenmachen und Putzen. Ein Dollar für vier Stunden. Können Sie sich das vorstellen? Aber ich schätze, das Geschäft läuft da nicht so gut. Wahrscheinlich konnten sie ihr nicht mehr geben.»

Was für ein Unterschied, zu zweit zu spritzen statt allein. Wir wechselten uns ab: Ich fuhr morgens und spritzte nachmittags. Wir fuhren zwischen den Reihen auf und ab, wobei der Traktor den schweren Schlauch zog, statt daß ich ihn durch das Gras und um die Bäume herumbugsieren mußte. Nicht, daß wir nicht unsere Probleme gehabt hätten, aber sie waren nur halb so schlimm, wenn man sie sich unter Fluchen oder Gelächter teilte.

Leider war Joe auch kein besserer Mechaniker als ich. Keiner von uns kam je dahinter, wieso der Traktormotor nicht mehr wollte oder die Spritzmaschine den Dienst versagte, wo sie doch vorher völlig reibungslos gelaufen waren. Es passierte immer im ungünstigsten Augenblick, an der steilsten Stelle im Apfelgarten, in der Teufelskurve oben über dem Pumpenhaus, oder wenn wir schnell fertig werden wollten, bevor eine aufkommende Brise zu stark wurde. Unser Rezept hieß kurbeln und nochmals kurbeln, bis das störrische Ding wieder ansprang. Ein Mechaniker hätte irgendwas justiert – aber was, das wußten wir nie.

Da war der Tag, als wir mit einem frisch gefüllten Tank anfangen wollten, die Düse fast sofort verstopfte und mir nur ein Tröpfeln über die Hände und den Arm hochlief. Joe nahm den Druck weg, und ich schraubte die Kappe auf, entfernte die Partikel und schraubte die Kappe wieder drauf.

Fünf Minuten später passierte das gleiche wieder. Und wieder. Es war zum Verrücktwerden.

Es gab nur zwei Alternativen: entweder den Stöpsel herauszuziehen und fünfzehn Dollar Spritzmittel auf den Boden auszuleeren, oder so gut es ging weiterzumachen, bis das Spritzmittel, das nicht auf mir gelandet war und mich eingeweicht hatte, an den Bäumen und der Tank leer war. Joe bestand darauf, die Plätze zu tauschen, und schließlich, erschöpft und fuchsteufelswild, ließ ich ihn. Seine dunkle Haut verbrannte nicht so leicht wie meine, aber als der Tank endlich leer war, waren wir beide mit Brandblasen übersät. Wir fuhren in angewidertem Schweigen zur Scheune zurück. Dort kletterte Joe auf den Tank, hob die quadratische Klappe hoch und spähte hinein.

«Oje», sagte er. «Ich sehe, woran es liegt. Das Sieb ist ab.»

Ich nahm seinen Platz ein und sah hinein. Ich konnte den Ansaugschlauch sehen, der von der Pumpe nach unten bis wenige Zentimeter über dem Tankboden verlief. In den Rückständen darunter schwamm das Sieb aus Messingdraht. Leicht zu reparieren. Man brauchte es nur wieder auf den Schlauch zu stecken und es mit einem neuen Stück Kupferdraht zu befestigen, von dem ich eine Spule im Werkzeugraum hatte. Ich holte ein Stück sowie eine Zange, während Joe den Abgußstöpsel am Boden des Tanks aufschraubte. Ich reichte ihm die Sachen hoch und setzte mich in den Schatten. Ich sah, wie seine kurzen Beine nach Halt suchten, und aus dem Innern des Tanks kam gedämpftes Fluchen.

«Was ist los?» fragte ich.

«Ich komm nicht ran. Für wen haben die dieses Ding bloß konstruiert? Für einen Zwerg oder was? Ich komm nicht mit den Schultern durch, und meine Arme sind viel zu kurz.»

«Lassen Sie mich mal probieren», sagte ich. «Ich bin dünner als Sie, und meine Arme sind länger.»

«Sie werden Licht brauchen. Wenn man die Luke verstopft, ist es da drinnen stockfinster.» Und so holten wir eine Taschenlampe, und ich kletterte hoch. Ich kam auch nicht an das Sieb ran.

«Halten Sie mich an den Füßen fest», wies ich Joe an. «Wenn ich mit den Schultern durch die Luke komme, komm ich vielleicht ran. Verrückt, so was so klein zu machen.»

Ich drückte mich hin- und herschlängelnd mit den Schultern durch. Den Schlauch konnte ich zwar erreichen, aber mit dem Kopf nach unten und durch den scharfen Rand der Luke fast halbiert, konnte ich nichts ausrichten. Die Taschenlampe spendete ein schwaches Licht.

«Lassen Sie meine Füße los», wies ich ihn an, und bevor er dazu kam, mich daran zu hindern, hatte ich mich durch die Öffnung gequetscht und geschlängelt und hockte jetzt im Innern des Tanks.

Joes besorgtes Gesicht erschien in der Luke. «So geht's gut», sagte ich beruhigend. «Wenn Sie mir aus dem Licht gehen, habe ich die Sache im Nu repariert.»

«Aber kommen Sie da wieder raus?»

«Sicher», sagte ich zuversichtlich. «Wenn ich reingekommen bin, werde ich auch wieder rauskommen.»

Im Tank war es schlüpfrig, und es roch stark nach Schwefel. Ich mußte mich im Schneidersitz hinkauern, zusammengeklappt wie der Meterstab eines Zimmermanns, während ich das Sieb auf den Schlauch drückte und es mit Draht umwikkelte, indem ich das weiche Kupfer mit der Zange festdrehte.

«So», sagte ich endlich. «Das geht nie wieder ab. Und jetzt muß ich nur noch hier rauskommen.»

Aber das war, wie sich herausstellte, gar nicht so einfach. In dem beengten Raum konnte ich mich nicht in die richtige Position manövrieren, um meine Schulter durch die enge Öffnung zu zwängen. Immer wieder rutschte ich mit den Füßen und Knien am glitschigen Holz aus. Joe packte mich an den Handgelenken und versuchte, mich herauszuziehen, aber ich kam nicht mit den Schultern durch. Schließlich gaben wir auf, und ich hockte mich wieder hin, wund und außer Atem.

«Sie werden mich heraussägen müssen», keuchte ich. «Holen Sie die Querkreissäge und legen Sie ein neues Blatt in die Bügelsäge ein. Es wird schwergängig werden. Das Holz ist feucht, und Sie werden durch eine der Rippen durchschneiden müssen. Und jetzt beeilen Sie sich um Himmels willen, bevor ich hier unten umkippe.»

Ich hörte ihn zur Scheune laufen. Er schien ewig lange wegzubleiben, während ich da kauerte und dem Drang widerstand, zu schreien und zu strampeln. Es dauerte fast zwei Stunden, um die Luke auszuschneiden, und als das schließlich geschehen war, war ich zu steif, um mich bewegen zu können. Ich mußte herausgezogen werden. Ich habe mal einen Mann von einem Fischerboot über Bord fallen sehen, mit Gummistiefeln, Ölzeug und allem. Er packte die Drähte des Schleppnetzes, und wir holten ihn schnell wieder an Bord, aber er war für den Rest des Tages nicht mehr zu gebrauchen, lag einfach in seiner Koje. Ich streckte mich unter einem Baum aus, wobei mir völlig gleichgültig war, ob wir mit dem Sprühen jemals fertig werden würden, während Joe den Deckel vergrößerte, so daß er auf die Luke paßte.

Irgendwie arbeiteten wir uns durch den Spritzplan durch. Der Ölspritzer und der Traktor blieben im Schlamm des tiefen Bodens stecken. In jenem Vorfrühling blies an jedem von Joes Arbeitstagen der Wind für einige Zeit, so daß ich die Arbeit alleine beenden mußte, was ich gerade noch rechtzeitig schaffte. Die elektrische Pumpe am Brunnen gab ihren Geist auf. Sie war endgültig verschlissen.

Dann das willkommene Zwischenspiel, als die Bäume blühten. Zehn Tage lang sollten die Bienen ihre Sache machen, zehn Tage des Zitterns und Bangens, an denen der Obstbauer um warmes, sonniges Wetter betet, nichts mehr fürchtet als Nachtfrost und jeden Nebel oder Regenschauer verflucht. Die Bäume blühten nicht so stark wie im Jahr zuvor. Die Baldwins ruhten, und ihre Reihen verliefen wie ein dunkles Band zwischen dem muschelrosa Blütenschnee der McIntoshs. Bei gutem Wetter und vielleicht einem besseren Preis müßte alles gut laufen. Das Wetter war ideal, sonnig und windstill. Die Bienen summten und torkelten zwischen den Blüten umher, und alles sah bestens aus für einen guten Ansatz.

Es gab keine Zeit, die Schönheit der Jahreszeit zu genießen. Die Pfirsiche mußten gesprüht werden – eine sanfte Mischung aus befeuchtbarem Schwefel und Bleiarsenat. Sträuße von Greening- und Russetblüten mußten in dem jungen Block von fünfhundert Macs in jeden zweiten Baum zur Fremdbestäubung hineingehängt werden, und sie mußten ersetzt werden, sobald sie verwelkt waren. Das schlimmste war, daß ich eine neue Pumpe und einen Motor für den Brunnen kaufen mußte, zweihundert Dollar, mit denen ich nicht gerechnet hatte.

•

Auf dem glazialen Moränenhügel, auf dem sich die Farm befand, war die Wasserversorgung immer ein Problem gewesen. Soweit wir entdecken konnten, hatte es auch in der Kolonialzeit keinen Brunnen gegeben, und die Familie war auf das Regenwasser angewiesen, das in zwei riesigen flaschenförmigen Zisternen neben dem Haus gesammelt wurde. Sie wurden von einem komplizierten System von Rinnen und Regentraufen gespeist, das wie eine Karte des Mississippi und seiner Nebenflüsse aussah und jeden Quadratzentimeter des Dachs entwässerte. Nachdem moderne sanitäre Anlagen und neue Waschgewohnheiten Einzug gehalten hatten, reichten die Zisternen nicht mehr aus und trockneten in Trockenperioden regelmäßig ein.

Mein Vater fand eine Wünschelrute unwissenschaftlich und engagierte eine Ingenieursfirma, die Wasser für uns finden sollte. Mit riesigem finanziellem Aufwand machte sie an allen vielversprechenden Stellen Bohrungen – ohne Ergebnis. Schließlich stießen sie auf eine natürliche Quelle, und dort wurde der Brunnen gebohrt und das Pumphaus errichtet. Leider befand sie sich dreihundert Meter vom Haus entfernt und sechzig Meter von der Straße, wo später die Stromleitungen gelegt wurden. Aber das Wasser war süß und gut, und so wurde eine Pipeline in zwei Meter Tiefe gelegt, bis zu einem Tank oben auf dem Hügel, von wo sie mit Hilfe der Schwerkraft das Haus speiste. Ein Benzinmotor keuchte und bebte im Pumphaus, um den Strom zu liefern.

Der Vorrat war unerschöpflich: ein unterirdischer Fluß, behaupteten die Ingenieure. Mein Vater gab großzügig kostenloses Wasser an drei oder vier Nachbarn ab, die Wasserprobleme hatten, und Tag und Nacht keuchte der Motor ohne Unterlaß, um zuerst einen und dann zwei Sammelbehälter ständig gefüllt zu halten. Nach einigen Monaten in diesem Stil fiel uns auf, daß das Wasser seltsam schmeckte und sich in der Badewanne ein unaufgelöster seifiger Schaum absetzte, aber wir wollten es erst wahrhaben, als die Nachbarn anfingen, sich zu beklagen. Die Ingenieure wurden gerufen, aber sie zuckten bloß mit den Achseln.

«Sie haben den Vorrat so stark beansprucht, daß Sie die Süßwasserader durchbrochen und in die Brackwasserader geraten sind, die darunter liegt», sagten sie. «Nein, da läßt sich nichts machen. Möglicherweise klärt es sich von selbst wieder.» Aber das war nicht der Fall.

Einer nach dem andern fanden die Nachbarn selber gutes Wasser, aber sie achteten darauf, nicht den gleichen Fehler zu machen wie wir. Jahrelang kamen wir mit dem kompliziertesten Leitungssystem über die Runden, das man sich vorstellen konnte: Zisternenwasser in der Waschküche, heiß und kalt, und in den Heißwasserrohren im ganzen Haus, mit Ventilen, mit denen man das Brunnenwasser anstellen konnte, falls die Zisterne austrocknete. Überall gab es Rohre: unter der Erde, in den Zwischenwänden, und ein richtiges Spinnennetz an der Küchendecke. Auf dem Speicher stand ein ausgedienter Sammelbehälter, in den ich einmal Wasser einließ, weil ich in der Waschküche das falsche Ventil öffnete. Es hatten sich schon fast vierhundert Liter gesammelt, bis ich erkannte, wieso er aus dem Verkehr gezogen worden war – er leckte. Etwa zweihundert Liter strömten durch zwei Decken hindurch, den Rest schöpfte ich mit einem Eimer heraus und schüttete ihn durch die Dachluke. Das Haus war ein Traum für einen Installateur.

(Jahre später, als mein Mann und ich eine Rückkehr auf die Farm davon abhängig machten, ob wir einen Wasservorrat für das kleine Haus hinter der Scheune finden würden, in dem ich in der Zeit des Apfelgartens meine Sommer verbracht hatte, beauftragten wir einen Wünschelrutengänger aus einem Nachbarort. Er trat mit seiner Wünschelrute aus der Hintertür des Hauses ins Freie, stampfte mit dem Absatz in den Boden, wo der Zug am stärksten war, und bohrte einen prächtigen Brunnen, keine fünfzehn Meter von einem trokkenen Rohr entfernt, das eine der Fehlbohrungen der Ingenieure markierte. Es stellte sich heraus, daß das Wasser verseucht war, aber es gehörte nicht zur Aufgabe des Wünschelrutengängers, das zu wissen, und wir erfuhren es auch erst, nachdem wir wieder weggezogen waren, und zwar so gesund und fröhlich wie eh und je.)

Die Probleme mit dem Wasser erschwerten die Vermietung des Farmhauses im Sommer, und doch rechneten wir damit, um die hohen Steuern und die Versicherung zu bezahlen. Es wäre zuviel des Guten gewesen, unsere wunderbaren Mieterinnen vom Vorjahr wieder zu bekommen, und tatsächlich war im Winter ein Brief von Miss Rosamond gekommen, in dem sie mit aufrichtigem Bedauern schrieb, daß sie beschlossen hätten, dieses Jahr ihre Nichten in den Bergen zu besuchen. Mein jüngerer Bruder, der Supergeschäftsmann, kümmerte sich darum, aber im Jahr 1933 machte der New Deal den Leuten, die es sich leisten konnten, ein Sommerhaus zu mieten, noch mehr angst als der alte.

An jedem schönen Wochenende im Frühling wartete ich hoffnungsvoll darauf, daß ein fremdes Auto in die Auffahrt der Farm einbog. An dem Wochenende, an dem der Weißdorn die verwitterten Schindeln hinter einem schneeweißen Blütenmeer versteckte, hätte niemand widerstehen können.

Oder an den Tagen, an denen die Pyrusbüsche loderten, hellrot und lachsrosa, oder der Flieder, die hohen Hecken in Lavendelblau und Weiß, oder der uralte weinrote Baum vor dem Haus. Sie alle blühten und verblühten, aber niemand kam.

Als Anfang Juli die große Englische Linde über und über blühte, war das Haus immer noch leer. Ich stand in ihrem Schatten, halb berauscht von ihrem Duft, und lauschte den Bienen, wie sie zwischen den Millionen blasser wächserner Blüten umhersummten, als ich hörte, daß ein Auto vor der Haustür hielt. Ich ging langsam, nicht allzu begeistert hin und sah zu meinem Entsetzen, daß es der Mann von der Bank war. Was wollte er denn noch, jetzt, wo die Zinsen bezahlt waren? Ich sollte es bald erfahren.

«Ist das Haus dieses Jahr nicht vermietet?»

«Nein», antwortete ich, «noch nicht.»

«Na ja», sagte er, «hoffe, Sie haben nichts dagegen, wenn ich Ihnen sage, daß ich verstehe, warum. Dies ist ein schlechtes Jahr für Immobilien am Meer. Nur bei Anwesen in bestem Zustand bekommt man angemessene Preise, und die Direktoren sind der Ansicht, daß dieser Besitz hier nicht in bestem Zustand ist. Weit davon entfernt.»

«Was gibt's denn daran auszusetzen?» sagte ich aufgebracht. «Wir haben das Dach neu gedeckt, und der Apfelgarten ...»

«Das mit dem Dach sehe ich, ja, das war auch ein Muß, nicht? Und was den Apfelgarten betrifft: Unsere Bank ist nicht an landwirtschaftlichen Hypotheken interessiert. Wir betrachten sie als viel zu riskant für unsere Aktionäre. Wir arbeiten mit Wohngrundbesitz, und wenn die Bank diese Immobilie übernehmen würde, würden wir sie in Hauseinheiten aufteilen und unsere Investitionen auf diese Art zurückholen.»

«Aber wie wollen Sie es denn übernehmen? Die Zinsen

sind bezahlt, wurden immer bezahlt, immer rechtzeitig und im voraus.»

«Vielleicht war Ihnen nicht klar, daß nach den Bedingungen der Hypothek eine jährliche Zahlung von eintausend Dollar auf die Kreditsumme erforderlich ist. Diese Zahlung ist zwei Jahre im Verzug. Die Bank wäre vollkommen berechtigt, jederzeit zu kündigen.»

Plötzlich durchschaute ich sein Spiel: Katz und Maus. Die Katze vergnügte sich damit, eine Weile mit der Maus zu spielen, sie ein wenig herumlaufen zu lassen und sie dann sanft zurückzuholen. Sie würde zuschlagen, wenn der richtige Zeitpunkt gekommen war. Aber die Maus hatte noch einen letzten Trick auf Lager.

«Ich schicke Ihnen morgen einen Scheck über ftausend Dollar», sagte ich gelassen. «Ich kann mir nicht vorstellen, daß die Bank angesichts meiner offensichtlichen Bereitschaft zu zahlen kündigen würde. Ich hatte gedacht, die Zinszahlung würde einen Teil der Zahlung auf die Kreditsumme beinhalten, sonst hätte ich mich schon früher darum gekümmert. Es wurde mir nie erklärt.»

«Ein Versehen», versicherte er mir. «Ich stimme Ihnen zu, daß die Bank Kündigungsmaßnahmen erst einmal aussetzen wird, mit Rücksicht auf eine Teilzahlung auf die Kreditsumme. Und wenn ich Ihnen einen guten Rat geben darf: mit zwei oder drei neuen Anstrichen könnte man das Haus ordentlich herausputzen.»

«Das werde ich nicht tun», sagte ich trotzig. «Uns gefallen die verwitterten Schindeln, so wie sie immer gewesen sind.»

Er beharrte nicht weiter darauf, zuckte bloß mit den Schultern und startete seinen Cadillac.

Ich schickte ihm den Scheck. Das war das Ende meiner Rücklage, das letzte Geld von der Jolle.

Mitte des Monats tat mein Bruder einen Mieter auf, eine nervöse, vor kurzem geschiedene Dame mit zwei verwöhnten Kindern und einer jähzornigen Köchin. Ich schleppte zweimal am Tag vierzig Liter Trinkwasser von einem Nachbarn herüber und tat alles, um es ihnen recht zu machen, aber sie waren nie zufrieden. Ihre Miete betrug weniger als die Hälfte von der, die die Mieter des Vorjahres hatten bezahlen müssen. Wir mußten froh sein, daß wir überhaupt das bekamen. Es würde ein Defizit von siebenhundert Dollar bei Steuern und Versicherung geben.

Wenn mir in dem Moment irgend jemand auf die Schulter geklopft und mich gefragt hätte: «Und was willst du *jetzt* machen?» hätte ich ganz zuversichtlich geantwortet: «Ich weiß nicht, aber es wird schon. Wir werden es auf jeden Fall behalten.» Meine Sorgen waren nicht ernsthafter als die Insektenstiche im Apfelgarten an schwülen Tagen, und es kam immer irgendwann eine Brise, die sie fortblies. Gute alte Arbeit konnte sie vertreiben – das, und die Befriedigung zu beobachten, wie die Pfirsichbäume lange, rotrindige Triebe entwickelten, an denen sich schon die dreifachen Knospen bildeten, die Apfelbäume zu sehen, schön geformt und ordentlich nach der Stutzarbeit, mit großen, kräftigen Blättern und gut stehenden Früchten, die der Sonne bereits ihre rosigen Wangen zuwandten.

Gelegentlich wünschte ich mir, daß ich mich nur darum zu kümmern hätte, das Obst zu produzieren und den Boden zu pflügen, befreit von der erdrückenden Last von Zeit und Geld. Während ich die Sense schwang oder die Kurbel der Honigschleuder drehte, träumte ich davon, einige Teile der Marsch einzudämmen, sie mit Regenwasser aufzufrischen und sie mit Preiselbeeren zu bepflanzen; oder eine ausgediente Kiesgrube in einen Süßwasserteich umzuwandeln und riesige Ochsenfrösche für den Froschschenkelmarkt zu züchten. Ich las jedes Wort der Broschüren, die ich im Postkasten fand und die ausschließlich an RFD-Boxholder adressiert waren, und hatte großen Spaß an den landwirtschaftlichen Träumen, die sie auslösten. Das einzige Problem war, daß ich sowohl meine Sorgen als auch meine Träume für mich behalten mußte. Alle in der Familie strampelten sich ab, jeder in seinem oder ihrem Bereich – aber wenn ich versagte, würde ich die anderen mit herunterziehen. Das hatten meine Brüder deutlich genug gesagt. Deshalb hielt ich den Mund und hoffte auf das Beste.

Bevor ich mich versah, war die Zeit der Mieter abgelaufen, und ich ließ sie ohne Bedauern ziehen. Kaum waren sie um die Ecke verschwunden, zog ich wieder in mein Winterquartier in der Küche ein, und es war Zeit für die Ernte.

•

Wir fingen am 8. September an, Kasimir, Stanley, Joe und ich. Der alte Louis war den ganzen Sommer über krank gewesen, und Carl war fischen gegangen. Jetzt, da die Bäume gestutzt waren und die Baldwins ruhten, schätzte ich, daß wir die Ernte auch zu viert bewältigen konnten. Außerdem war ich sehr knapp bei Kasse, da ich von den Pfirsichen nur hundertfünfzig Dollar eingenommen hatte. Die Bäume sahen prachtvoll aus: wie neugeboren und beladen mit Knospen fürs nächste Jahr.

Dieser Herbst 1933 war von Anfang an anders als der letzte, zunächst auf eine subtile Art und Weise, die schwer zu bestimmen war. Es gab keine schwülen, diesigen Tage, statt dessen harte blaue Himmel und steife Nordwestwinde oder düstere östliche, und das Meer knurrte nachts auf den Sandbänken. An jedem klaren Morgen war das Gras kroß von Frost. Schon gute sechs Wochen vor der Zeit leuchtete das Laub und wurde die Marsch goldgelb. Wie ein Tier, das vor einem bevorstehenden Gewitter nervös und unruhig wird, spürte ich es in den Knochen, daß sich in den Luftmassen um uns herum irgend etwas zusammenbraute.

Letztes Jahr hatten wir mit den großen Mac-Bäumen im ältesten Teil der Plantage begonnen und waren dann auf die andere Straßenseite gezogen und zu der kleinen Parzelle östlich vom Haus. Als letztes hatten wir die jungen Bäume im nördlichen Block gepflückt, hatten gewartet, bis sich ihre Farbe bis zur Vollkommenheit entwickelt hatte.

Auch dieses Jahr waren sie die besten: kein Apfel kleiner als sieben Zentimeter, und die Bäume waren schwer beladen. Mit einer Vermutung spekulierend begannen wir im Norden, arbeiteten schnell die langen Reihen hoch und runter, wobei wir bei den exponiertesten Bäumen am Rand der Marsch anfingen. Die erste Ladung sah in den Kisten unreifer aus als an den Bäumen, und einen Moment lang bekam ich Zweifel, aber angetrieben von meiner bösen Vorahnung, machten wir weiter. Joe und ich hatten die Scheune ausgeräumt, um mehr Platz zu schaffen, und wir packten jeden Zoll voll, bevor wir mit dem Sortieren begannen. Jede Minute, die ich in der Scheune verbrachte, war ich unruhig, und jeden Mittag klopfte ich gegen das Barometer neben der Spüle. Es blieb Tag für Tag stabil, und der Nordwestwind wehte stetig, aber nicht so kräftig, daß er die Äpfel herunterschüttelte.

Am 17. hatten wir bereits neunhundert Kisten gepackt und mußten noch fünfzig Bäume pflücken. Es gab in der Scheune noch genug Äpfel, um vierhundert Kisten zu füllen, wir würden also morgen packen müssen. Der Nordwestwind war abgeflaut, und es war ein absolut windstiller und sehr warmer Tag gewesen. Im Verlauf des Nachmittags begann ein rauchiger Wolkenschleier die Sonne zu verdunkeln. Sie ging nicht unter, sie verschwand einfach, als sich der Wolkenschleier verdichtete. Um vier ging ich in die Küche und klopfte gegen das Barometer. Es war um ein Zehntel gefallen.

In der Scheune sagte ich: «Jungs, was würdet ihr davon halten, heute abend so lange zu pflücken, wie wir was sehen können, und morgen vor Tagesanbruch zu beginnen? Das Wetter gefällt mir gar nicht.»

«Okay», sagte Joe, «aber wo wollen Sie sie lagern?»

«Wir können sie in den Pflückkisten unter den Bäumen lassen. Es wird, glaube ich, keine Sonne geben, in der sie verderben könnten, und es wird ihnen nicht weh tun, naß zu werden.»

«Was ist mit dem Rest? Mit den großen Bäumen?»

«Es ist jetzt zu spät, um da noch irgendwas zu machen. Wenn der Wind von Nordwest weht, dürften sie durch den Windschutz einigermaßen geschützt sein. Dazu wurde er ja auch gepflanzt. Hoffen wir, daß er groß genug ist, um seine Aufgabe zu erfüllen.»

Der trübe Abend kam früh, aber wir hatten zehn Bäume geleert, bevor wir aufhören mußten. Es war stockdunkel und kein Stern am Himmel, als ich die Männer am nächsten Morgen in der Stadt abholte.

«Noch kein Wind», bemerkte Joe.

«Doch – ein Hauch aus Nordwest. Hier spürt man ihn nicht. Das Meer war die ganze Nacht lang sehr laut.»

«Haben Sie die Meldung im Radio gehört?» fragte Stanley. «Die haben gesagt, daß ein großer Sturm die Küste hochwandert. ‹Schwanz eines Hurrikans›, hat der Mann es genannt.»

«Ich hab's gehört», sagte ich. «Sie hoffen, daß er südlich von Nantucket aufs Meer zieht, aber ich glaub's nicht. Seit gestern abend ist das Barometer im Keller.»

Als ich den Laster im Scheunenhof geparkt hatte, machte das Brüllen des Meers weiter, wo der Lärm des Motors aufgehört hatte, ein donnerndes Rumpeln, unheimlich in der warmen und windstillen Dunkelheit.

«Mann», sagte Joe, «so laut hab ich's noch nie gehört, nicht mal im Winter.»

«Meinen Sie, wir können schon genug sehen, um zu pflükken?» fragte Kasimir nervös.

«Ich bezweifle es, aber wir können ruhig schon mal runterfahren», sagte ich.

Als wir den Traktor angelassen und den Anhänger mit Kisten beladen und verkuppelt hatten, war etwas graues Licht zu sehen, das von nirgendwo kam. Die Äpfel waren schwarze Flecken zwischen den helleren Blättern, und wir fingen an, arbeiteten schnell und schweigend. Eine gelegentliche Böe stöhnte durch die Baumkronen und erstarb wieder. Die Luft war tropisch warm, salzig und feucht.

Als das Tageslicht unmerklich zunahm, konnten wir den Himmel sehen, ein schiefergraues Gewölk, von langgestreckten Federwolken durchbrochen. Die ersten Wolken des eigentlichen Sturms zogen niedrig vom Meer herein, bewegten sich schnell auf einem Wind, den wir im Moment noch nicht spürten. Um neun Uhr gab es einige Regenspritzer, die von einer harten Böe getrieben wurden, die die Bäume schüttelte. Ein paar Äpfel fielen dumpf zu Boden. Wir hatten noch fünfzehn Bäume vor uns. Um halb elf war der Wind so kräftig, daß es schwierig wurde, sich auf den Trittleitern zu halten. In den kreischenden Böen mußten wir uns mit beiden Händen festhalten, während die Früchte von den sich windenden Ästen herunterregneten. Dann kam der Regen, ein Rauschen von warmen Tropfen, das für einen Augenblick den Wind stoppte.

«Okay», sagte ich. «Das war's.» Wir hatten noch fünf vor uns.

«Was soll's», sagte Joe. «Laßt uns nicht so kurz vor Schluß aufgeben. Wir machen es fertig. Was sagt ihr dazu?»

«Klar», sagten die anderen beiden gleichzeitig.

«Ihr werdet pitschnaß», protestierte ich.

«Viel nasser können wir nicht mehr werden», sagte Stanley fröhlich, während er mit einem vollen Sack die Leiter herunterstieg. Seine blonden Haare klebten ihm am Schädel, und das Wasser strömte sein Gesicht herunter. Seine Schuhe quatschten beim Gehen.

Um Viertel nach elf hatten wir sie alle – alle, die der Wind nicht gepflückt hatte. Über zweihundert Kisten waren unter den Bäumen aufgestapelt.

«Fünfhundert Dollar, diese Arbeit von heute morgen hat mich gerettet», sagte ich. «Vielen Dank!»

«Passen Sie auf, wir machen folgendes, wenn es Ihnen recht ist», sagte Joe, nachdem er sich mit den anderen beraten hatte. «Ich fahr mit den Jungs in die Stadt zurück, wir ziehen uns ein paar trockene Sachen an, essen was, und sind um eins wieder da, um die in der Scheune zu erledigen.»

«Das wäre toll», sagte ich. «Und kauft etwas Bier auf dem Rückweg. Schätze, so gegen vier wird's ganz gut schmecken, meint ihr nicht?» Ich zog ein durchnäßtes Bündel Scheine aus meiner Overalltasche.

Als sie weg waren, quatschte ich zu dem Abschnitt mit den großen Bäumen, um zu sehen, wie es ihnen ergangen war. Es hätte mich nicht überrascht, die Hälfte der Äpfel auf dem Boden zu finden. Aber die Mähne der Tannen auf dem Hügelkamm schützte sie auf wunderbare Weise, so daß sich sogar die obersten Äste kaum bewegten. Wenn der Wind nach Süden drehen würde, wäre das schlecht, aber dafür gab es keine Anzeichen. Die Wolken kamen direkt aus Nordost angetrieben und streiften fast die Wipfel der schwankenden Nadelbäume. Die Bäume auf der anderen Straßenseite waren durch den Hügel geschützt. Im Ostabschnitt gab's viel Obstfall, aber dort standen nicht viele Bäume. Ich fragte mich, wie es den Bäumen auf dem ebenen Gelände und den Osthängen des Goodale Orchard ging.

Nach dem Essen rief ich dort an. Der Geschäftsführer war am Apparat.

«Ich würde sagen, ein Drittel ist schon unten», sagte er trübsinnig. «Wenn der Wind heute nacht nach Norden wechselt, wie sie's im Radio gesagt haben, wird er noch mal eine Menge mehr runterholen. Wie ist es den Ihren ergangen?»

«Bis jetzt war der Windschutz unsere Rettung. Und ein Wechsel nach Norden wäre auch nicht schlimm.»

«Und Ihr Nordabschnitt? Verlieren Sie viele dort?»

«Nichts», erwiderte ich. «Wir haben die letzten vor der Mittagszeit abgeerntet.»

«Sie haben Glück», sagte er säuerlich. «Ihre Jungs haben also heute morgen gearbeitet, wie?»

«Sicher. Wir haben bei Tagesanbruch begonnen und bis halb zwölf durchgearbeitet. Das letzte Stück war ein bißchen naß.»

«Meine haben schon vor zehn aufgehört und sind zur Scheune zurück. Schätze, wir werden ab jetzt hauptsächlich Fallobst ernten. Der Markt dürfte damit überschwemmt sein, wenn dieser Sturm bis ins Landesinnere zuschlägt.»

«Es tut mir leid für Sie. Das ist Pech», sagte ich mitfühlend. Aber ich hatte das Gefühl, daß er sich seine Situation selbst zuzuschreiben hatte.

Den ganzen Nachmittag über ließen wir das leuchtende Obst durch die Sortiermaschine laufen, während der Wind in den Bäumen brüllte und der Regen gegen die Schindeln prasselte. Um vier Uhr tranken wir unser Bier in entspannter und geselliger Stimmung. Jetzt, da die Sortiermaschine abgestellt war, konnten wir die alte Scheune ächzen und stöhnen hören, als die gezapften Balken unter den Erschütterungen der Windstöße arbeiteten. Aber sie war wie ein Schiff gebaut, das dem Meer nachgab, und stand unerschütterlich fest. Die handbehauenen Balken des kräftig gegliederten Dachs waren so stabil wie an dem Tag, als die Burnhams und ihre Nachbarn sie errichtet hatten, fast zweihundert Jahre zuvor.

In der Nacht wurde ich von einem neuen Klang des Windes in den großen Ästen vor dem Fenster geweckt. Von meinem Bett aus konnte ich durch die kleinen Sprossenfenster Sterne sehen. Der Wind hatte nach Norden gedreht und die Wolken weggeweht. Ich schlief zufrieden wieder ein.

Bevor wir am nächsten Morgen die Sortiermaschine anwarfen, erschien Mr. Greenberg. Sein Laster war hoch mit Leerkisten gestapelt, und er hatte zwei Helfer dabei.

«Ich dachte, wenn ich ganz früh komme», sagte er, «könnte ich eine Ladung Ihres Fallobstes vor dem großen Ansturm auf den Markt bringen und vielleicht einen etwas besseren Preis dafür bekommen. Als wir den Wind gehört haben, habe ich zu meiner Frau gesagt: ‹Die arme Lady da unten, ihre ganzen Äpfel werden jetzt unten sein.› Also, wenn's Ihnen recht ist, machen wir uns gleich ans Sammeln. Morgen ist Mac-Fallobst nichts mehr wert.»

«Sie werden auf dem ganzen Grundstück weniger als hundert Scheffel finden», sagte ich triumphierend. «Wir haben den jungen Plantagenabschnitt vor dem Sturm fertig abgeerntet, dank den Jungs hier, und der Windschutz auf dem Hügel hat die anderen geschützt.»

«Das ist gut, das ist ja wunderbar!» sagte Mr. Greenberg herzlich. «Ich freue mich für Sie, daß Sie soviel Glück gehabt haben. Dann nehme ich also, was Sie haben, und mache bei Goodale weiter. Ich schätze, dort wird's genug geben. Ich kann Ihnen erst einen Preis nennen, wenn ich gesehen habe, was reingekommen ist. Gestern waren es fünfunddreißig, heute vielleicht ein Quarter, morgen ein Dime, ein Nickel, ich weiß nicht. Soll ich sie trotzdem nehmen? Vertrauen Sie mir?»

«Natürlich. Tun Sie, was Sie können. Sie werden die meisten im Ostabschnitt finden und den Rest in der neuen Plantage. Da haben wir aufgehört.»

«Halten Sie Ihre gute Ware zurück», sagte Mr. Greenberg, als er mich bezahlte. «Bis Thanksgiving müßte der Markt wieder gut sein.»

Der Sturm hatte die Luft auf Tage hin gereinigt, aber der Wind hatte auch viele der leuchtenden Blätter abgestreift. Auch das Wetter blieb für die Jahreszeit ungewöhnlich kalt. Es sah aus wie Winter und fühlte sich auch so an. Wir arbeiteten den ganzen Tag in Pullovern und Jacken, Galoschen und Wollsocken. Die Sonne schien ihre Kraft zu früh verloren zu haben. Die Scheune war wie ein Eisschrank, und es war kein Problem, den Lagerkeller kühl zu halten. Meine kalten Finger rutschten an dem Einwickelpapier aus, und ich mußte sie mit Apfelsaft klebrig machen, um die Geschwindigkeit zu halten. Mit Volldampf konnte ich an einem Neunstundentag hundertfünfzig Scheffel packen, aber wahrscheinlich lag mein Durchschnitt darunter. Und da die diesjährige Ernte groß und sauber war, dank dem Stutzen, kam ich sowieso nicht mit.

Joe brannte schon lange darauf, das Verpacken zu lernen, und so richteten wir ihm einen Platz am Siebeneinhalb-Zentimeter-Behälter ein. Er begriff es sofort, und nach wenigen Tagen mußte ich mich sputen, um meinen Vorsprung zu halten. Jetzt, da zwei verpackten, mußten Stanley und Kassie auch das Tempo anziehen. Sie standen zu beiden Seiten des Sortierers, bis die Fünfdreiviertel- und Sechseinviertel-Behälter voll waren. Dann rannten sie abwechselnd los, um sie in die Kisten zu packen. Wenn unsere Behälter zu voll wurden, stellten sie die Sortiermaschine ab und deckten die Kisten an der Presse, bis wir aufgeholt hatten. Dann begann wieder das Rumpeln und das rhythmische Zischen und Rascheln der Papiere.

Äpfelverpacken geschieht in einem schnellen Walzertakt, *eins*, zwei, drei, *eins*, zwei, drei. Wahrscheinlich konnte Joe es deswegen so gut. Beim ersten Schlag nimmt die linke Hand einen Apfel aus dem Behälter, und die rechte streift ein Papier von dem Tablett, wo der Stapel von einer Nadel und einer Feder gehalten wird. Es erfordert Geschicklichkeit, nur ein Papier herauszuziehen, ohne den Stapel durcheinanderzubringen. Beim zweiten Schlag wird der Apfel aus der Linken in die Mitte des Papiers in der Rechten geworfen; und auf drei wird der Apfel in einer komplizierten Abwärtsbewegung eingewickelt und mit einer Drehung des Handgelenks auf seinen Platz gesteckt, mit dem Papierrock nach unten.

Um ein gleichmäßiges Tempo zu gewährleisten, müssen die Hände im Rhythmus arbeiten, im Freilauf, unabhängig vom Denken. Das Konzentrieren auf irgendeine Einzelbewegung bricht den Zauber. Die Hand tastet und rutscht zwischen den Papieren, die Frucht verfehlt die Mitte des Papiers, rollt auf den Boden oder stößt gegen den Kistenrand. Von dem Gerumpel der Sortiermaschine besänftigt und von der wiederholten rhythmischen Bewegung stimuliert, arbeitete mein Denken auf parallelen Schienen, sprang zwischen Vergangenheit und Zukunft hin und her. Ich erinnerte mich an Gedichte, die ich vergessen hatte, an Menschen, die ich gekannt hatte, und an Orte, wo ich gewesen war. Ich konzentrierte mich absichtlich auf eine Szene oder eine Person, rief mir zu meinem eigenen Vergnügen das winzigste Detail in Erinnerung und betrachtete es mit der größten Aufmerksamkeit, während die Stunden vergingen, *eins*, zwei, drei, *eins*, zwei, drei.

Dieses Training sollte mir sehr viel später einmal zugute kommen. Ich arbeitete drei Jahre am Fließband einer Fabrik und war weder erschöpft noch gelangweilt. Trotz der vielen Zeit, die inzwischen vergangen war, glitt ich sofort in den Rhythmus des Fließbandes, spürte in meinen Knochen, wenn es weiterrutschen würde. Jeder Bewegungsablauf war vollkommen gleich, in ein paar Sekunden eingepaßt, wie die passenden Stücke eines Puzzles in einen Rahmen. Nur wenn der Mechanismus nicht richtig funktionierte – wenn das Band aus dem Takt kam, wenn die Schraubenlöcher einen Bruchteil danebenlagen oder der elektrische Bohrer nicht glatt einsetzte –, verursachte das so viel Frustration, daß ich am Ende des Tages erschöpft war.

Aber ich bezweifle, ob die Freizeit für den Geist, die bei derartigen rhythmischen manuellen Tätigkeiten gewonnen wird, je für einen wirklich schöpferischen Akt benutzt werden kann. Ich glaube nicht, daß irgend jemand eine Symphonie, einen Roman oder ein Bild entwerfen wird, während er an das Fließband einer Fabrik gekoppelt ist. Das einzig kreative Denken, zu dem ich damals fähig war, war die Planung meiner Arbeit als Betriebsrätin: wie man mit einem sturen Chef oder einem eigensinnigen Arbeiter umgeht – alles andere als irgendwas Kreatives. Das frei laufende Pferd auf der Wiese hat eine ganz andere Art von Auslauf als das Zirkuspferd, das in der Manege seine Kreise dreht, *eins*, zwei, drei, *eins*, zwei, drei.

•

Ein Gutes hatte der kalte Herbst des Jahres 1933: Die Spies, die dazu neigen, sich nur dürftig in Streifen und Flekken zu verfärben, loderten geradezu unter der Berührung des Frosts. Spies wachsen langsam, blühen spät und reifen spät. Als wir Mitte Oktober anfingen, sie zu pflücken, waren die Blätter noch so grün wie im Sommer. Das Wetter wurde zunehmend kälter, die Sonne schwächer, und oft war Freyas Wasserschale morgens mit einer dünnen Eisschicht überzogen. Eines Abends, als die Schatten zwischen den Bäumen länger wurden, zitterten wir selbst in unseren dicken warmen Sachen, und in der Scheune konnten wir unseren Atem sehen.

Als ich aus der Stadt zurückkam, stand das Thermometer auf minus fünf und als ich ins Bett ging auf minus zehn. Und die Sterne blitzten winterhell an einem windstillen Himmel. Ich schlief schlecht, denn ich sorgte mich um die Spies, die noch an den Bäumen waren, und um das Fallobst auf dem Boden. Am nächsten Morgen waren es minus zehn, der Boden war steinhart, und Freyas Wasser war bis zum Boden durchgefroren. Bevor ich in die Stadt fuhr, ging ich in die Plantage. Auf den ersten Blick schien alles beim alten zu sein, die Blätter grün und die Äpfel leuchtend dazwischen. Ich hob einen heruntergefallenen Apfel vom Boden auf. Er sah wie glasiert aus, mit einem zu leuchtenden, ungesunden Glanz: Er war steinhart, völlig gefroren. Ich warf ihn angewidert fort.

Ich griff zwischen die grünen Blätter, um eine Frucht zu pflücken, und die Blätter klapperten wie Metallstücke, sie waren an den Zweigen steifgefroren. Ich hatte derartiges noch nie erlebt. Das Obst an den unteren Ästen war ebenfalls glasiert, wenn auch nicht so schlimm wie das auf dem Boden, und die Äpfel ab drei Meter Höhe bis zur Baumkrone schienen in Ordnung zu sein. Ich wußte nicht, was ich tun sollte. Aber es gab eine Scheune voll Spies von gestern. Die Türen waren geschlossen gewesen und sie waren in Ordnung, und so ging ich die Männer holen.

Unterwegs fuhr ich beim Goodale Orchard vorbei und traf den Geschäftsführer beim Frühstück an. Ich beschrieb ihm, was ich gesehen hatte.

«Meinen Sie, die sind verdorben?» fragte ich ihn abschließend.

«Das Streuobst mit Sicherheit», sagte er. «Hatten Sie viel?»

«Eine ganze Menge. Greenings und Spies und ein paar Boskop.»

«Also, die sind hinüber. Taugen nicht mal für Most. Wenn die Sonne erst mal an sie rankommt, werden sie völlig durchweichen.»

«Und die Spies, die noch an den Bäumen sind? Wir haben erst etwa die Hälfte geerntet.»

«Die sind wahrscheinlich in Ordnung, würde ich denken. Als ich unten in Maine war, wurde es dort manchmal auch so kalt. Die Farmer haben die gefrorenen Früchte am Baum nicht angerührt, haben gewartet, bis der Frost auf natürlichem Weg wieder rausging, und sie waren in Ordnung, wenn die Kälte nicht mehrere Tage hintereinander anhielt. Es wird jetzt wieder ein bißchen wärmer.» Er sah zum Fenster hinaus, und über den fernen Hügeln hinter der Marsch konnten wir Dunst sehen. «Ich denke, die werden in Ordnung sein.»

«Das kann ich nur hoffen», sagte ich.

«Es ist ein hartes Jahr gewesen, und das Schlimmste

kommt noch. Das letzte Mal, als es so früh schon so kalt war, war der Winter von 1918. Sind eine Menge Pfirsichbäume erfroren in dem Jahr. Aber man weiß nie. Es könnte ja wieder richtig warm werden und bis Weihnachten schön bleiben.»

Es wurde im Verlauf des Tages immerhin so warm, daß sich der Boden mit einer dünnen, rutschigen Schlammschicht überzog und die Äpfel langsam auftauten. Als die Sonne die Blätter berührte, verwelkten sie und verloren ihre Farbe. Ein Windhauch holte sie in Schauern herunter. Am Abend hingen die Äpfel wie Weihnachtsschmuck an kahlen Ästen. Das Thermometer fiel in dieser Nacht nicht unter minus ein Grad, und die Äpfel waren nicht gefährdet. Aufgrund ihres Zuckergehalts ertragen sie Temperaturen bis minus drei Grad oder etwas darunter. Wir beeilten uns, sie herunterzuholen, bevor das verrückte Wetter eine zweite Katastrophe verursachen konnte.

In den letzten paar Tagen arbeiteten Joe und ich allein. Stanley und Kassie hatten von einem möglichen Job gehört, der sie unter Umständen über den Winter bringen könnte – irgendwas beim Staat, sagten sie. Für eine Abschiedsparty war dieses Jahr weder Zeit noch die richtige Stimmung, und wir waren alle niedergeschlagen, als wir an ihrem letzten Abend in der Scheune standen. Der Nordwind brüllte unaufhörlich durch die kahlen Bäume, und die alten Balken knarrten wie ein Schiff, das sich durch schwere See kämpft.

«Dieses Jahr war's wirklich hart, Jungs», sagte ich, «und ich kann euch gar nicht genug danken, daß ihr mir so zur Seite gestanden habt. Wir sind ein gutes Team, und ich hoffe, wir sind nächstes Jahr alle wieder zusammen.»

«Ach, nächstes Jahr …», sagte Kassie und zuckte die Achseln. «Wer weiß, was dann ist?»

«Angeblich geht der Sozialhilfe allmählich das Geld aus», fügte Stanley hinzu. «Louis' Frau hat den ganzen Sommer damit gelebt, ging nicht anders, wo der Alte krank ist. Letztes

Mal wollten sie ihr nichts geben, aber dann hat sie angefangen zu weinen, und da haben sie ihr eine Lebensmittelkarte für drei Dollar gegeben und gesagt, damit müsse sie eine Woche lang auskommen. Für eine vierköpfige Familie, in der keiner arbeitet.»

«Wie ist sie zurechtgekommen?»

«Kassie hat ihr seinen Lohn von letzter Woche gegeben», sagte Stanley.

«Es ist bei uns zu Hause knapp geworden, aber wir sind irgendwie zurechtgekommen. Die sind schon weit im Rückstand mit der Miete. Aber die Bank hat das Haus noch nicht kassiert. Hat zur Zeit wahrscheinlich zu viele.»

«Dieser neue Präsident in Washington, dieser Roosevelt, der soll angeblich ein Freund der Armen sein», bemerkte Joe. «Ich hab in der Zeitung gelesen, wo er für uns Arbeit suchen will, und wenn er keine findet, dann wird er welche schaffen.»

«Das habe ich auch gelesen», sagte ich. «Vielleicht ist dieser Job, von dem Stanley und Kassie gehört haben, der Anfang von so was. Das Geld soll an die Städte verteilt und für Verbesserungen ausgegeben werden, die sie sich sonst nicht leisten könnten – Straßen, Gehwege und solche Sachen.»

«Genau, CWA, Civil Works Administration. Die verlieren keine Zeit. Die haben das Geld erst im Mai gekriegt. Die sind am Ball. Könnte was wirklich Gutes sein.»

«Sagt mir Bescheid, wenn ihr was erfahrt», sagte Joe. «Bei uns sieht's auch schlecht aus.»

Am nächsten Tag arbeiteten Joe und ich auf der anderen Straßenseite, wo vier kleine Baldwins standen, die aus irgendeinem Grund einen anderen Rhythmus als die anderen hatten und schwer mit Früchten beladen waren. Baldwins wären wunderbar, wenn sie nicht diese Mal-so-mal-so-Angewohnheit hätten, aber sie ließen sich von ihrer eigensinnigen Art nicht abbringen, da konnte man soviel düngen, mulchen oder stutzen, wie man wollte. Ich hatte die Baldwins im Vorjahr mit einer kostspieligen Dosis Natriumnitrat gedüngt, in der Hoffnung, damit die Bildung von Blütenknospen anzuregen, aber sie hatten es bloß verschlungen und in kräftige dunkle Blätter und festes neues Holz umgewandelt.

Es war ein trüber Tag, graues, rauhes Wetter, schwere Wolken trieben von Norden her, und es wehte ein beißender Wind. Wir gingen mittags zum Haus zurück, eine traurige Prozession, Joe und ich gekrümmt und fröstelnd, und Freya schlich hinter uns her, den Schwanz zwischen den Beinen. Wir hatten den ganzen Herbst über in der Küche gegessen, in der Scheune war es viel zu kalt.

«Ich weiß wirklich nicht, was du machen wirst, wenn der Winter kommt, armes Hundchen», sagte Joe zu Freya. «Oder was wir alle machen werden.»

Ich schob den Kessel auf die Herdflamme. «Mal wieder *Soupe aux pois*», sagte ich. «Ein ganzer Kessel voll kostet nur einen Dime, Sie können sich also ruhig davon nehmen. Können Sie mal zwei Schalen aus dem Schrank holen?»

«Ich hab mein eigenes Mittagessen mitgebracht», protestierte er.

«Das weiß ich, aber Sie brauchen mehr als ein Sandwich und eine Tasse Tee, um heute nachmittag da draußen warm zu bleiben. Wahrscheinlich ist das der Grund, warum wir dauernd frieren. Wir essen nicht genug.»

«Kann sein», stimmte er zu. «Mir fällt auf, daß mir direkt nach dem Essen immer warm ist, aber nach einer Weile geht's wieder weg.»

«Ich dachte, bei Ihnen zu Hause ginge es jetzt besser», sagte ich. «Nach dem, was Sie gestern erzählt haben, hört sich das nicht so an. Was ist schiefgegangen?»

«Ach, so ungefähr alles», sagte er und versuchte zu grinsen. «Der Job beim Staat war im Juli zu Ende, und Maurice, mein Cousin, der bei uns wohnt, hat seitdem nichts mehr zu tun gehabt. Meine Mutter hat einen ganzen Monat lang für das Hotel umsonst gearbeitet. Als sie ihr Geld haben wollte, haben sie ihr gesagt, sie hätten keins, und es würde sowieso keine Arbeit mehr geben.»

«Und was ist mit den Wildcats?»

«Da ist es auch nicht so gut gelaufen. Am Strand war das Geschäft mies. In der Dance Hall haben wir zwar was gekriegt, aber als der Boss uns weniger geben wollte als abgemacht, ist Kip sauer geworden. Er hatte sowieso schon ein paar intus, hat dem Typ eins auf die Nase gegeben, und dann haben sie sich auf der Tanzfläche rumgewälzt. Wir konnten ihn noch rechtzeitig wegholen, bevor sie die Cops gerufen haben, aber damit war die Gage für den Abend weg, und die Arbeit auch. Das letzte Mal haben wir am Samstag vorm Tag der Arbeit gespielt, in Newburyport. Ich schätze, Kip hatte alles schon geplant gehabt, da wir ihn nach dem Auftritt nicht mehr gesehen haben. Er ist einfach mit der Kohle abgehauen. Hatte draußen wahrscheinlich ein paar Freunde, die auf ihn gewartet haben. Er ist höchstwahrscheinlich nach New York gegangen: Er hat immer davon geredet und über die ‹Provinz› gemeckert. Also – keine Wildcats mehr. Fortier und Bernier hatten die Nase voll. Bernie hat sein Horn verhökert, und dann sind sie nach Quebec zurück, in die Wälder. Ich weiß sowieso nicht, ob wir in diesem Winter überhaupt was gekriegt hätten, es sieht überall so schlecht aus.»

«Das hört sich ja an, als hätten Sie einen ziemlich scheußlichen Sommer gehabt. Warum haben Sie mir nichts gesagt?»

«Was hätten Sie denn noch für mich tun können? Sie haben schon so viel für uns getan. Und außerdem war der Sommer gar nicht so schlecht. Maurice und die Kinder haben uns von irgendwoher Fisch, Muscheln und Gemüse besorgt. Wahrscheinlich geklaut. Ich weiß es nicht, und ich hab auch nicht nachgefragt. In Zeiten wie diesen ist es verdammt schwer, ehrlich zu bleiben.»

«Sie tun es.»

«Ja, bis jetzt. Aber ich weiß nicht, ob ich das immer könnte, wenn ich sehen würde, daß meine Mutter und die Kinder hungern. Letzten Herbst, als meine Mutter zur Sozialhilfe mußte, hab ich gedacht, ich mach irgendwo einen Überfall, auf eine Tankstelle oder so. Wissen Sie, warum ich's nicht gemacht hab? Zuviel Schiß, deswegen.»

«Deswegen?»

«Na ja, hauptsächlich», sagte er und lachte.

«Noch etwas Suppe?»

«Nein, danke. Hat aber sehr gutgetan. Ich habe eine Menge von mir erzählt. Und Sie? Wie kommen Sie so über die Runden?»

«Gut, glaube ich – hoffe ich – wenn nichts passiert. Wir haben tausend Kisten weniger als letztes Jahr, hauptsächlich wegen der Baldwins, aber die letzte Ware ist gut: keine Kleinen, keine Unreifen. Wenn wir generell auf durchschnittlich zwei Dollar kommen, dann bleibt mir was, womit ich nächstes Jahr anfangen kann. Ich werde nicht groß vorankommen, aber ich werde auch nicht zurückfallen. Einfach meinen Stand halten. Ich wünschte, ich könnte mir eine Rücklage schaffen, damit mich eine Pechsträhne nicht einfach so umhauen kann. Stellen Sie sich vor, was passiert wäre, wenn wir diese Macs nicht noch vor dem Sturm reingeholt hätten.»

«Sieht so aus, als würden Sie auch nicht reicher als ich», bemerkte Joe. «Wenn Sie pro Stunde bezahlt werden würden, würde das nicht viel ergeben, oder? Na ja, wir sitzen im selben Boot, entweder rudern oder untergehen.»

«Dann fangen wir mal lieber an zu rudern», sagte ich mit einem Blick auf meine Uhr.

•

Am nächsten Vormittag, als wir gerade mit der Arbeit fertig wurden, fragte ich Joe: «Verstehen Sie was vom Brunnengraben?»

«Ein wenig», erwiderte er. «Bei Sullivan Brothers, wo ich früher gearbeitet habe, wurde das manchmal gemacht, und ich hab bei ein oder zwei mitgearbeitet. Meistens bohren sie danach. Treiben ein Rohr in die Erde, mit einer Spitze dran. Ist billiger so.»

«Aber früher wurden sie gegraben», beharrte ich. «Die alten, die ich gesehen habe, etwa einen guten Meter breit und innen vermauert, die müssen doch gegraben worden sein.»

«Klar, bestimmt sogar. Wieso?»

«Na ja», sagte ich langsam, «ich habe gestern nacht nachgedacht. Wenn wir einen Brunnen graben und etwas anständiges Wasser finden könnten, auch wenn es nur für einen Sommervorrat fürs Haus reicht, wären damit eine Menge Schwierigkeiten gelöst. Meine Einnahmen aus der Miete für dieses Jahr liegen siebenhundert Dollar unter dem, was ich erwartet habe. Ich bin sicher, daß das Hauptproblem das Wasser ist. Wenn sich herumspricht, daß die Wasserversorgung nichts taugt, werd ich das Haus irgendwann überhaupt nicht mehr vermieten können, aber Steuer und Versicherung kann ich trotzdem weiterzahlen.»

«Wo würden Sie es probieren?»

«Das gute Wasser scheint auf den Südhängen der Hügel zu sein, und auf der Marsch irgendwo in der Nähe der Insel soll es eine Quelle geben. Ich würde es in der Falte des Südostfeldes probieren und versuchen, die Ader, die zur Quelle führt, zu treffen. Die Frage ist nur, können wir das im Winter machen?»

«Könnte man schon, wenn man sofort anfängt, bevor der Boden durchfriert. Man könnte die Oberfläche auftauen, indem man ein Feuer drauf macht, und sie weich halten, indem man nachts Mulch über das Loch stapelt. Aber am besten lassen Sie sich was bohren. Dann brauchen Sie nicht zu bezahlen, wenn sie kein Wasser finden.»

«Lieber zahle ich ein wenig mehr und schaffe uns ein bißchen Arbeit – das heißt, wenn Sie meinen, daß wir das zu zweit hinbekommen. Mit dreitausend Scheffel Äpfel im Keller müßte ich für so ein Projekt dreihundert Dollar abzweigen können. Falls wir Wasser finden, würde es natürlich erheblich mehr kosten, für Leitung, Pumpe und Pumphaus. Den Stein bräuchten wir nicht zu bezahlen. Da gibt's genügend in den alten Steinmauern. Also, glauben Sie, wir schaffen das?»

Joe ließ seinen Sack Äpfel fallen und kam zu mir herüber. Sein Gesicht war dunkel vor Zorn, seine Augen funkelten.

«Das machen Sie doch nur aus Mitleid», sagte er heftig. «Arbeit aus Mitleid nehm ich nicht an, jedenfalls nicht von Ihnen.»

«Seien Sie nicht albern», sagte ich, meinerseits zornig. «Ich will hier keine verdammten Bohrleute rumlaufen haben. Mein Vater hatte reichlich von denen, und die haben ihn zudem betrogen. Die haben es hier unten, wo ich es machen will, nicht mal versucht, und für den Preis dieses einen salzigen Brunnens hätte er zehn andere graben können. Wenn Sie's nicht machen wollen, sagen Sie's einfach, aber hören Sie auf mit diesem albernen Gerede von wegen Mitleid.»

«Das ist der einzige Grund, warum Sie das machen wollen, das weiß ich ganz genau», beharrte er.

«Hören Sie zu, seien Sie nicht so blöd. Ich hab Ihnen gesagt, weswegen ich es machen will. Wenn Sie nicht interessiert sind, vergessen wir die Sache. Ich hab keine Lust, mit Ihnen zu streiten, weder hierüber noch über sonst irgendwas. Aber es gibt noch einen Grund. Ich werd diesen Winter kaum was zu tun haben, und wenn ich bis zum Frühling in der Küche rumsitzen muß, dreh ich durch. Haben Sie daran schon mal gedacht? Jetzt beruhigen Sie sich erst mal und überlegen es sich, und dann sagen Sie mir Bescheid, wofür Sie sich entschieden haben.»

Ich wandte mich ab, stellte meine Leiter um und stieg hinauf, um den letzten Sack Äpfel zu holen. Vom Nachbarbaum: Schweigen. Wir beluden den Anhänger, und ich fuhr zur Scheune hoch. Joe saß auf der Klappwand und Freya trabte hinterher.

Als ich den Motor abstellte, wartete er auf mich. «Tut mir leid, daß ich so unfreundlich zu Ihnen war», sagte er, und seine Augen füllten sich mit Tränen. «Ich weiß nicht, was mit mir los ist, daß ich so sauer geworden bin. Wenn Sie einen Brunnen graben wollen, dann machen wir das natürlich.»

«Wunderbar», sagte ich. «Also, Sie kennen sich damit aus, ich nicht. Was werden wir brauchen?»

Er wischte sich die Augen am abgetragenen Ärmel seiner Jacke trocken. «Sie haben recht, ich war wirklich blöd», sagte er. «Zum Anfangen brauchen wir nur zwei Schaufeln – eine mit einem langen und eine mit einem kurzen Griff – und eine Hacke. Die haben Sie. Und ein paar Bretter, um das Loch abzudecken, und etwas Mulch. Später werden Sie eine Saugpumpe brauchen. Wahrscheinlich können Sie sich irgendwo eine ausleihen. Wann wollen Sie anfangen?»

«Wieso nicht gleich morgen?» schlug ich vor. «Wir werden noch ein paar Stunden mit diesen Baldwins zu tun haben, dann möchte ich noch die Hecke vor dem Haus abdecken, und dann können wir loslegen.»

Die Hecke war eine Kostbarkeit: eine kleine Buchsbaumhecke, die sehr weit nördlich von ihrer Heimat wuchs. Sie zog sich an der Vorderfront des Hauses entlang, in einem eleganten Bogen zur weißen Haustür mit ihren geschnitzten Pilastern. In der warmen Frühlingssonne auf dem Granitblock sitzend, der die Stufe bildete, atmete ich den würzigen Duft der glänzenden Blätter ein. Sie gehörte genausosehr zum Haus wie der alte Flieder und die riesige Linde: Schließlich waren alle drei Ausländer.

Sie war vier Fuß hoch und fast genauso breit. Die gedrungenen kleinen Stämme waren bis zum Boden bewachsen, wie die Füße der Bantamhühner, die ich als Kind gehabt hatte. Im letzten Jahr hatte ich die Hecke nicht abgedeckt, und sie war unbeschadet durch den warmen Winter gekommen. Aber dieses Jahr war es anders, und ich wollte nichts riskieren. Unter der Scheune holten wir die alten Türen heraus, die für diesen Zweck benutzt wurden, und entdeckten dabei eine Ladung Bretter, die genau das richtige waren, um das Brunnenloch abzustützen und den Brunnen abzudekken.

Wir trieben um die Hecke herum Pfähle in den Boden, legten sie schräg, bis sie sich zu einem V über der Hecke trafen.

«Sie ist hübsch», sagte Joe und fuhr mit der Hand sanft über die leuchtenden Blätter. «Hat sie Blüten?»

«Nein, nur Blätter. Sie wächst so langsam. Hätten Sie gedacht, daß sie so alt ist wie ich? Zweiunddreißig Jahre alt. Ich fühl mich irgendwie mit ihr verwandt. Sie wurde in dem Jahr und in dem Monat gepflanzt, in dem ich geboren wurde.»

«In Frankreich sagt man», bemerkte Joe, «wenn ein Baum gepflanzt wird, sobald ein Kind geboren wird, werden sie zusammen groß. Wenn einer krank wird, wird's der andere auch, und manchmal sterben sie sogar gleichzeitig.»

«Das ist ja eine ziemliche Verantwortung für beide», sagte ich.

Am nächsten Tag begannen wir mit dem Brunnen, und ich konnte sehen, daß Joe sich auskannte. Ich hatte die Stelle nicht völlig zufällig ausgewählt, denn ein befreundeter Ingenieur, der früher einmal Mieter gewesen war, hatte damals gemeint, es sei eine erfolgversprechende Stelle, und ich hatte sie mir gemerkt. Zum Glück befand sie sich auf dem Südhang, vor dem Wind geschützt, der immer noch unablässig von Norden wehte. Der Frost reichte nur ein paar Zentimeter tief, und am Rand der Marsch war günstigerweise ein Haufen trockenes Astwerk von den Pfirsichbäumen aufgeschichtet, den wir hinaufschleppten und über der Stelle anzündeten, die Joe markiert hatte.

Während er brannte, holten wir zwei große Ladungen Mulch hoch sowie eine Ladung Bretter aus einem verlassenen Hühnerstall. Noch vor dem Abendessen war der Boden so weich geworden und die Asche war soweit abgekühlt, daß Joe mit dem Graben beginnen konnte. Er begann am Außenrand eines eineinhalb Meter großen Kreises, schnitt durch den Boden, als wäre es Käse, und schleuderte die Klumpen ein gutes Stück vom Loch entfernt weg. Ich sah zu und spielte mit Freya. Nach einer Weile sagte ich: «Machen Sie jetzt mal eine Rauchpause und lassen Sie mich weitermachen.»

«Für Sie gibt's später noch genug zu tun. Bleiben Sie ruhig sitzen, solange Sie können.»

«Nein, ich will's versuchen. Mir wird allmählich kalt, und es sieht ja einfach aus.»

Er gab mir grinsend den Spaten und setzte sich auf den Mulchhaufen, um zuzusehen. Ich stach auf den harten Boden ein und mußte auf den Spaten springen und ihn hin- und herzerren, damit er überhaupt in den Boden einschnitt. Ich dachte, ich hätte einen ordentlichen Klumpen gelockert, aber nach all meiner Mühe brach nur eine winzige Sode ab. Ich schleuderte sie angewidert weg und versuchte es noch mal.

«Wie machen Sie das bloß?» keuchte ich schließlich. Joes Zigarette war bis zum Stummel heruntergebrannt, während ich nur ein unsauberes kleines Loch herausgestochen hatte. «Zeigen Sie's mir.»

«Ich schaufel einfach, weiter nichts. So», sagte er und fing wieder an, glatt und gleichmäßig durch den Boden zu schneiden. Mit jedem Stich ging der Spaten mit dem ganzen Blatt in die Erde. Jeder Klumpen wurde sauber abgetrennt und hinterließ eine glänzende kleine Lehmwand. Wie ich es auch probierte, ich würde es nie schaffen. Meine Aufgabe würde sein, die weggeschaufelte Erde vom Lochrand fernzuhalten, und damit hatte ich reichlich zu tun, wie sich herausstellte.

Zuerst war nichts Besonderes dabei. Ich werkelte mit einem Rechen herum und hatte reichlich Zeit, um stehenzubleiben und mich umzusehen. Über uns war die Pfirsichplantage, die ordentlichen Reihen dicht mit stämmigen roten Ästen; zwischen den Reihen der Spargel mit fedrigem, jetzt braunem Laub, das ich irgendwann vor Frühjahr herunterschneiden müßte. Unter uns lag die Eicheninsel, die Bäume ließen noch ihre kleinen mahagonifarbenen Fähnchen flattern. Unter den Eichhörnchen war die Sammelwut ausgebrochen, und sie schnatterten und zuckten aufgeregt mit ihren Schwänzen. Jenseits der Insel erstreckte sich die Marsch, braun und platt wie ein Fußboden, bis hin zu den Bergen in der Ferne und den Dünen des Strandes. Gelegentlich stach ein Sonnenstrahl durch die Wolken, aber es war größtenteils ein grauer Tag, kalt und traurig.

Mittags hatte Joe bereits Lehm bis zu einem Meter Tiefe herausgeschaufelt und war schon ein gutes Stück in steinigem gelbem Ortstein, aber da ging er fast genauso schnell durch, mit unermüdlichem Rhythmus.

«Wir müssen vermutlich nicht tiefer als fünfeinhalb oder

sechs Meter graben», sagte ich, als wir mittags zum Haus zurückkehrten. «Bei dem Tempo, das Sie vorlegen, dürfte das nicht mehr lange dauern.»

«Sie können nicht davon ausgehen, daß es so schnell weitergeht», warnte er mich. «Wenn wir auf eineinhalb Meter oder ein Meter achtzig sind, müssen wir abstützen, damit nichts einbricht. Dann müssen wir eine Plattform bauen, und ich werf die Erde drauf, die Sie dann herausschaufeln müssen. Und dann müssen wir sie in einem Eimer hochbefördern. Je tiefer wir kommen, desto langsamer geht's voran, und wenn wir auf Flöz stoßen ...» Er zuckte die Achseln.

«Es gibt kein Flöz, da bin ich mir sicher», sagte ich. «Vielleicht Felsbrocken und Lehm.»

«Felsbrocken kommen wir mit dem Traktor und dem Zugwerk bei. Lehm ist schlecht. Was meinen Sie, wie tief wird die Schicht sein, eineinhalb Meter oder ein Meter achtzig?»

«Ich weiß nicht, vielleicht.»

Er schüttelte den Kopf. «Das wird langsam gehen. Man muß unter den Lehm kommen, um Wasser zu finden. Es kommt nur mit Kies oder Sand.» Im Laufe des Nachmittags stieß er auf Lehm, und ich verstand, was er meinte. Das glitschige, graue Zeug war so kompakt, daß er es mit einer Hacke lockern mußte. Es klebte am Spaten, an den Rändern des Lochs und an unseren Schuhen. Um vier machten wir Schluß. Es wurde allmählich dunkel, und wir mußten das Loch abdecken. Der Wind war abgeflaut. Es würde eine kalte Nacht werden.

«Kommen Sie mal hier runter», sagte Joe. «Ich will Ihnen was zeigen.» In dem dichten Lehm, in einer Tiefe von fast zwei Metern, gab es Regenwurmtunnel, und in jedem lag unten der weiche rosarote Bewohner zusammengekringelt.

«So tief hab ich sie noch nie gesehen. Da kommt mit Sicherheit ein sehr kalter Winter auf uns zu. Fast zwei Meter Frost.»

«Ach», spottete ich. «Woher sollen die das denn wissen?»

«Sie wissen es», sagte Joe. «Fast zwei Meter Frost, warten Sie nur ab.»

Tag für Tag arbeitete er sich zentimeterweise vor, und der Lehm häufte sich um das Loch auf. Ich rutschte herum und mühte mich, ihn wegzuschaufeln. Das Gras, die Geräte und unsere Kleidung waren mit dem Zeug verschmiert. Freya verzog sich angewidert und grub sich ein Nest in dem Mulchhaufen. Ich war ganz aufgeregt, als ich sah, daß kleine Rinnsale und Tropfen aus den Lehmwänden sickerten.

«Schauen Sie, Wasser», rief ich. «Ich hab's doch gewußt, daß wir's finden.»

«Das ist nur Sickerwasser», brummte Joe. «Morgen hören wir mit dem Graben auf und stützen ab. Und Sie werden mit dem Pumpen anfangen müssen.»

Morgen war kein Augenblick zu früh. Am Nachmittag gab ein Teil der Wand mit einem lauten saugenden Geräusch nach. Joe beeilte sich zu entkommen, aber bevor er die Leiter erreichen konnte, erwischte ihn der Einsturz und begrub ihn bis zur Hüfte.

«Ganz ruhig jetzt», wies er mich an, als ich mich beeilte, ihn mit meinem Spaten frei zu schaufeln. «Wenn Sie sich zu schnell bewegen, bricht nur noch mehr ein, und dann sind wir beide begraben.» Ich war in Panik, zwei Meter tief in einem Loch, in dem sich an den Wänden rundherum neue Risse öffneten, aber ich versuchte, mich ganz sachte zu bewegen, ohne dabei die Wände zu berühren. Es schien eine Ewigkeit zu dauern, bis Joe seine Beine frei bekam, und dann rannten wir die Leiter hoch.

Er lachte zittrig. «Schiß gehabt?»

«Und wie», keuchte ich.

«Ich auch», sagte er. «Ich hab gesehen, wie zwei von Sullivans Leuten bei einem Einbruch verschüttet wurden. Sie wurden erdrückt, bevor wir sie rausholen konnten.»

«Ich wünschte, wir hätten nie damit angefangen», sagte ich. «Ich hätte nicht gedacht, daß es so gefährlich sein würde. Wahrscheinlich gibt's hier sowieso kein Wasser.»

«Vielleicht doch», sagte Joe ermutigend. «Und es wird auch sicher genug sein, wenn wir eine Bretterwand bauen, um den Lehmboden zu stützen.»

Als wir am nächsten Morgen die Mulchdecke und die Bretter entfernten, sahen wir, daß im Loch einen halben Meter hoch dickes, graues Wasser stand. Über Nacht hatte es noch weitere Einbrüche gegeben. Bevor wir schaufeln oder abstützen konnten, mußten wir die Saugpumpe aufstellen, die ich mir vom Straßenbauamt ausgeliehen hatte, und fünfzehn Minuten lang pumpen.

Die Pumpe bestand aus einer schweren Eisenschale mit einem Ausguß, einem Sieb, das durch einen Griff betätigt wurde, und einem langen, fünf Zentimeter dicken Schlauch, der sich noch verlängern ließ, sobald das Loch tiefer wurde. Durch die Hebelwirkung des Griffes war sie leicht zu bedienen, und sie entwickelte eine enorme Saugwirkung. Wasser, Lehm und sogar Steinchen rannen über den Ausguß und flossen in einem trüben Strom durchs Gras davon.

Als das Loch trockengelegt war, säuberte Joe es, und dann verbrachten wir mehrere Tage damit, die Seiten mit den stärksten Balken und Brettern abzustützen, die wir finden konnten. Er baute auf der Zweimeterebene eine Plattform, auf der ich stehen konnte. Durch den Einbruch hatte sich der Durchmesser des Lochs auf über zwei Meter vierzig verbreitert, so daß für uns beide genug Platz zum Arbeiten war.

Jeden Tag hackten und schaufelten wir. Joe warf den Lehm auf die Plattform, ich kippte ihn mit Mühe über den Rand, und wir wechselten uns ab, ihn von den Rändern wegzukratzen. Jeder Spaten voll Lehm wurde mindestens dreimal bearbeitet. Das rohe Zeug, vom Frost geädert, türmte sich zu spitzen Bergen auf, es sah aus wie der Anfang der Welt, schützte uns zwar vor dem Wind, verbannte aber auch die tiefliegende Sonne aus dem Loch. Trotz der kalten Feuchtigkeit arbeiteten wir in Hemdsärmeln und warfen uns nur, wenn wir nach oben kamen, unsere Jacken über die lehmverschmierten Sachen.

Unsere Hoffnungen machten einen Höhenflug, als wir in drei Meter Tiefe auf Kies stießen, aber es war eine trockene Ader. Ich war gerade oben, als ich Joe fluchen hörte.

«Jetzt sehen Sie sich das bloß an», sagte er angewidert.

Auf dem Boden des Lochs wirkte er klein wie ein Pygmäe. Sein Gesicht war grau, seine schwarzen Haare standen in lehmigen Spitzen und Büscheln ab, sein Overall sah so steif aus, daß man meinte, er hätte von alleine stehen können. Er hatte den Kies auf die Plattform geschaufelt, und als ich hinuntersah, hackte er wütend mit der Hacke hinein.

«So was hab ich noch nie gesehen, bei Gott. Blauer Lehm, und hart – sehen Sie mal!» Er schwang die Hacke mit aller Kraft, so daß sich die Muskeln an seinen kurzen Armen und seinem breiten Rücken knoteten.

Tuk, machte es, *tuk*, *tuk*, *tuk*, aber jeder Schlag löste nur einen Klumpen von der Größe eines Tennisballs.

«Erst eins achtzig Lehm, und jetzt das hier. Wenn's noch mehr davon gibt, stehen wir noch im Frühjahr hier.»

Joe ließ sich selten entmutigen, aber jetzt kletterte er aus dem Loch, ließ sich auf den Mulchhaufen fallen und kratzte sich verärgert mit einem Stock den Lehm von den Stiefeln.

Ich wünschte von ganzem Herzen, daß wir nie begonnen hätten. Na ja, er hatte versucht, mich zu warnen, und ich war zu dickköpfig gewesen, um auf ihn zu hören. Aber andererseits, dachte ich, hatte das kleine Bündel Geldscheine, das ich ihm jede Woche gegeben hatte, Essen für seine Familie bedeutet. Was hätte er sonst gemacht? Von Kassie und Stanley hatte ich nichts mehr gehört. Ich meinerseits war an jedem Schritt des Projekts interessiert gewesen. Nur die Wochenenden gingen für das Apfelgeschäft drauf: Transport, Korrespondenz, Buchhaltung. Die restliche Zeit wäre ich in der Küche herumgesessen oder hätte alleine Holz gesägt, immer allein. Es war noch nicht einmal der 1. Dezember. Noch so viele lange Monate bis zum Frühjahr.

Ich sah auf meine Uhr. «Es ist Viertel vor», sagte ich. «Was halten Sie davon, wenn wir ins Haus gehen, was essen und uns dabei überlegen, wie es weitergehen soll?»

«Also», sagte ich, nachdem wir gegessen hatten, «was denken Sie?»

«Ich bin nicht fürs Denken zuständig, das ist Ihre Sache. Sie wissen besser als ich, was Sie sich leisten können.» Er grinste, um seinen Worten die Schärfe zu nehmen, und wartete in aller Ruhe, rauchte und rührte in seinem Kaffee, während ich nachdachte.

«Ich kann's mir nicht leisten, jetzt aufzuhören», sagte ich schließlich. «Wir haben schon so viel Zeit und Geld darauf verwendet, daß uns jetzt nichts anderes übrigbleibt, als weiterzumachen und auf das Beste zu hoffen. Wenn wir auf Wasser stoßen, wird sich alles gelohnt haben. Sonst hätten wir genausogut einen Hundertdollarschein aufs Feld bringen und ihn dort vergraben können.»

«Das glaube ich auch», stimmte er zu. «Also, wir sollten folgendes machen: Heute nachmittag nehmen wir die Plattform weg und bauen so ein Ding.» Er skizzierte mit dem Daumennagel ein Stativ auf die Tischdecke. «Dann hacken wir beide, Sie, solange Sie können, bis wir soviel wie möglich gelockert haben. Dann schaufel ich es in den Eimer, und Sie ziehen es mit dem Flaschenzug hoch und leeren es aus. So geht es schneller.»

Und genauso haben wir es gemacht. Wir arbeiteten uns täglich tiefer. Das Wetter spielte mit. Es blieb kalt, aber klar – kein Regen, kein Schnee. Mitte Dezember stand die Marke an der Stange auf fünf Meter zehn.

«Wenn auf sechs Meter immer noch nichts ist, sollten wir es lassen», sagte ich, als wir das Loch abdeckten.

Am nächsten Morgen schraubte Joe ein Extrastück an den Saugschlauch der Pumpe und justierte sie fester.

«Heut ist der Tag», sagte er aufgeregt. «Bleiben Sie da oben bei der Pumpe. Warten Sie nur ab.»

Er fing an zu hacken – *tuk*, *tuk*. Die Spitze drang bei jedem Schlag durch fünf oder sechs Zentimeter und lockerte den üblichen kleinen Lehmball.

Plötzlich stieß er einen Jubelschrei aus. «Bei Gott, da ist es.» Das Blatt der Hacke war bis zum Griff in der Erde, und als er es herauszog, kam das Wasser durch das Loch geblubbert. «Pumpen», rief er, «schnell pumpen und den Eimer so schnell ausleeren, wie Sie können!»

Das klar werdende Wasser blubberte über den Ausguß der Pumpe, vermischt mit groben schwarzen Sandkörnern. Ich tauchte meinen Finger ein und kostete es. Süß.

Dann mußten wir die Klempner holen und Fliesen kaufen. Joe sagte, er kenne sich mit Maurerarbeit nicht aus, und meinte, so wäre es letztlich am besten und billigsten. Wir wechselten uns, während wir warteten, mit dem Pumpen ab, und dann sahen wir endlich den Laster, mit vier Männern an Bord, der über den gefrorenen Boden auf uns zuhoppelte. Auf der Ladefläche waren Reihen roter Fliesen, ein Meter zwanzig breit, mit Seilen zusammengebunden und befestigt. Es war drei Uhr, als sie damit anfingen, den Boden zu legen, während Joe pumpte, um das Loch trocken zu halten, damit sie arbeiten konnten, und um neun Uhr war die letzte Fliese an ihrem Platz. Wir arbeiteten im Scheinwerferlicht des Lasters, verwendeten unser Zugwerk und den Stromabnehmer des Traktors. Als ich mit Kaffee und Sandwiches übers Feld zurückkam, sah ich die riesige Gestalt des Klempnermeisters und hörte seine dröhnende Stimme. Es war eine windstille, kalte, sternenklare Nacht.

Am nächsten Morgen war Joe wieder da, um aufzuräumen. Die Stützbalken lagen wie Strohhalme kreuz und quer herum, dazwischen lehmverschmierte Hacken, Spaten und Stemmeisen. Wir hatten Gläser mitgebracht, und bevor wir mit dem Aufräumen begannen, zogen wir einen Eimer trüben Wassers herauf und prosteten uns feierlich zu, wünschten uns Glück und Gesundheit. Es war eine Leistung, wirklich. Selbst der Klempnermeister bestätigte uns das.

Wir legten Bretter über den Brunnen, deckten sie mit einer dicken Mulchschicht ab, sicherten diese mit weiteren Brettern, luden das übrige Holz und Werkzeug auf den Anhänger und machten uns auf den Weg zurück zur Scheune. Als wir über den Hügelkamm kamen, schnitt uns der Wind wie ein Messer ins Gesicht. Unsere Augen tränten und unsere Nasen liefen. In der Küche wurden die Bohnen auf unseren Tellern kalt, bevor wir sie essen konnten, und das Thermometer am Nordfenster stand auf zehn Grad minus.

«Sie werden es im Winter hier scheußlich kalt haben», bemerkte Joe. «Denken Sie an die Regenwürmer. Ich mag gar nicht daran denken, daß Sie hier ganz alleine sind.»

«Ach, ich werd schon zurechtkommen», sagte ich unbeschwert. «Ich bin letztes Jahr gut zurechtgekommen. Ich werde das Haus mit Mulch abdämmen. Das macht viel aus.»

«Vielleicht», sagte er zweifelnd.

«Und Sie?» fragte ich.

«Na ja, jetzt kann ich's Ihnen ja sagen. Ich wollte es vorher nicht, da ich Angst hatte, Sie würden mich mit dem Brunnen nicht weitermachen lassen. Der Job beim Staat hat schon angefangen. Maurice arbeitet bereits, schneidet Gestrüpp oben an der River Road. Die haben einen großen Trupp dort. Wollen ein neues Stück Straße bauen, um diese üble Kurve bei der Brücke wegzunehmen. Die brauchen jemanden, der den Laster fährt, und das bin ich. Ich fang morgen an.»

«Gut, toll», sagte ich. «Aber Sie hätten bei so einer Sache

kein Risiko eingehen sollen. Wir hätten mit dem Brunnen auch warten können.»

«Ich hatte mir gedacht, daß Sie das sagen würden, deswegen hab ich's Ihnen nicht erzählt. Jetzt ist ja alles in Ordnung. Drei Tage in der Woche, fünf Dollar pro Tag. Und zwischendurch Schneeschaufeln für die Stadt. Wenn das so bleibt, kann ich vielleicht meine Freundin heiraten und eine eigene Wohnung haben. Sie hat das Warten langsam satt. Hat mich letzten Sommer verlassen, aber wir sind wieder zusammen. Es kommen jetzt bessere Zeiten, ich spüre es.»

Ich sah das nicht so. Bis zum Frühjahr schien es noch lange hin zu sein.

Auf dem Marktplatz schüttelten wir uns die Hände. «Auf Wiedersehen, meine Freundin», sagte Joe. «Wir sehen uns. Passen Sie gut auf sich auf.» Und dann ging er fort.

Am Morgen stand das Thermometer auf minus achtzehn Grad. Auf den Fensterbrettern und auf dem Flor meiner Decke lag dicker Frost. Es schien wenig zu geben, für das es sich aufzustehen lohnte. Ich wünschte mir, ich könnte bis zum Frühjahr zusammengerollt in meinem Nest liegenbleiben, wie ein Waldmurmeltier oder ein Bär. Schließlich stellte ich die Füße auf den eisigen Boden und rannte den Korridor entlang zum Badezimmer. Dort war es wenigstens warm. Ein tragbarer Ölofen hatte die ganze Nacht lang vor sich hin gestunken. Gott sei Dank floß das Wasser, als ich den Hahn aufdrehte, und ich hörte, wie unten in der Waschküche die Regenwasserpumpe anging.

•

In unseren Breiten sind die Herbsttage gewöhnlich kühl und feucht, mit Süd- und Ostwinden, die vom Meer hereinkommen und Nebel oder Niederschläge, aber keine richtige Kälte vor Weihnachten mitbringen. Dieses Jahr befanden wir uns inmitten eines Windtunnels, der bis zur Arktis reichte, und Tag für Tag brüllten die Stürme aus einem wolkenlosen Himmel, und der Frost biß sich immer tiefer in den schneelosen Boden.

Erst nach einigen Tagen gelang es mir, die Kurbel am Traktor zu bewegen, den ich unklugerweise in dem offenen Schuppen neben dem Apfelkeller stehengelassen hatte. Dort kam keine Sonne hin, um das Fett und das Öl weich zu halten. Ich wollte etwas Mulch sammeln (in der Küche war es eiskalt), aber erst nachdem ich das Öl in Eimer abgelassen und es den ganzen Morgen lang auf dem Küchenofen erhitzt hatte, konnte ich den Motor endlich starten. Der Mulch war selbst an den Südhängen gefroren, und ich mußte große steife Placken von dem Zeug wegstemmen und es wie Brennholz auf dem Anhänger stapeln. Obwohl ich ihn entlang der Nordwand der Küche feststampfte, hatte er den Großteil seiner kältedämmenden Wirkung eingebüßt. Es wären einige Tage Tauwetter nötig gewesen, um ihn aufzuweichen, damit man ihn stopfen konnte, aber es gab keine.

Als es auf Weihnachten zuging, fragte ich mich allmählich,

was ich wegen der Familie unternehmen sollte. Welche Stelle im Haus würde ich so warm bekommen, daß wir dort sitzen konnten? Das Eßzimmer hatte Flügelfenster und war nicht unterkellert. Selbst mit einem prasselnden Feuer im Kamin könnte man es bei solchem Wetter dort unmöglich aushalten. Mein Bruder muß gespürt haben, wie die Dinge standen, denn eine Woche vor Weihnachten rief er an und sagte, wir seien für den Tag bei irgendwelchen Cousins eingeladen und was ich davon halte? Mit großer Erleichterung erwiderte ich, ich sei dafür. Ich würde sie dort am ersten Weihnachtstag treffen.

Aber wieder mischte sich das Wetter ein. Zwei Tage vor Weihnachten war es am Morgen so dunkel, daß ich dachte, mein Wecker hätte zu früh geläutet. (Ich stellte mir immer noch den Wecker, obwohl es eigentlich keinen Grund gab aufzustehen. Ich fürchtete, Depressionen zu bekommen, wenn ich im Bett liegenblieb.) Ich zündete ein Streichholz an und sah auf die Uhr. Sieben, und immer noch dunkel wie im Grab.

Es war wärmer geworden, und in den Ästen war kein Wind zu hören. In der Küche lag Freya immer noch zusammengerollt auf dem Sofa. Sie öffnete ein schläfriges Auge, während ich in dem Raum Licht machte, und grub sich dann mit einem Seufzer tiefer ins Kissen hinein. Es war seit langem das erste Mal, daß ihr warm war, und sie war fest entschlossen, das Beste draus zu machen. Ich zog den Kessel mit Haferflocken auf dem Ofen vor, holte eine Pfanne mit gebackenen Äpfeln und eine Kanne Milch heraus und löffelte vorsichtig den kostbaren Kaffee in die Kanne. Ich schlug mein Buch auf, lehnte es gegen das Tintenfaß und setzte mich zum Essen nieder.

Es gab ein wenig graues Licht, durch das sich die Fensterscheiben abzeichneten, aber es war immer noch sehr dunkel. Plötzlich schüttelte eine Windböe das Haus, seufzte durch die Äste der Linde und erstarb. Ich trug mein Geschirr zum

Spülbecken und ging in den Hof hinaus. Es herrschte eine Totenstille, es war so still, daß ich das Schrappen und Rumpeln der Eisschollen in der Flut hören konnte und in der Ferne den traurigen Pfiff einer Lokomotive: zweimal lang, zweimal kurz, vor einem Bahnübergang. Ich spürte eine leichte kalte Berührung auf meiner Wange, auf meiner Stirn ... Schnee.

Ich setzte den Laster aus dem Schuppen heraus und fuhr ihn bis zur Küchentür, wo ich ihn stehenließ, während ich hineinging, um eine Inventur der Speisekammer zu machen. Genügend Salz, Zucker, Kaffee und Milch, aber wenn ich tagelang eingeschneit sein sollte, würde ich Tee, Haferflocken, Kartoffeln, Erbsen für Suppe und Pflaumen brauchen. Ich hatte Äpfel so über, daß ich ihren Anblick kaum noch ertragen konnte. Pflaumen wären eine Abwechslung, und billig. Ich hatte noch Mohrrüben und Kohl im Keller. Ich wünschte, ich hätte die Pastinaken noch vor dem Fest ausgegraben, aber ich hatte es vergessen. Sie würden überwintern und im Frühjahr gut schmecken. Mir lief das Wasser im Mund zusammen, als ich an sie dachte, und an Löwenzahn und Spargel. Ich fand, daß ich zuviel ans Essen dachte, träumte aber trotzdem weiter von Muschelgemüsesuppe (was jetzt ein Ding der Unmöglichkeit war, da die flachen Wasserstellen zugefroren waren), von Steak, Melonen und Jungtauben. Ich sah vor meinem inneren Auge meinen Vater, wie er das Tablett hochtrug, wenn ich krank war, die Füße ausklappte und es auf mein Bett stellte. Da, auf einem Stück Buttertoast, lag der köstliche, kleine braune Vogel, ganz für mich allein.

«Hör auf, Schluß damit», sagte ich laut. Freya sah schuldbewußt auf, um zu sehen, was sie angestellt hatte.

Aber wenn ich Schnee schaufeln mußte, würde ich Fleisch brauchen. Ein Stück Schweinelende wäre billig und gut. Und Freyas Futterbeutel war fast leer. Ich blickte in meine Brieftasche. Es waren noch ein paar Dollar drin, genug. Ich war wirklich abgebrannt. Ich hatte der Bank weitere tausend Dollar gezahlt – das war vielleicht unklug, aber es verschaffte mir ein besseres Gefühl – sowie die fälligen Steuern und Versicherungen, und Joe für den Brunnen. Aber ich erwartete mehrere Schecks am 1. Januar, einschließlich eines schönen großen von Mr. Moss.

Im Keller waren immer noch zweitausend Kisten Äpfel. Zum Erntedankfest hin war das Geschäft gut gelaufen, an Weihnachten auch, und obwohl sich die Preise gegenüber dem Vorjahr nicht verbessert hatten, war Mr. Greenberg guter Hoffnung, daß sie nach Neujahr anziehen würden. Es war kein Problem gewesen, den Keller kalt zu halten. Er war seit über einem Monat auf minus zwei Grad geblieben.

Der schwere Schneefall hatte noch nicht eingesetzt, als ich von der Stadt zurückkam. Die Luft war voller feiner Flocken, die wie ein Dunstschleier aussahen. Ferne Umrisse waren verschwommen, und dünne weiße Schlangen von Treibschnee flogen, von einem aufkommenden Wind gepeitscht, über die Straße. Selbst in der Scheune konnte ich das Donnern des Meeres hören, wie ein Zug, der auf einem fernen Gleis entlangrast. Eine Atmosphäre von Eile und Aufregung lag in der Luft. Ich verstaute schnell die Lebensmittel, holte mit dem Schubkarren mehrere Ladungen Holz aus der Scheune, stapelte es in der Holzkammer und verstärkte die Nordosttür der Scheune mit einem Balken. Als ich zum Haus zurückkam, fiel mir auf, daß die Spur des Schubkarrens fast völlig verdeckt war. Ich machte ein großes Feuer im Eßzimmerkamin. Dort würde ich sitzen und den Sturm durch die breiten Flügeltüren beobachten. Sollte er ruhig brüllen, ich war bereit, sogar bis hin zu der Schaufel und den Schneeschuhen auf der hinteren Veranda.

Und er brüllte und heulte und stöhnte. Der Schnee trieb wie Sand gegen die Fensterscheiben der Osttür und sickerte in den Garten auf der Leeseite, häufte sich Zentimeter um

Zentimeter, Stunde um Stunde, gegen die Scheibe. Eine nach der anderen verschwanden die vertrauten Landmarken: zuerst die kahlen Eichen auf der Insel, dann die Tannen des Windschutzes. Schließlich war selbst die Scheune nur noch ein Schatten im Wirbel der Flocken. Das Feuer verschlang das Holz, der Wind dröhnte im Kamin, das Haus knarrte und bebte unter der Wucht des Sturms. Ich fand es herrlich. Den ganzen Tag lang ging ich von einem Fenster zum andern und bewunderte die immer größer werdenden Verwehungen. Mitte des Nachmittags war die Straße zwischen den Steinmauern bis oben hin zugeschneit. Als es dunkel wurde, gab es keine Spur Licht mehr.

Im Verlauf des nächsten Vormittags waren die Wolken fortgeblasen. Jetzt übernahm der Nordwestwind die Regie und scheuchte den Schnee zu neuen Verwehungen zusammen. Die strahlende Luft flimmerte vor fliegenden Flocken. Neue Stellen wurden kahlgeweht, und eine Riesenverwehung bedeckte die Auffahrt und erstreckte sich über die Straße. Die Frau von der Telefonvermittlung sagte, daß die Straße über vier Meilen völlig zugeschneit sei, zu tief zum Pflügen. Ein Trupp schaufelte, kam aber nur langsam voran. Der lose Schnee rutschte fast so schnell nach, wie sie schaufeln konnten. Weihnachten würde ich hier und nirgendwo sonst feiern, das war mir klar, und größtenteils mit Schneeschaufeln verbringen. Es würde zwei oder drei Tage brauchen, um die Straße zu öffnen, und wenn der Wind anhielt, noch länger.

Es war mir egal. Ich war nicht einmal enttäuscht wegen Weihnachten. Ich hatte immer gerne Schnee geschaufelt, und ich begann systematisch am Straßenende der Auffahrt, wo es am windgeschütztesten war, zerteilte die vom Wind verdichteten Schneeblöcke und warf sie hinter mich. Wenn mir zu kalt wurde, ging ich ins Haus und aß etwas Suppe oder trank Kaffee. Bis Mittag war meine Ausgrabung ordentlich und schultertief, aber sie führte nirgendwohin. Sie endete an einem Kliff, das die Straße war.

Am Nachmittag legte ich die Schneeschuhe an und ging ein paar Meilen Richtung Stadt, mit der wankenden Freya im Schlepptau. Unsere Spuren waren die einzigen in dem ganzen Schneemeer, und selbst oben von der Hügelspitze aus war nichts von den Schneeschauflern zu sehen. Die Verwehungen waren gewaltig. Nur die Telefonmasten markierten noch den Verlauf der Straße. Der Wind ließ nach, und es kam eine bittere Kälte auf. Als ich meinen schwimmhäutigen Spuren nach Hause zurück folgte, überkam mich ein Gefühl der Trostlosigkeit, als wäre ich der einzige noch lebende Mensch auf der Welt.

Während ich an jenem Heiligabend mein Abendessen einnahm, sprang Freya auf, kläffte und knurrte. Dann fing sie an, mit dem Schwanz zu wedeln, und im nächsten Augenblick hörte ich jemanden auf der Veranda aufstampfen. Die Tür ging auf, und herein kam Joe.

«Joyeux Noël», sagte er. «Ich hab Licht bei Ihnen gesehen.»

«Mann, freue ich mich, Sie zu sehen. Essen Sie was mit? Wie sind Sie denn hergekommen? Sie sehen ja aus wie ein *vrai coureur des bois*, muß ich schon sagen. Kommen Sie, essen Sie ein Kotelett mit, keine Diskussion. Das ist ja wie früher, und richtig nett. Jetzt setzen Sie sich hin und erzählen mir absolut alles, was sich inzwischen ereignet hat.»

Er nahm seine buntgestreifte Zipfelmütze ab, zog seinen großen Schal und seinen dicken Plaidmantel, auf dem der Schnee zu schmelzen begann, aus, und hängte sie hinter den Ofen.

Ich schnitt ein weiteres Kotelett ab und tat es in die Pfanne.

«Ich bin im Schaufeltrupp», sagte er. «Ich hab ihnen gesagt, ich will an dieser Straße arbeiten, und das ging in Ordnung. Ich war der einzige – das ist da oben der windigste

Platz in der ganzen Stadt. Ich dachte, wir würden bis zur Dunkelheit vielleicht hier angekommen sein, aber sie sind immer noch eine Meile entfernt. Und als keiner aufgepaßt hat, hab ich einfach meine Schaufel in den Schnee gesteckt und bin quer über die Felder. Ich hatte vorsichtshalber meine Schneeschuhe mitgenommen. Ich hab Ihre und Freyas Spuren gesehen, wußte also, daß Sie da sind.»

«Wo sollte ich sonst sein?»

«Ich dachte, Sie wären über Weihnachten irgendwo hingefahren. Ich wäre sowieso gekommen, um nach Freya und nach dem Rechten zu sehen. Ach ja, und dann hab ich ein Geschenk von meiner Mutter für Sie.» Er angelte ein feuchtes Päckchen aus der Tasche seines Plaidmantels. Sie hatte mir ein Paar rote Fäustlinge gestrickt, mit leuchtendgrünen Weihnachtsbäumen auf den Handrücken.

«Sie wollte Sie auch zum Weihnachtsessen bei uns einladen», sagte er, «aber ich glaube nicht, daß die bis dahin die Straße frei kriegen. Die Jungs wollen am Weihnachtstag nicht arbeiten, und am Teich entlang sind die Verwehungen drei Meter tief.»

«Ich könnte auf Schneeschuhen kommen», sagte ich.

«Wir könnten uns nach dem Gottesdienst treffen», sagte er. «Es wird Truthahn geben, soll ich Ihnen sagen.»

«Von mir aus könnten es auch gebackene Bohnen sein», sagte ich.

«Meine kleine Schwester Del hat ihn bei einer Tombola gewonnen, stellen Sie sich vor», sagte er. «Als sie ihn bekam, ist sie in Tränen ausgebrochen und damit den ganzen Weg bis nach Hause gerannt, ohne Papier oder was drum rum. Als sie sie gesehen haben, haben alle Kinder zu heulen angefangen, man hätte denken können, es wäre jemand gestorben. Ach, das hätte ich ja fast vergessen: Ich habe Ihnen noch was mitgebracht.» Wieder angelte er in der Tasche des Plaidmantels herum und holte ein Päckchen heraus.

«Das ist von mir», sagte er schüchtern. «Leider ist es nicht mehr.»

Es war ein halber Liter Whisky.

«He, vielen Dank», sagte ich begeistert. «Da trinken wir jetzt gleich was von. Wird herrlich schmecken nach all der Schaufelei.»

«Kein besonderes Geschenk, und dann trinke ich Ihnen noch alles weg», grinste er, während ich ihm einschenkte.

«Sie bekommen nicht alles», sagte ich und füllte mein Glas.

Wir leerten die Flasche, bevor er zur Arbeit zurückmußte.

Während er seine Schneeschuhe anlegte, ging ich hinaus in den Schuppen.

«Es ist wunderbar, so einen Freund wie Sie zu haben», sagte ich auf französisch. «Egal, was passiert, ich werde nie vergessen, wie gut Sie zu mir gewesen sind.»

«Das gilt andersrum genauso», sagte er auf englisch. «*Joyeux Noël.* Bis morgen, irgendwo auf der Straße.»

«Egal, was jetzt noch passiert, schon dafür hat es sich gelohnt», dachte ich benebelt, bevor ich einschlief. «Solche netten Leute, die LaPlantes, die Greenbergs, Mr. Moss, alle ...» Und peng! war es schon wieder Morgen.

•

Erster Weihnachtstag, und kein Windhauch, nicht einmal bei Tagesanbruch. Es war um Null, der Schnee leuchtete rosa in der tiefliegenden Sonne, die sich von Südosten hochschwang. Auf der ganzen weiten Marsch keine Spur von offenem Wasser, keine Spur auf der schneeblockierten Straße, außer unserer von gestern. Kein Laut. Sogar das Meer war still auf der Sandbank. Über dem offenen Wasser hingen rosige Frostwolken.

Drinnen veranstaltete ich ein großes Theater mit dem Geschirr, knallte mir das Frühstück auf den Tisch, alberte mit Freya herum, bis sie bellte und mit ihren Krallen auf dem Linoleum herumkratzte. Dieses Weihnachten war anders als alle vorherigen, und so kamen keine Erinnerungen an die Vergangenheit auf. Ich füllte den Ofen, sah nach meinen Schneeschuhen und ging zum Telefon.

Zunächst rief ich bei der Familie an, um ihnen frohe Weihnachten zu wünschen. Meine Mutter klang so besorgt, daß es meine gute Stimmung dämpfte.

«Nein, nein», sagte ich, «hier ist alles bestens. Klar, warm genug. Ich bin heute zum Essen bei Freunden in der Stadt. Nein, die Straße ist nicht offen, ich gehe mit Schneeschuhen. Äpfel? Alles in Ordnung, ein paar tausend Kisten. Ja, es geht mir gut. Also, frohe Weihnachten und schöne Grüße an die Cousins. Viel Spaß.»

Ich verspürte eine beschämende Erleichterung, als ich das hinter mir hatte. Heute wollte ich nicht an die Vergangenheit denken, nicht an die Zukunft, nicht an Äpfel, nicht an Geld, an nichts außer an den strahlenden Augenblick – die Sonne, den Schnee und die fröhlichen freundlichen Menschen. Keine Sorgen ... wenigstens heute nicht.

Ich schloß der wehmütig dreinblickenden Freya die Tür vor der Nase und glitt mit leichten schwungvollen Schritten über die Verwehungen. Ich hatte Joe gesagt, ich würde die alte Straße zur Stadt nehmen und mir so eine Meile ersparen. Ich ging also auf dem Kamm am Windschutz entlang, überquerte einen Streifen Marsch und einen Salz-Creek, der jetzt fest zugefroren war, und bestieg den leichten Hang des ersten niedrigen Hügels. Als ich am Teich vorbeikam, konnte ich das Eis rumpeln und stöhnen hören, das immer tiefer unter seiner weißen Decke zufror. In den Ästen einer Pinie sprang ein Eichhörnchen herum und schüttelte eine weiche Wolke Schnee herunter. Unter einem wilden Apfelbaum auf einer Weide sah ich ein feines Netzwerk von Mäusespuren. Eine Möwe segelte in langsamen Kreisen über die Marsch und glänzte in der Sonne. Vom Damm aus konnte ich die fernen Türme und Dächer der Stadt sehen und, sehr weit weg, einen einsamen schwarzen Fleck. Joe kam mir entgegen. Wir trafen uns, wo der Damm auf das höher gelegene Land traf, und glitten nebeneinanderher, wobei wir der halbverdeckten Spur der blockierten Straße folgten. Während wir uns unterhielten und lachten, wehte unser Atem in der klaren Luft hinter uns her.

«Ich freue mich, daß Sie kommen konnten, Bateese, meine Freundin», hatte er gesagt, als wir uns getroffen hatten. Joe und Baptiste waren Figuren in einer französischen Pat-und-Mike-Saga, und ich hatte über ihre amourösen und komischen Abenteuer gelacht. Da er Joe war, mußte ich natürlich «Bateese» sein, und das war ich nun schon seit langem.

Wir gingen am Drugstore vorbei, wo ich eine Schachtel Bonbons für die Kinder kaufte und zwei Flaschen echten französischen Sauterne abholte, den der Spirituosenhändler dort für mich hinterlegt hatte, als er in die Stadt kam, um seine Zeitung zu holen. Er hatte sie aus eigener Initiative in weihnachtliches Geschenkpapier eingewickelt.

Die LaPlantes bewohnten die Hälfte eines erdfarbenen Holzhauses in einem Stadtteil, der Frenchville hieß. Ein häßliches Haus, aber nicht heute, in dem Schnee und in der Sonne. Als wir unsere Schneeschuhe an das Geländer der vorderen Veranda lehnten, machte Mrs. LaPlante die Tür auf.

«*Joyeux Noël*, frohe Weihnachten», begrüßte sie uns.

Mrs. LaPlantes braunes Gesicht war runzlig wie ein Russetapfel im April, aber jede Linie und Runzel war freundlich: nirgendwo eine Sorgenfalte. Ihre kleinen, leuchtenden schwarzen Augen lachten zu mir hoch. Ich überragte sie – ihre ganze Familie – und nahm mehr von dem Platz in dem vollen Raum ein, als mir zustand. Sie lächelte erfreut, als sie ihre Fäustlinge sah.

«Die besten und wärmsten, die ich je hatte», sagte ich.

«Das kommt daher, daß meine Schwester mir die Wolle aus Kanada geschickt hat, aus Quebec», erklärte sie. «Die Schafe dort müssen sich gute Wolle wachsen lassen, sonst erfrieren sie, die armen Kleinen. Joe, besorg deiner Freundin einen Stuhl und stell ihr die Kinder vor. Ich muß auf Dels Truthahn aufpassen, sonst brennt er mir an.»

Es gab drei Stühle, einen Hocker, ein paar Kisten, einen kleinen Tisch, der mit einem Tuch bedeckt war, und ein durchhängendes Kinderbett, das als Sofa diente. Ich wurde zum Ehrenplatz geleitet, dem Sessel zwischen Ofen und Weihnachtsbaum, und als ich dann dort saß, kam ich mir ziemlich albern vor, während mir die Kinder nacheinander vorgeführt wurden. Es waren sechs: drei LaPlantes: Adele, neun Jahre alt, Jenny, elf, und Xavier, dreizehn; und die drei

Waisen der Belangers: Paul, zehn, und die Zwillinge, Francis und Rose, die elf waren.

Die LaPlantes waren alle schwarzäugig und schwarzhaarig, aber die Belangers waren hell. Rose war eine richtige Blondine mit goldenem Haar und blauen Augen. Die kleinen Mädchen machten alle einen Knicks, und die Jungen verbeugten sich, als sie vorgestellt wurden. Rose und Jenny gingen in die Küche, um zu helfen, und die anderen saßen in einer ernsten Reihe auf dem Kinderbett. Joe hockte auf einer Kiste, während Cousin Maurice und Xavier die Stühle nahmen. Das Holzfeuer prasselte im Ofen, und das weiße Wintersonnenlicht strömte durch gardinenlose Fenster herein und fiel auf das Bild der Heiligen Jungfrau an der Wand, auf das Kruzifix auf einem Regal in der Ecke und den Weihnachtsbaum mit seinen Fäden von Preiselbeeren und Popcorn.

«Dein Truthahn duftet köstlich, Del», bemerkte Maurice schnüffelnd. «Ich hab einen solchen Hunger, daß ich ihn ganz allein aufessen könnte.»

«Nein, könntest du nicht. Er ist schrecklich groß, auch wenn er nur einen Dime gekostet hat. Wissen Sie», sagte sie, «ich hatte nur ein Los von dem Dime, den eine Dame mir gegeben hatte, dafür, daß ich vor dem Laden auf ihr Baby aufgepaßt habe. Die meisten anderen haben drei für einen Quarter gekauft. Ein Mann hat sich ein ganzes Heft gekauft. Ich hab's selber gesehen. Und dann hat Father Bernard ausgerufen: ‹Nummer 611, Adele LaPlante hat den Truthahn gewonnen!›»

«Und sie ist einfach wie ein Trottel dagestanden», lachte Xavier. «Ich mußte ihr einen Stoß geben, sonst hätten sie ihn noch jemand anderem gegeben.»

«Sie ist heulend nach Hause gekommen», bemerkte Paul.

«Du hast doch selbst ein bißchen geheult, Großmaul», erinnerte Maurice ihn.

«Der Baum sieht sehr hübsch aus», sagte ich.

«Ich hab ihn mit Maurice aus dem Wald geholt», sagte Xavier stolz. «Und die Preiselbeeren haben wir im Herbst gefunden. Die Mädchen haben den Mais im Ofen geröstet, und dann haben wir alle zusammen die Fäden gemacht. Er sollte auch noch Lichter haben, finden Sie nicht? Aber wir haben keinen Strom.»

«Ich finde, er sieht schön aus, so wie er ist», sagte ich.

«Essen ist fertig», verkündete Jenny, und wir marschierten alle in die Küche.

Es brauchte drei Tischtücher, um den Plankentisch zu dekken. Zum Sitzen gab es Kisten, und das Geschirr paßte nicht zusammen. Für den Most und den Wein gab es Marmeladengläser, aber es war trotzdem alles sehr festlich. Der riesige braune Truthahn stand an einem Ende. Es gab Preiselbeergelee, Schalen mit Soße und Teller mit Zwiebeln, Karotten, Pasternaken und Kartoffeln. Die Kinder standen mit großen Augen in ehrfürchtigem Schweigen da, und dann setzten sich alle ganz schnell hin, und wir fingen an zu essen, zu trinken, zu lachen und zu reden. Die Kinder aßen nach dem Kuchen noch Süßigkeiten, während die Erwachsenen die zweite Flasche Wein öffneten. Die Kinder wuschen ab und gingen anschließend raus. Wir saßen da, bis der Dampf von den Fenstern verschwunden war und die tiefstehende Sonne mir sagte, daß es Zeit war, mich auf den Heimweg zu machen.

«Vielen Dank für das schönste Weihnachten, das ich je erlebt habe», sagte ich zu Mrs. LaPlante. «Egal, was passiert, den heutigen Tag werde ich nie vergessen.»

«Was immer passiert, wird etwas Gutes sein, Sie werden schon sehen», sagte sie. «Irgendwann werde ich Ihnen mal Ihre Zukunft voraussagen, nur dürfen Sie das nicht Father Bernard sagen. Ich habe so oft recht, daß er denkt, es ist Teufelswerk. Aber für Sie sehe ich gute Zeiten kommen. Noch einige Schwierigkeiten, aber danach gute Zeiten.»

«Sie trifft wirklich oft ins Schwarze», bemerkte Joe, als wir nebeneinander hergingen. «Sie hat es gewußt, als im Wald der Baum auf meinen Vater gefallen war, und als Father Bernard kam, um es ihr zu sagen, sagte sie: ‹Sie brauchen nichts zu sagen. Ich habe den großen Baum fallen sehen, und ich weiß, daß mein Mann tot ist.› Glauben Sie das?»

«Klar, wenn Sie es sagen. Aber wirklich, ein Unfall im Wald, Hunderte von Meilen entfernt? Wie konnte sie das sehen?»

«Ich weiß es nicht», sagte Joe. «Aber es ist so gewesen, wie ich es Ihnen gesagt habe. Und auch andere Sachen. Aber bei einer Sache irrt sie sich. Sie sagt, ich werde ein großes blondes Mädchen heiraten und von hier wegziehen. Meine Freundin ist dunkelhaarig, und wir werden hier leben, wenn wir heiraten. Ich kenne noch nicht mal ein blondes Mädchen.»

«Eigentlich glaube ich doch nicht so richtig dran», sagte ich. «Es muß einfach Zufall sein.»

Wir gingen eine Weile schweigend nebeneinanderher, das einzige Geräusch war das Quietschen unserer Schneeschuhe auf dem Schnee. Es war sehr kalt, aber windstill. Der letzte Rest der Dämmerung war verschwunden, aber die strahlenden Wintersterne spendeten genug Licht, um uns unsere Spuren vom Morgen zu zeigen. Wir kamen zu der Stelle, wo wir uns getroffen hatten, und ich blieb stehen, zog meine Fäustlinge aus und angelte mein Päckchen Zigaretten heraus.

«Setzen wir uns auf die Mauer und rauchen schnell eine», sagte ich. «Weiter als bis hierher gehen Sie mir nicht.»

Er protestierte, aber ich blieb hart. «Sie kriegen morgen auf der Straße noch genug Bewegung. Ich finde schon meinen Weg zurück, keine Sorge. Sie könnten mich hier mit verbundenen Augen absetzen, und ich würde nach Hause finden. Die Sterne geben reichlich Licht.»

«Haben Sie keine Angst, ganz allein hier draußen? Ich hätte Angst.»

«Angst wovor? Vor einem *loup-garou*? Einem Geist?»

«Vielleicht.»

Ich lachte. «Ich bin sicher, falls ich irgendeinem Geist begegne, ist es bestimmt ein freundlicher. Wenn ich nachts hinunterging, um die Pumpe anzustellen, habe ich immer gehofft, meinem Vater unter den Bäumen zu begegnen, aber das ist nie passiert. Also, wenn es Geister gäbe, hätte ich damals einen gesehen.»

«Hätten Sie nicht Angst gehabt?»

«Nein, ich glaube nicht. Ich glaube, es hätte mir gefallen.»

Ein Baum knackte laut im Frost, und wir fuhren beide zusammen und mußten lachen.

«Wechseln wir lieber das Thema», sagte ich, «sonst müssen Sie mich doch noch bis nach Hause begleiten, und das möchte ich nicht. Ich hoffe, Ihrer Mutter ist klar, wieviel Spaß es mir gemacht hat, mit euch Weihnachten zu feiern, und wie dankbar ich für die Einladung bin.»

«Das weiß sie», sagte Joe. «Zuerst hat sie sich Sorgen gemacht, von wegen keine Möbel und so, aber nicht nachdem sie Sie gesehen hat. Ich hab ihr gesagt, dies ist eine Millionärin, der es nichts ausmacht, auf einer Kiste zu sitzen.»

«Dieser ‹Millionärin› wird allmählich kalt», sagte ich. «Es war ein wunderbarer Tag. Vielleicht sehen wir uns morgen wieder, wenn es nicht wieder schneit.»

«Sicher. Kein *loup-garou* diesseits von Quebec.»

Ich dachte auf dem Nachhauseweg wirklich ein paarmal an Geister und Werwölfe, vergaß sie aber, als ich die Hintertür aufmachte und Freya mir entgegensprang, um mich zu begrüßen. Sie weinte, kratzte und ging auf die Hinterbeine, legte mir die Pfoten auf die Schultern und küßte mein Gesicht mit ihrer warmen Zunge. Ich stellte ihr eine große Schale Schrotmehl und Wasser hin, aß selber eine Schale Pflaumen, und dann gingen wir beide zufrieden in dem stillen Haus ins Bett.

•

In Neuengland ist Februar der tristeste Monat des Jahres – kurze dunkle Tage und eine kraftlose schwache Sonne. Ein paar entmutigende Nebeltage machten dem Schnee ein Ende, und ich hoffte doch noch auf einen frostfreien Winter. Dann schwenkte der Wind auf Norden und blies einen bitteren Sturm direkt vom Nordpol herunter. Den ganzen Tag über fiel das Thermometer ständig: von zehn auf fünf auf Null und, bei Sonnenuntergang, auf fünf unter Null, und es ging immer noch weiter nach unten. Bei Sonnenuntergang ließ der Wind nach, aber mit Einbruch der Dunkelheit wurde er wieder stärker. Er brüllte im Schornstein und zerrte an den Ulmen und der Linde. Der Boden unter ihnen war mit Zweigen und kleinen Ästen übersät.

Ich saß den ganzen Tag lang lethargisch eingemummt auf dem Sofa und bewegte mich nur, um mir etwas Suppe oder eine Scheibe Brot zu holen. Obwohl das Sofa in der Nähe des Ofens stand und ich ein dickes Flanellhemd, Wollhosen und zwei Paar Wollsocken anhatte, war mir kalt. Je kälter mir wurde, desto weniger Neigung verspürte ich, mich zu bewegen. Ich ging nicht ins Bett, döste nur, dicht neben Freya zusammengerollt, während die windigen Stunden vergingen.

Ich muß geschlafen haben, denn als ich halb erfroren aufwachte, war es auf meiner Uhr halb drei Uhr morgens. In der Küche war es so kalt, daß ich dachte, der Ofen wäre ausgegangen, obwohl es nicht der Fall war. Ich ging in die Waschküche und drehte an der Wanne den Hahn auf. Es kam kein Wasser. Ich kratzte den Frost von der Fensterscheibe und leuchtete mit der Taschenlampe auf das Thermometer: Die dünne rote Linie hatte sich so weit in die Kugel zurückgezogen, daß ich sie kaum noch sehen konnte, und als ich es tat, konnte ich es kaum glauben: achtundzwanzig Grad unter Null. Es würde noch weiter fallen, wenn der Wind aufhörte und die kalte Luft sich niederließ.

Die Suppe im Kessel hinten auf dem Ofen war kaum warm. Ich zog ihn vor und ging hinüber zur Spüle, um mir etwas Wasser zum Trinken zu holen. Keins da, und die paar Tropfen, die sich um den Ausguß gesammelt hatten, waren festgefroren. Wahrscheinlich werden alle schwachen alten Rohre platzen, dachte ich. Nun, ich würde die Pumpe abstellen, am Morgen den Zisternendeckel freilegen und mir, was ich brauchte, in einem Eimer herausschöpfen. Bei der Aussicht, etwas zu tun, ging es mir schon besser. Die Suppe war heiß, und ich schöpfte mir eine Schale voll. Beim Essen fing mein Gehirn wieder an zu funktionieren.

Achtundzwanzig Grad unter Null. In den Bergen hatte ich schon kältere Temperaturen erlebt, aber dort war es trocken. Man spürte es nicht so sehr. Boston Harbor muß völlig zugefroren sein, dachte ich, und Gloucester. Was hatten die Burnhams gemacht, wenn das Wetter so wurde wie jetzt? Sich wahrscheinlich an den Kamin gesetzt. Es gab damals reichlich Holz. Und die Leute der Bay Colony, und die Siedler von Plymouth? Wie hielten die das aus? Wie sehr sie sich nach England gesehnt haben müssen. Plötzlich kam mir ein Gedanke, der mich meinen Löffel hinlegen ließ: Die Äpfel im Keller!

Ich ließ die restliche Suppe in der Schale kalt werden und zog Parka und schwere Stiefel an. Draußen verschlug mir der Wind den Atem. Mit gesenktem Kopf und zwischendurch stehenbleibend, um mich umzudrehen, kämpfte ich mich zur

Scheune vor. Ich wagte nicht, die Nordtür des Kellers zu öffnen, und so stemmte ich die Falltür auf und machte mich bereit, mit der Taschenlampe in der Hand die Rutsche hinunterzurutschen. Der Keller fühlte sich warm an und roch so nach Äpfeln, daß einem schlecht werden konnte. Wahrscheinlich war alles in Ordnung. Mauern und Decke waren massiv isoliert, sicherlich gut genug, um die Temperatur über der entscheidenden Marke von minus zwei Grad zu halten.

Ich machte Licht und ging den Gang zwischen den Apfelkisten hinunter zur Ostwand, wo das Thermometer hing. Ich fiel fast in Ohnmacht, als ich es las, leuchtete dann mit der Taschenlampe drauf, um es noch einmal zu überprüfen. Es stand auf fast minus vier. Und das an der Stelle, die am weitesten von der Tür entfernt war.

Entlang der Westwand standen ein paar offene Kisten mit Spies. Ich nahm wahllos verschiedene Äpfel heraus. Sie sahen ungesund aus, glasiert. Sie waren gefroren. In der Lagerung würden sie sich nicht so erholen wie an den Bäumen. Ich machte mir nichts vor, sie waren hinüber. Aber die gepackten Kisten könnte man vielleicht noch retten, wenn ich die Temperatur höher bekommen konnte, bevor die Kälte das isolierende Papier durchdrang.

Es waren achtzehnhundert Kisten übrig, mehr als dreitausendfünfhundert Dollar. Ich kletterte die Rutsche hoch, eilte zum Haus, durch das kalte Eßzimmer, die Diele und die Treppe zum Speicher hoch. Voller Panik zerrte ich Decken aus den Truhen, verteilte die Mottenkugeln in alle Richtungen. Die schweren Hudson-Bay-Decken, die mein Vater aus Kanada mitgebracht hatte, die großen doppelten, die weißen mit den schwarzen Streifen und die dicken roten – ich schleppte sie über den splittrigen Boden. Ich mußte dreimal hin und her, um sie alle in die Scheune zu schaffen.

Zuletzt holte ich die von meinem Bett und den kleinen tragbaren Petroleumofen aus dem nutzlosen Badezimmer.

Ich stellte ihn mitten auf den Boden und zündete ihn an, hatte aber wenig Hoffnung, daß das winzige Ding in dem riesigen Raum irgend etwas ausrichten könnte. Die Kälte mußte irgendwo hereinkommen – wahrscheinlich überall. Die Dekken bedeckten vielleicht dreihundert Kisten der besten Macs, die großen roten, die wir am Tag des Sturms im nördlichen Garten gepflückt hatten. Ich machte noch zwei Gänge ins Haus und zog die Läufer aus dem Wohnzimmer und der Bibliothek heraus.

Dann, erschöpft aber warm, setzte ich mich auf eine Kiste und sah auf meine Uhr. Es war Viertel nach vier. Um halb sechs raffte ich mich auf und konsultierte das Thermometer. Es war nicht weiter gesunken, vielleicht war es sogar eine Spur nach oben gegangen, ich konnte es nicht genau sagen. Ich setzte mich auf den Boden und schlief ein, an die Rutsche gelehnt und den Kopf auf den Knien. Als ich aufwachte, war es Viertel nach sieben. Das Thermometer stand auf knapp unter minus drei. Der stinkende kleine Ofen hatte doch etwas gebracht. Vielleicht war noch etwas zu retten, wenn das Wetter milder wurde. Aber als ich hinaus ins Tageslicht trat, schien die Kälte mir die Lungen zuzufrieren, als ich Luft holte. Der Wind war abgeflaut, und das Thermometer im Küchenfenster stand auf minus einunddreißig.

Obwohl die Sonne den ganzen Tag lang schien, stieg die Temperatur nicht um mehr als drei, vier Grad, und gegen Abend fiel sie wieder. Ich verbrachte einen trostlosen, ruhelosen Tag, halb dösend auf dem Sofa unter einer alten Steppdecke, die ich noch für mich behalten hatte. Zweimal ging ich hinaus zum Scheunenkeller, füllte den Ofen und überprüfte die Temperatur, registrierte resigniert, daß es auf minus vier heruntergesackt war, und dann bei Nachteinbruch auf minus fünf. Ich hatte versucht, den Laster anzuwerfen, in der vagen Hoffnung, irgendwo noch einen weiteren Ofen auftreiben zu können, aber der Motor wollte nicht anspringen. Den ganzen Tag lang kam keine Menschenseele an dem Haus vorbei. Das Telefon klingelte nicht. Ich entdeckte später, daß es defekt war. Joe lag krank im Bett, aber er hatte Xavier mit einem Nickel an die Ecke geschickt, um mich anzurufen. Es meldete sich niemand.

Ich meinerseits verspürte keinen Wunsch, mit irgend jemandem zu reden. Was konnte ich sagen? Ich hatte Kopfschmerzen, und mir war schlecht. Es brauchte eine Weile, genügend Energie aufzubringen, um die Zisterne auszugraben und einen Eimer eisigen Wassers hochzuholen. Ich warf einen desinteressierten Blick auf mein verhärmtes Spiegelbild, bevor ich den Eisendeckel wieder mit einem lauten Dröhnen herunterfallen ließ.

Danach stand ich lange am Küchenfenster und kühlte mir die heiße Stirn an der Scheibe. Ich erinnere mich, wie ich damals dachte: Was, wenn dies die Rückkehr der Eiszeit ist und die Gletscher aus dem Norden heruntergerutscht kommen, zuerst die empfindlichen Pfirsichbäume unter sich begraben, dann die Äpfel, und schließlich das Haus selbst, bis nur noch die hohen Schornsteine über dem Eis zu sehen sind. Wenn man hungrig ist und ständig friert, denkt man seltsame Dinge. Vielleicht war ich, wie Admiral Byrd in seiner Hütte in der Antarktis, von den Dämpfen des Ölofens vergiftet, aber wahrscheinlicher war, daß sowohl er als ich Opfer von Einsamkeit und Verzweiflung waren. Ich schlief auf dem Küchensofa unter der groben Steppdecke, kalt, unbequem und von Alpträumen geplagt.

Schließlich wurde das Wetter milder, und meine Lebensgeister kehrten wieder, als das Thermometer auf Null kletterte. Es schien eine sinnlose Geste zu sein, den Keller zu öffnen, um ihn zu erwärmen, aber ich tat es trotzdem. Im Licht eines grauen Morgens zog ich eine Kiste Macs unter den Decken hervor und schleppte sie zur Tür. Ich stemmte die Latten mit dem Stemmeisen auf, wickelte einen Apfel aus der obersten Reihe aus und biß hinein. Das Fleisch war saftig und fest, kalt, aber nicht gefroren. Unter den Decken und Läufern waren dreihundert Kisten. Sicherheitshalber würde ich sie alle neu packen müssen. Wenn ich die retten konnte, könnte ich alles bezahlen und hätte noch einhundert Dollar übrig. Kein weiteres Geld, bis im August oder September die Pfirsiche kamen. Es würde mir schlechter gehen als am Anfang, denn ich hatte zwar keine alten Rechnungen zu bezahlen, aber auch keine Rücklage. Das letzte Geld von der Jolle war für jene trotzige Geste gegenüber der Bank ausgegeben worden.

Verzweifelt fühlte ich mich nur, wenn ich Hunger hatte, fror oder nichts zu tun hatte. Jetzt war ich nicht hungriger als sonst, ich fror nicht, und ich hatte Äpfel umzupacken. Ich ließ die Tür auf, um das wolkige Tageslicht hereinzulassen, und fing an. Und als ich in den Rhythmus kam, versuchte ich, die Zukunft zu planen. Ich würde mir Mr. Greenberg herholen, um zu sehen, ob er die gefrorenen Äpfel verkaufen konnte, bevor sie verfaulten.

Fünfzehnhundert Scheffel würden eine Menge Most ergeben. Wer sollte das alles trinken? Zu zehn Cent das Scheffel, hundertfünfzig Dollar, oder waren es fünfzehn Dollar? Nein, die zusätzliche Null hinter der Fünfzehn ergab hundertfünfzig. Es machte sowieso keinen großen Unterschied. Bei zwei Dollar wären es dreitausend gewesen. Wieso war mir das passiert? War ich mir zu sicher gewesen, war ich zu arrogant? Nun, wenn es das war, wenn ich für etwas bestraft wurde, muß es irgendwo einen zürnenden Gott geben, der mich beobachtet, wie der, den ich mir als Kind immer vorgestellt habe, der mich immer sah, wenn meine Hand gerade in der Keksdose war. Es gab viele Leute, die an so einen Gott glaubten – wahrscheinlich gehörte Joe auch zu ihnen. Ich hatte ihn nie gefragt.

Nun, ich konnte mir keinen Gott vorstellen, der nichts Besseres zu tun hatte, als eine arme kleine Figur auf einem taschentuchgroßen Stück Land zu bestrafen. Es war möglich, vernünftig zu sein, und doch keine vernünftige Erklärung für das zu haben, was passierte. Die gesamte Wetterlage des Nordostens war doch sicherlich nicht dazu verändert worden, um mich und noch ein paar Sünder zu bestrafen. Ich mußte nicht herausfinden, wieso es passiert war, sondern was ich tun sollte.

Mittags ging ich ins Haus zum Essen und rief Mr. Greenberg an. In der Küche war es warm, und mitten auf dem Linoleum war ein See. Ein Rohr war geplatzt. Na, dachte ich, ein Glück, daß ich die Pumpe abgestellt habe, sonst würde das ganze Wasser aus der Zisterne von der Decke herabströmen. Dies war nur ein Restleck aus der Leitung. Ich hatte es aufgewischt, gegessen und wartete darauf, daß Mr. Greenberg kam, als das Telefon klingelte. Ich war nicht erfreut, die Stimme meines Bruders zu hören.

«Also», sagte er. «Wo um Himmels willen bist du gewesen? Ich habe versucht, dich gestern den ganzen Tag lang zu erreichen und am Abend auch.»

«Oh, ich war die ganze Zeit hier. Das Telefon war kaputt. Es wurde erst heute morgen repariert.»

«Wie kalt war es da unten?»

«Minus einunddreißig Grad. In der Stadt und im Landesinnern war es noch kälter.»

«Um Gottes willen. Wie bist du bloß zurechtgekommen? Ist irgendwas zugefroren?»

«Vor kurzem ist ein Rohr in der Küche geplatzt. Es ist das einzige, bei dem ich es sicher weiß, aber einige sind noch gefroren, ich weiß es also nicht genau.»

«Und die Äpfel?»

Es hatte keinen Zweck zu lügen, und so sagte ich: «Die Äpfel, ja, die sind erfroren.»

«Was?»

«Ich habe gesagt: ‹Die sind erfroren.›»

Schweigen. Dann sagte er: «Alle?»

«Nein, nicht alle. Ungefähr dreihundert Kisten sind in Ordnung.»

«Wie viele hast du verloren?»

«Etwa fünfzehnhundert.»

«Fünfzehnhundert Scheffel, großer Gott! Was wirst du jetzt machen?»

«Das weiß ich nicht. Mir wird schon was einfallen.»

Darauf folgte ein so langes Schweigen, daß ich dachte, die Verbindung sei unterbrochen. Dann sagte er: «Ich glaube, wir sollten am Samstag mal runterkommen und diese Sache besprechen. So können wir einfach nicht weitermachen. Selbst wenn wir genug Geld leihen könnten, um die Farm in Betrieb zu halten, wäre es sinnlos. Wir werden irgendeine Entscheidung treffen müssen.»

«Ich kann vielleicht einen Job finden, um sie bis zu den Pfirsichen zu halten», sagte ich zuversichtlich.

«Ein Job. Es gibt keine Jobs. Das weißt du. Und was die Pfirsiche betrifft, liest du denn keine Zeitung, um Himmels willen?»

«Nein, in letzter Zeit nicht. Wieso, was ist mit den Pfirsichen?»

«Die Pfirsichernte ist bis runter nach New Jersey kaputt. Die Knospen sind alle erfroren, und auch die meisten Bäume. Schau dir deine mal lieber an.»

«Das werde ich, heute nachmittag. Vielleicht sind sie in Ordnung. So nah am Meer, weißt du.»

«Ich bezweifle es. Also, dann bis Samstag. Wir kommen mit dem frühen Zug.»

Ich schlurfte unter dem tristen grauen Himmel durch den Schnee hinunter zum Pfirsichgarten. Die strauchigen kleinen Bäume sahen robust und kräftig aus, die hellroten Äste leuchteten in der trostlosen Landschaft. Ich konnte mir nicht vorstellen, daß mit ihnen irgendwas nicht in Ordnung war. An strategischen Stellen entlang der Marsch, entlang der Mauer und aus den mittleren Reihen pflückte ich Blütenknospen und tat sie in einen Briefumschlag. Zur Sicherheit schnitt ich ein paar kleine Äste ab, um sie im Haus treiben zu lassen.

Ich breitete die Knospen auf dem Küchentisch auf Papier aus und halbierte eine sorgfältig mit einem scharfen Messer. Unter der braunen Schale war frisches leuchtendes Grün, und ich jubelte. Aber Moment – dort, genau in der Mitte, war ein brauner Fleck, kaum größer als ein Fliegendreck: das Blütenembryo, und es war tot. Die Kälte hatte die Schale und die Blattschichten durchdrungen und hatte das empfindliche Herz getötet. Ich öffnete eine nach der anderen. Alle gleich, alle tot. Wütend knüllte ich das Papier zusammen und stopfte es mitsamt den Knospen in den Papierkorb.

Bei der Beerdigung meines Vaters hatte ich trockene Augen gehabt, und auch während aller Ereignisse davor und danach, aber jetzt warf ich mich aufs Sofa, legte die Arme um Freya und weinte hemmungslos. Sie saß bewegungslos da, ihr Gesicht sorgenvoll gerunzelt, während ich schluchzte und heulte, nicht wegen des Verlusts von allem, wofür ich gearbeitet hatte, nicht wegen der in ihren Kisten erfrorenen Äpfel, sondern bei dem Gedanken an einen April ohne Pfirsichblüte! Schließlich hörte ich auf und beobachtete, wie die letzte Träne durch die braunen Haare von Freyas Fell rann und dann hinunter auf das Sofakissen tropfte. Sie drehte den Kopf und leckte meine Wange mit ihrer warmen Zunge.

«So eine Geschichte, was, Freya?» sagte ich heiser. «Na ja, keine Sorge. Mir geht's schon wieder besser, jedenfalls gleich, wenn ich eine Tasse Kaffee getrunken habe.»

Sie klopfte mit dem Schwanz gegen das Kissen, seufzte und rollte sich in der Ecke zusammen, ein wachsames Auge auf mich gerichtet, während ich den Kessel aufs Feuer stellte und die Kaffeekanne und die Tassen herausholte. Gerade als der Kessel kochte, fuhr Mr. Greenberg vor.

«Das haben Sie gut getimt», sagte ich zu ihm. «Ich wollte gerade Kaffee trinken, und Ihre Tasse wartet schon auf Sie.»

Als wir in der Küche waren, legte er mir sanft die Hand auf die Schulter.

«Was ist los? Was ist passiert?» fragte er.

Die freundliche Sorge in seinem unscheinbaren Gesicht bescherte mir wieder einen Kloß im Hals, aber ich schluckte ihn hinunter und sagte, wobei ich versuchte zu lachen: «Ach, ungefähr alles Schreckliche, was Sie sich vorstellen können. Ich erzähle es Ihnen, während ich den Kaffee mache. Setzen Sie sich da ans Fenster.»

Er hörte still zu, während ich ihm die ganze Geschichte erzählte. Ab und zu schüttelte er den Kopf, und als ich geendet hatte, rührte er seinen Kaffee um und nahm einen Schluck, bevor er sprach.

«Ich kann die gefrorenen Äpfel loswerden, wenn sie nicht zu schlecht sind. Die Essigfabrik oben in Middleton wird sie alle nehmen, glaube ich. Aber wenn ich für die einen Dime für Sie bekomme, dann können Sie von Glück reden.»

«Ich habe nicht damit gerechnet, daß sie mehr wert wären», sagte ich. «Sie sind durchgetaut. Sie sind nicht verfault, nur sehr weich und mehlig.»

«Aber sie werden schnell hinüber sein. Die Fabrik nimmt alles, was nicht mehr als halb verfault ist, aber ich würde sie an Ihrer Stelle sofort bewegen. Wir sollten sie alle diese Woche noch hinbringen, falls es wieder schneit.»

«Das würde uns mit Sicherheit ruinieren», stimmte ich zu. «Diese Pechsträhne muß doch irgendwann mal zu Ende sein, aber vielleicht jetzt noch nicht.»

«Zu einem Dime wären das nur hundertfünfzig Dollar. Was werden Sie tun?»

«Das hat mich mein Bruder auch gefragt. Ich habe einfach keine Ahnung. Wenn ich bloß der Bank nicht diese tausend überwiesen hätte. Mit denen wäre ich durchgekommen. Andererseits hätte die Bank vielleicht gekündigt, wenn ich nicht gezahlt hätte. Das hätten sie sowieso tun können. Ich weiß es einfach nicht.»

«Die Banken sind an Kündigungen gar nicht so interessiert. Aber dies ist ein gutes Grundstück. Sie hätten es vielleicht doch gemacht. Gute Hausparzellen. Haben Sie jemals daran gedacht?»

«Mein Bruder, natürlich, und der Mann von der Bank hat auch davon gesprochen. Aber ich habe kein Interesse. Ich will es möglichst so belassen, wie es immer gewesen ist.»

«Nichts bleibt so, ‹wie es immer gewesen ist›», bemerkte er. «Ich glaube, es ist unklug von Ihnen, es zu versuchen.»

«Sie haben natürlich recht», sagte ich. «Mir ist allmählich klargeworden, daß die Farm als solche nicht ewig halten wird, auch nicht mit Glück. Aber ich will sie nicht weggeben. Es ist das einzige, was uns als Familie zusammenhält, und obwohl zur Zeit keiner meine Meinung teilt, bin ich sicher, daß irgendwann einer von uns es schaffen wird. Ich wollte sie halten, bis dieser Tag kommt, und dies schien die einzige Möglichkeit zu sein.»

«Das kann ich verstehen», sagte er. «Das Gefühl für Familie ist stark unter den Juden. Aber ich glaube, nicht so stark in Amerika, und das ist schlecht. Ohne Familie gibt es nichts. Aber wenn Ihre Familie so denkt wie Sie, sollten die Ihnen jetzt helfen. Es ist zuviel für Sie allein.»

«Das ist es ja gerade. Sie denken im Moment nicht so wie ich», erklärte ich. «Für sie ist es bloß eine hoffnungslose Situation. Es war schwierig genug sie zu überreden, es mich versuchen zu lassen, als mein Vater gestorben ist. Sie waren schon damals alle dafür, es der Bank zu überlassen. Außerdem können sie mir nicht helfen. Sie können gerade mal sich selbst helfen, das und ihren Anteil der Schulden bezahlen. Ich habe die Rechnungen übernommen, die hier noch offenstanden, aber es gab noch reichlich andere. Mein Vater war schon lange vor seinem Tod krank, aber er kämpfte immer weiter und wollte nicht glauben, daß er nicht mehr hierher zurückkommen würde. Aber genau das ist passiert, dazu die Tatsache, daß die Leute ihm nie bezahlt haben, was sie ihm schuldeten, und er hat sie nie gedrängt. Diese Wirtschaftskrise kann doch nicht ewig dauern, und ich will einfach an diesem Grundstück festhalten, bis bessere Zeiten kommen. Glauben Sie, ich bin nur dumm und dickköpfig?»

«Dickköpfig, ja. Dumm, nein», sagte er. «Wieviel würde es brauchen, Sie durch die nächste Ernte zu bringen? Tausend Dollar?»

«Wenn ich das Haus vermieten und die Rechnungen offenlassen würde, und wenn ich fast die ganze Arbeit selber machen würde – so viele wenns –, ja, dann könnte ich es schaffen.»

«Ich könnte Ihnen tausend leihen», sagte er plötzlich. «Nicht geschäftlich, sondern aus Freundschaft.»

Ich saß in benommenem Schweigen da. Wie ein Blitz ging es mir durch den Kopf: Das ist das Schönste, was dir in deinem ganzen Leben je passiert ist. Was ich in dieser Minute gelernt habe, werde ich nie vergessen. Menschen sind im Grunde gut und hilfsbereit – ich hätte ein ganzes Leben verbringen können, ohne das je zu erfahren. Ich verspürte eine Welle des Hochgefühls, als könnte ich aufspringen und über Sofa und Stühle hüpfen. Wäre ich ein wenig französischer gewesen und ein bißchen weniger Neuengländerin, hätte ich gesungen und gebrüllt. Aber ich saß nur ruhig da und sagte: «Vielen Dank, Mr. Greenberg, aber es geht nicht. Ich kann's nicht. Wenn das hier mir gehören würde und nicht meiner Mutter, hätten Sie eine gewisse Sicherheit, aber so wie die Dinge stehen, kann ich Ihnen das Risiko nicht zumuten. Sie sind sehr großzügig. Das werde ich nie vergessen, solange ich lebe.»

«Lassen Sie es mich wissen, falls Sie es sich anders überlegen», sagte er. «Lassen Sie mich sowieso wissen, wie es weitergeht. Und jetzt sollten wir uns die Äpfel ansehen.»

•

Es war ein trübsinniges Wiedersehen am frühen Zug. Meine Brüder sahen sehr verstädtert aus, wie sie die Stufen vom Passagierwaggon herunterkamen. Sie sahen auch ernst aus. Sehr viel später erzählten sie mir, wie sehr ihnen vor diesem Gespräch gegraut hatte, aber ich ahnte nichts von den Stunden der Diskussionen, die ihm vorausgegangen waren. Auf mich wirkten sie hart und kalt, und sie sahen nur Feindseligkeit und Entschlossenheit in meinem Gesicht. Sie machten Bemerkungen über die Höhe der Schneebänke, die sich entlang der Straße häuften, und ich gab lustlose Antworten. Es war ein trister, sonnenloser Tag. Es gab keine Farben in der Landschaft, um unsere Laune zu verbessern, die sich auch nicht aufhellte, als wir an Mr. Greenbergs vollbeladenem Laster vorbeikamen, der stadteinwärts fuhr.

«Da gehen die letzten von ihnen hin», bemerkte ich. «Innerhalb einer Nacht ist ihr Wert von zwei Dollar auf einen Dime gesunken. Muß so was wie ein Rekord sein. Selbst 1929 konnte man Geld nicht so schnell verlieren.»

«Denk nur mal an die Mississippi-Überschwemmung, als Mutter ein junges Mädchen in Louisiana war», erinnerte mich mein älterer Bruder. «Wenn man es genau besieht, ist es eigentlich kein Wunder, daß sie über Landwirtschaft so denkt, wie sie es tut. Undenkbar, daß sie noch einmal eine solche Katastrophe durchmacht. Sie ist schon ganz krank vor

Sorge darüber, und es muß aufhören. Mehr ist dazu nicht zu sagen.»

Ich sagte nichts darauf. Sie hatten mich schachmatt gesetzt, und das wußten wir alle. Egoistischerweise hatte ich an diesen Aspekt nicht gedacht, und doch war er der einzige, gegen den ich keine Argumente hatte. Es war jetzt fünfzig Jahre her, daß der Mississippi den Damm durchbrochen hatte und die gelben Wasserfluten Zerstörung und Ruin über die fruchtbaren Felder der Belmont-Plantage gebracht hatten. Die aufregende Geschichte, von der wir als Kinder nie genug bekommen konnten, wurde jetzt, ihres Märchenglanzes beraubt, in einer Neuengland-Version nachgelebt.

In diesem Zusammenhang hatte sie eine ganz andere Bedeutung als damals, als ich sicher und gemütlich in meinem warmen Bett lag und sie mir in allen Einzelheiten bis zum Ende erzählen ließ. Der braune Fluß, angeschwollen mit den Regenfällen eines halben Kontinents, stand hoch, höher als das Dach des Plantagenhauses, drückte mit unwiderstehlicher Macht gegen den Damm, das einzige Hindernis zwischen ihm, den Zuckerrohrfeldern und den Reisfeldern mit ihrem raffinierten Netzwerk von Bewässerungsgräben.

Von der Galerie aus hatte die Familie zugesehen, wie die Männer, deren Rufe über dem Tosen des Flusses kaum zu hören waren, im roten Schein von Fackeln verzweifelt versuchten, die Flußkrebs- und Rattenlöcher, wo sich schon die ersten Wasserfinger hindurchtasteten, mit Sandsäcken zu verstopfen. Zuerst sickerten nur ein paar Tropfen durch das Gras, dann ein Rinnsal. Schließlich begann der Damm mit einem reißenden Brüllen entlang der gesamten großen Biegung über der Plantage einzubrechen, wie unsere Sandburgen am Strand, wenn die Flut kam.

Die Männer rannten um ihr Leben, und die gelben Wassermassen strömten über die Felder auf das Haus zu. Die Familie blieb. Als das Wasser unter die Haustür kroch und sich über den Rosenholzboden des Eßzimmers ergoß, gingen sie nach oben. Als es sie auch dort einholte, kletterten sie aufs Dach. Dort saßen sie zusammengekauert wie entsetzte Matrosen auf dem Wrack eines Schiffs. Schließlich kam ein Rettungstrupp in einem Boot und brachte sie über die überfluteten Felder zu höher gelegenem Gelände. Als das Wasser zurückging, hatte der ruhelose Fluß einen neuen Kanal gegraben. Das Haus und der größte Teil des Landes standen unter Wasser. In den ruinierten Feldern übernahmen die schnell wachsenden Weiden die Regie. Und meine Mutter beendete die Geschichte immer mit den Worten: «Und noch Jahre danach konnten die Passagiere auf den Flußdampfern die Säulen des Hauses mitten im Fluß stehen sehen.»

Während wir schweigend dahinfuhren, dachte ich, daß es ebenfalls ein Fluß gewesen war, der meine Hoffnungen zerstört hatte – ein Fluß arktischer Luft, der vom Nordpol herunterströmte und gegen den es nicht einmal die schwache Barriere eines Dammes gab, um ihn einzudämmen. Kein Wunder, daß meine Mutter krank vor Sorge wurde, als sie sah, wie sich die Geschichte wiederholte.

Wir saßen um den Küchentisch herum und tranken Kaffee. Ich hatte am Morgen Wasser aus der Zisterne geschöpft und den Boiler auf der Rückseite des Ofens gefüllt. Zwei randvolle Eimer standen in der Ecke in der Waschküche. Ich mußte bis zum Frühjahr ohne Leitungen auskommen. Das hatten schon andere in diesem Haus vor mir geschafft.

Mein jüngerer Bruder führte das Wort.

«Landwirtschaft ist auch im günstigsten Fall ein riskantes Geschäft», sagte er. «Und du hast das Unmögliche versucht, ohne Kapital und an einem Ort, wo Steuern und Arbeitskosten so hoch sind, daß du nicht konkurrenzfähig bist. In unserem Laden verkaufen wir Äpfel aus den Südstaaten in Körben für einen Dollar. Und sie sind auch noch ziemlich gut. Schaffst du das?»

«Nein», sagte ich. «Und ich sehe auch nicht, wie Farmer im Süden das können. Sie haben Frachtkosten, die wir nicht haben. Sie müssen bei jedem Korb Verluste machen.»

«Das tun sie natürlich nicht, sonst könnten sie nicht im Geschäft bleiben. Zum einen zahlen sie ihren Arbeitern fünfundsiebzig Cents am Tag. Ihre Steuern sind verschwindend gering, und soviel ich weiß, haben sie nicht die Seuchen und Schädlinge, die wir hier haben. Dies ist nie eine richtige Farmgegend gewesen und wird auch nie eine werden. Es hat keinen Sinn, mit dem Kopf durch die Wand rennen zu wollen.»

«Menschen haben hier seit über zweihundert Jahren Landwirtschaft betrieben», wandte ich ein.

«Und wo sind sie jetzt?» sagte er ungeduldig. «Sie sind gerade so über die Runden gekommen, als der Boden noch jungfräulich war, und sie waren clever genug zu verkaufen, als es zu hart wurde. In dieser Gegend werden Wohnungen für Pendler entstehen oder reiche Anwesen. Du kannst das Unvermeidliche nicht ändern, nur weil du es anders haben willst. Es hat keinen Sinn, darüber zu diskutieren.»

«Keine Sorge, ich werde nicht darüber diskutieren», sagte ich und sah, wie sie sich überraschte Blicke zuwarfen. Sie sahen sichtlich erleichterter aus, als ich fortfuhr: «Was sollten wir denn eurer Meinung nach tun?»

«Ich sehe keine andere Möglichkeit, als zu verkaufen», sagte mein jüngerer Bruder. «Ich habe einen möglichen Interessenten für vier Morgen Bauland. Ich verlange tausend Dollar pro Morgen.»

«So viel?» rief ich aus.

«In guten Zeiten könnten wir das mühelos bekommen. Selbst jetzt sieht es vielversprechend aus. Wenn wir das schaffen, müßten wir es nicht so eilig haben, das Haus und den Rest des Landes zu verkaufen. Wir könnten es so lange behalten, bis wir einen wirklich guten Preis dafür bekommen.»

Ich schluckte und fragte: «Welches Stück Land meinst du?»

«Den Pfirsichgarten.»

«O nein», entfuhr es mir. «Da ist doch der neue Brunnen drauf und das Spargelbeet.»

«Der Brunnen macht es vielleicht gerade aus. Der Spargel ist unerheblich. Wahrscheinlich wollen sie nichts damit machen. Was ist mit den Pfirsichbäumen? Sind sie alle erfroren?»

«Keiner ist erfroren. Nur die Knospen.»

«Na ja, ich weiß nicht, ob das eine Rolle spielt. Es kann sein, daß sie ein Vorteil sind, ich weiß es nicht.»

Ich schwieg. Mich an den Rat meiner Großmutter erinnernd, «Behalte deine Zunge zwischen deinen Zähnen», schluckte ich eine ganze Flut von Worten hinunter. Unsentimental und geschäftsmäßig redeten sie endlos weiter über Hausparzellen und Grenzen und entwarfen eine illustrierte Broschüre, in der der Kolonialstil des Hauses beschrieben wurde. Ich sah aus dem Fenster und wünschte, sie würden endlich gehen. Ich erklärte mich bereit, noch dazubleiben, um alles zu überwachen. Diesmal würde das Frühjahr ein Ende sein, kein Anfang.

Mein Bruder hatte recht: Es gab keine Diskussion. Wäre ich allein gewesen, nur für mich selbst verantwortlich, wäre ich bis zum Schluß auf der Farm geblieben. Aber so, wie die Dinge standen, war es hoffnungslos, und ich wußte es. Wir saßen schweigend da. Ich weiß nicht, was ihnen durch den Kopf ging. Ich dachte an Mr. Greenberg. Er war entwurzelt worden, als er zu jung war, um zu protestieren, und war herumgestoßen worden, so daß er nie eine Chance hatte, hart zu werden. Er war weich genug, um dem Schicksal zwischen den Fingern hindurchzufließen wie ein Tropfen Quecksilber auf einem Teller. Es war eine Ironie des Schicksals, daß er diese selbe Eigenschaft bei seinen Kindern bedauerte. Tat man den Kindern etwas Gutes, wenn man sie hart werden ließ, so daß ein Schlag gegen die Welt, die sie gekannt hatten, auch sie zerbrechen würde? Er beklagte die Rastlosigkeit, die die Unsicherheit ihres Lebens begleitete, aber vielleicht war es besser so. Es würde Spaß machen, mit ihm darüber zu reden.

Bei dem Gedanken an Mr. Greenberg, an sein schlichtes Gesicht mit dem freundlichen und sorgenvollen Blick, kam es mir so schnell wie ein Traum in den Sinn: Dies ist deine Ernte, die Sympathie und das Verständnis der Menschen. Aber es ist nur der Anfang. Lektion eins im Buch, und all die anderen Kapitel kommen noch. Und fast widerstrebend verspürte ich die Neugier und Begierde, das Blatt umzuwenden und zu sehen, was ich im zweiten Kapitel finden würde. In diesem Moment entspannte sich mein Griff.

•

Die launenhafte Natur kann auch freundlich sein. Ich habe nur wenige Erinnerungen an die Wochen, die folgten. Ich weiß, daß es kalt war – eine ständige, ewige Kälte – und daß ich mich niedergeschlagen und hoffnungslos fühlte. Ich wette, es gibt wenige Leute, die Admiral Byrds Buch *Alone* besser verstanden haben als ich: wie es zu einer Zersetzung des Geistes kommt, wenn man ständig friert und niemanden hat, mit dem man reden kann. Es kostete große Mühe, abends ins Bett zu gehen, und noch größere, morgens aufzustehen. Aber ich tat es, wusch mich hin und wieder, zog Wasser aus der Zisterne, füllte den Ofen und fütterte Freya. Aber was ich fühlte und was ich dachte, wenn überhaupt irgendwas, daran kann ich mich nicht erinnern. Wenn man Schmerzen erleidet, hilft es einem zu wissen, daß es danach keine Erinnerung geben wird.

Selbst eine Kartoffel in ihrer Tüte im Gemüseladen weiß, daß es Frühling ist. Ich wußte es auch, als ich am ersten warmen Tag im März im Hinterhof stand, mich in der Sonne streckte, gähnte und mich umsah, endlich wach nach einem langen Schlaf. Der Schnee schmolz wirklich. Im Garten war zwischen den zusammengeschrumpften Verwehungen ein Flecken Schlamm erschienen. Ich kannte mal eine Frau aus Neufundland, die mir erzählte, daß in ihrer Stadt die wintermüden Kinder an den ersten warmen Tagen hinausgingen und durch den Schnee hinunter zur Erde gruben, um sich zu vergewissern, daß sie wirklich noch da war.

Freya und ich sonnten uns diesen ganzen Morgen lang an der Südseite des Hauses. Es gab kaum genug Wind, um die hängenden Äste der Ulme zu bewegen. Die Marsch war noch zugefroren, aber sie hatte ihren stählernen Glanz verloren. Das Eis war durchweicht, und die erste Flut und der erste starke Wind würden es wegtreiben. In dem Kanal über der Biegung zeigte sich schon eine Zunge blauen Wassers. Wenn dies wirklich der Anfang des Frühlings war, würde Joe aus den Wäldern zurückkommen. Er war kurz nach Weihnachten mit einem Holzfällertrupp nach Maine gegangen, und bis auf seine Lohnüberweisung (die jede Woche vom Firmenbüro kam) hatte seine Mutter nichts von ihm gehört. Er würde es bedauern zu erfahren, was mit der Farm passiert war. Aber er könnte einen Job bei den Straßenarbeiten bekommen, wenn der Boden wieder frostfrei war. Bis dahin mußte ich auch einen Job gefunden haben. Dies war mein letzter fauler Tag.

Freya beobachtete mit besorgtem Blick meine Vorbereitungen, auf Jobsuche zu gehen, und folgte mir überall durchs Haus. Ihre Nägel klickten auf den nackten Brettern und den abgewetzten Stufen der Speichertreppe. Mein Koffer war in der Ecke, wo ich ihn hingeschoben hatte, als ich nach Hause zurückgekommen war. Ich hatte ihn nie ausgepackt oder hineingeschaut, hatte nur ein paar Mottenkugeln hineingeworfen, um die Eichhörnchen abzuschrecken. Zum Glück hatten sie ihn in Ruhe gelassen. Die weißen Kugeln waren fast verschwunden, obwohl ihr Geruch geblieben war und sich mit dem warmen, muffigen Duft der breiten Pinienbretter des Dachstuhls vermischt hatte.

Zwei Jahre lang hatte ich nur Overalls und Turnschuhe oder Wollhosen und Stiefel getragen. Ich würde mir in Rock und Seidenstrümpfen albern vorkommen. Ich wünschte, ich hätte meinen Koffer früher ausgepackt. Alles war völlig zerknittert. Ich erinnerte mich, daß ich schweren Herzens meine Sachen hastig zusammengeworfen hatte, als ich meine gute Stelle im Hartford-Museum aufgab, um nach Hause zu kommen. Es hatte keinen Sinn, wieder an einen Museumsjob zu denken. Die Wirtschaftskrise hatte sie schwer getroffen, und jeder, der eine Universitätsstelle hatte, klammerte sich daran, als ginge es um Leben und Tod. Ich hatte nicht den Mut, Mr. Moss aufzusuchen und ihm mein Pech zu erzählen. Zeitungen und Zeitschriften kamen auch nicht in Frage. Ihr Personal war bis auf die Knochen reduziert worden. Selbst in den guten Zeiten, als ich zu arbeiten begonnen hatte, waren die Verlage unmöglich zu knacken: Ich erinnerte mich an eine scharfäugige Frau in der Personalabteilung, mit einer Brille an einer schwarzen Kette, die zu mir gesagt hatte: «In dieser Branche muß man warten, bis jemand stirbt, und hier gibt's nicht einmal jemanden, der krank ist!»

So blieben nur noch die Fabriken übrig, von denen sich immer noch eine ganze Reihe durchschlugen. Ich war so optimistisch anzunehmen, daß die einzigen Voraussetzungen für diese Jobs Kraft und Arbeitsbereitschaft waren. Außerdem wäre ich mit Leuten zusammen, deren Sprache ich seit zwei Jahren gesprochen hatte – das heißt, wenn ich überhaupt gesprochen hatte. Bei diesem Gedanken fühlte ich mich weniger befangen und grub fröhlich im Inhalt des Koffers.

Ich stellte fest, daß ich für jemanden mit einem guten Job eine sehr beschränkte Garderobe hatte. Mein Luxus hatte in Theater- und Konzertkarten bestanden, Skireisen in die Berge und Urlaubsreisen nach Europa. Es gab jedoch ein braunes Gabardinekostüm, das nur ganz schwach glänzte, ein wirklich gutes Paar Schuhe, ein paar Blusen, die nicht allzu schlecht aussahen, ein paar Strümpfe – von denen die meisten offenbar Laufmaschen hatten – und ein braunes Kordkostüm, das, wie sich herausstellte, vorne einen großen Tintenfleck hatte. Es gab auch noch ein grünes Abendkleid aus Samt und goldene Schuhe, die ich zum Scherz mit nach unten nahm. Ich nahm nicht an, daß dieses Ensemble in meinem neuen Leben vorkommen würde, aber es könnte Freya vielleicht amüsieren. Es war ihr peinlich, als sie mich darin sah, und mir auch, als ich in den Spiegel schaute.

An Armen und Schultern standen Muskelknoten hervor, und der Sonnenrand vom letzten Jahr war immer noch unschön sichtbar. Ich warf die feinen Sachen auf die Seite und wandte mich dem Kostüm zu. Ich wäre in der Klemme, wenn ich nicht mehr hineinpaßte. Sicher saß es nicht mehr so wie früher, nicht einmal letztes Jahr bei den Greenbergs war das der Fall gewesen. Der Rock war etwas zu weit und die Jacke eng, aber es sah ordentlich aus, oder zumindest würde es das, wenn ich es gebügelt und mich gewaschen hatte.

Da es immer noch kein fließendes Wasser gab, war das ein ziemliches Unterfangen. Ich hatte auf dem Speicher eine altmodische runde Blechwanne gefunden. Sie war zu groß, um auf den Herd zu passen, und so erhitzte ich Wasser in Eimern und füllte sie damit. Die Fensterscheiben beschlugen, so daß ich vor den neugierigen Augen der Vögel verborgen war. Freya wand sich vor Schamgefühl und Verlegenheit, als ich mich mitten auf dem Küchenboden einseifte und planschte, und sie kroch weg, als ich so tat, als wollte ich sie zu mir hereinziehen. Als ich fertig war, fand ich, daß ich ganz gut aussah. Es war noch etwas vom Nachmittag übrig. Es geht nichts über die Gegenwart. Ich sperrte die betrübte Freya in die Küche, ging hinaus und stieg in den Laster.

Ich fing in Newburyport an, im Norden, und besuchte drei Schuhfabriken an diesem Nachmittag. Ich hatte vorgehabt, es mit dem einzig verbliebenen Industriebetrieb in meiner Stadt, einer Strumpfweberei, erst ganz am Schluß zu versuchen, und nur wenn es überall sonst hoffnungslos aussah. Ich konnte den Gedanken an mitleidige oder neugierige Blicke und Fragen nicht ertragen. Ich selber ging unpersönlich an die Sache heran, und das gleiche erwartete ich von anderer Seite. Und genau die Behandlung bekam ich, in Newburyport und überall sonst.

In der ersten Fabrik setzte ich mich zu vier anderen Frauen auf eine Bank in einem schmutzigen, dunklen Raum mit angeschlagenen Sperrholzwänden. Drei von ihnen waren älter, mit gefurchten runden Gesichtern und dünnem Haar, das sie straff aus der Stirn nach hinten gekämmt hatten. Sie warfen mir einen Blick zu, als ich hereinkam, und unterhielten sich dann weiter auf polnisch mit traurigen, klagenden Stimmen. Die vierte war jung und dünn, ihre schlechte Gesichtshaut war mit Puder zugekleistert, und sie hatte krallenartige Hände mit abgebissenen Fingernägeln. Sie rückte, um mir Platz zu machen, und ich lächelte ihr zu. Nach einer Weile lächelte sie zurück, und wir fingen an, uns zu unterhalten.

«Wollen Sie hier arbeiten?» fragte sie.

«Ja, dachte schon. Wie stehen die Chancen?»

«Na ja, ich bin hier jetzt seit einem Jahr angemeldet und hatte insgesamt fünf Wochen Arbeit, wenn ich mich nicht irre. Aber man weiß nie. Die stellen ein, wen sie wollen und wann sie wollen. Hab gehört, sie haben letzte Woche welche genommen, deswegen dachte ich, ich komm mal vorbei und laß sie wissen, daß ich noch lebe.»

«Was zahlen sie?»

«Siebenunddreißig.»

«Dollar in der Woche?»

«Cents pro Stunde.»

«Oh», sagte ich verlegen.

«Man kann einen Wochenlohn zusammenkriegen, wenn man arbeitet», erklärte sie.

«Keine Gewerkschaft?»

«Nee. Die sagen, wenn die Gewerkschaft kommt, machen sie ganz dicht. Früher sind die Funktionäre noch vorbeigekommen und haben Versammlungen und so was veranstaltet, aber es ist nie jemand beigetreten. Haben sich nicht getraut. Jetzt kommen sie nicht mehr. Lieber nichts von Gewerkschaft sagen, wenn einer von diesen Idioten dich hören kann, sonst fährt man zur Hölle, bevor man überhaupt eingestellt wird.»

Die Sekretärin der Personalabteilung, die mit dem Rücken zu uns auf ihrer Schreibmaschine getippt hatte, riß das Blatt heraus. Die drei Polinnen hörten auf zu reden und sahen erwartungsvoll zu ihr hinüber. Sie drehte sich um und schien uns jetzt erst wahrzunehmen.

«Keine Arbeit heute», sagte sie gleichgültig. «Vielleicht nächste Woche oder übernächste.»

Eine ältere Frau übersetzte für die anderen, und dann knöpften sie sich resigniert die Mäntel zu. Meine Nachbarin auf der Bank stieß mich an.

«Sagen Sie ihr, daß Sie eine Karte haben wollen», flüsterte sie.

Ohne mich anzusehen, fischte die Sekretärin eine Karte aus der Schublade und schob sie zusammen mit einem Bleistift zu mir rüber. Es gab nicht viel auszufüllen. Name, Adresse, Telefon und erwarteten Lohn. Ich schrieb siebenunddreißig Cents.

Ich zögerte bei der letzten Zeile: Name des letzten Arbeitgebers und bezogener Lohn. Dann schrieb ich naiv: «Hartford-Museum, $ 50 pro Woche». Das tat ich bei mehreren Stellen, bis ich schlauer wurde und den Namen des Apfelgartens und fünfzig Cents die Stunde aufschrieb. Es spielte sowieso keine Rolle. Ich bekam von niemandem eine Anfrage.

Die Sekretärin nahm meine Karte und, ohne einen Blick drauf zu werfen, warf sie sie in einen Drahtkasten zu einigen anderen.

«Heute gibt's nichts», sagte sie zu meiner Nachbarin. Ohne ein weiteres Wort blätterte sie eine Seite in ihrem Stenoblock um und begann aus ihren Notizen zu tippen.

Während wir die schmutzige Treppe hinuntergingen, sagte ich: «Meinen Sie, daß irgend jemand je einen Job über diese Karten bekommen hat?»

«Ich kenne keinen. Die einzige Möglichkeit ist, dazusein, wenn sie einstellen, und möglichst vorne in der Schlange zu stehen. Für Stickerinnen ist es anders. Das ist gelernte Arbeit, und sie machen gut Kohle. Aber es gibt zu viele von ihnen, man muß also eine richtige Arschkriecherin sein, um einen Job als Stickerin zu kriegen. Na ja, da gibt's immer noch den Gimme Store, obwohl die in letzter Zeit nie was anderes als Pflaumen hatten. Bis dann.»

Unterwegs zur nächsten Station ging ich am «Gimme Store» in der Elm Street vorbei: ÜBERSCHUSSWARE stand über der Tür. Eine lange Schlange Frauen mit Taschen und Körben zog sich die Straße entlang. Man wußte nie, was an einem bestimmten Tag staatliche Überschußware sein würde. Manchmal waren es Pflaumen, manchmal Mehl, manchmal Kartoffeln. Jedenfalls war es Essen und kostete nichts. Ich selber holte mir da nie was, aber ich kannte eine Menge Leute, die es taten, und sie sagten, es sei gute Ware.

Im Verlauf der nächsten Tage und Wochen ging ich zu jeder Fabrik in Pendelentfernung von der Farm. Niemand stellte ein, obwohl bei einigen lange Schlangen bei jedem Wetter vor den Einstellungsbüros standen. Es lief immer darauf hinaus, daß es nur ein Gerücht gewesen war, was uns alle hergeführt hatte, und nachdem wir ein paar Stunden gewartet hatten, kam jemand und sagte, wir sollten weggehen. Schließlich schloß sich der Kreis und ich kam zu meiner eigenen Stadt zurück und zu dem einen Gespräch, vor dem mir graute.

Unsere örtliche Fabrik war ein modernes Gebäude, sauber, hell und luftig, aber drinnen herrschten die gleichen Bedingungen, lange Arbeitsstunden und niedrige Löhne. Dazu kam, daß der Besitzer, der, wie ich wußte, einen Ruf als harter Mann hatte, seine Einstellungen selber vornahm, und es gab keine Möglichkeit, an einem Gespräch mit ihm herumzukommen. Ich war in seinem hellen Büro nervöser als in all den anderen trüben Büros zusammengenommen, und ich wartete unruhig auf der glänzenden Bank. Schließlich erschien er, ein großgewachsener Mann mit berechnenden Augen, kalt wie Steine in seinem dicken roten Gesicht. Er musterte mich mit einem mißbilligenden, wiedererkennenden Blick und wartete darauf, daß ich sagte, was ich wollte.

Die Küstenstädte Neuenglands waren von der versnobten Hierarchie des Meeres geprägt. In ihrer Sozialordnung rangierten Händler und Kapitäne oben und gewöhnliche Seeleute und Handwerker unten. Als die Schifferei verschwand und die Industrie aufkam, setzte sich das alte System fort, nur daß jetzt Fabrikbesitzer oben waren und eingewanderte Fabrikarbeiter unten. Die gesellschaftliche Stellung der Fabrikanten blieb so lange unangefochten, bis «Stadtleute» zuzogen und aufgegebene Farmen kauften. Es waren gewöhnliche Saisonbesucher, die sich der Sozialstruktur der Stadt nicht bewußt waren und sich auch nicht dafür interessierten, und ihre Gleichgültigkeit wurde als eine Herausforderung und Beleidigung betrachtet. Dieses Ressentiment begann ganz oben und erreichte alle Schichten der Stadt. Obwohl ich mit Joe über die Millionäre in der Argilla Road scherzte, hatte ich diese Ressentiments nie ernst genommen. Ich hatte eine Menge Probleme, aber Sorge um meine gesellschaftliche Stellung gehörte nicht dazu. Für den Fabrikbesitzer war ich jedoch ein schönes Beispiel dafür, wie tief die Mächtigen gesunken waren, und er nutzte das weidlich aus.

Er eröffnete das Gespräch, indem er in glattem Ton sagte: «Was kann ich für Sie tun, junge Frau?»

«Junge Frau» war eine raffinierte, absichtliche Nuance und reduzierte mich zum Status einer Person, die Arbeit suchte, obwohl sie es nicht nötig hatte, nur für ein paar Wochen, um zu sehen, wie die andere Hälfte lebte.

Nur einmal hatte ich eine ähnliche Wut und Verlegenheit empfunden, und zwar als ich, viele Jahre später, von meinem Platz am Fließband bei Sylvania aufblickte und eine Frau sah, mit der ich auf die Schule gegangen war und die jetzt von dem Werksleiter durch den Betrieb geführt wurde. Sie entdeckte mich sofort, und als sie auf mich zuging, rief der Vorarbeiter «Band abstellen», und das Band blieb für ein paar Minuten stehen.

Ich war in der Klemme. Ich hatte keine Ausrede, nicht mit ihr zu reden. Die andere Frau am Band verschlang jedes Detail ihres Aussehens und jedes Wort, das sie sagte. Sie begann mit ein paar Erinnerungen an das Internat und fuhr dann fort: «Wie *interessant*, dich hier anzutreffen, aber du hast ja immer schon ungewöhnliche Dinge gemacht, nicht? Ich nehme an, du wirst ein Buch über Arbeiterprobleme oder so was schreiben.» Puterrot vor Verlegenheit, irgendwas stammelnd, versank ich fast in den Boden, als sie, kühl um sich blickend, hinzufügte: «Einige von diesen Mädchen sind ja wirklich ganz hübsch, nicht?» Zum Glück machten mir meine Freundinnen keinen Vorwurf daraus, obwohl sie mich wegen meiner «Mrs. Richbitch» aufzogen.

Dem Fabrikbesitzer sagte ich, ohne zu überlegen: «Ich will einen Job.»

Seine Reaktion war ebenso unerwartet wie aufreizend. Er brach in schallendes Gelächter aus.

Ich ertrug es, solange es ging, und sagte dann: «Was ist daran so komisch?»

Er antwortete nicht darauf, sondern fragte statt dessen: «Wozu wollen Sie einen Job haben?»

«Wozu will irgend jemand einen Job haben? Damit ich was essen kann.»

«Ja, ja, natürlich, ich hab da was gehört … Pech, wirklich Pech. Nun, ich glaube kaum, daß ein Job hier das Richtige für Sie wäre.»

«Wieso nicht?» fragte ich scharf.

«Nun, zum einen fangen die Hilfsarbeiter hier morgens um halb sieben an. Das wäre für Sie ein bißchen früh, meinen Sie nicht?»

«Ich bin es gewohnt, um halb fünf anzufangen», sagte ich kurz angebunden.

«Das hier wäre anders. Und es gibt natürlich auch noch weitere Gründe ...»

«Was für Gründe?»

«Ich glaube einfach nicht, daß es gutgehen würde. Zum einen wären Sie nicht zufrieden, und ich habe gern zufriedene Hilfsarbeiterinnen. Wir sind hier eine glückliche Familie – keine Arbeiterunruhen, keine Gewerkschaft, nichts dergleichen.»

Aha, dachte ich, das ist es also. Er hält mich für eine Gewerkschaftlerin. Hat ein schlechtes Gewissen, wollen wir wetten. Und dann fiel mir ein, daß sie das wahrscheinlich in jeder Fabrik gedacht hatten, wenn sie sich überhaupt Gedanken über mich gemacht hatten. Das war überlegenswert. Wenn es auf der einen Seite soviel Angst gab, dann mußte auf der anderen ein Bedürfnis bestehen. Ich wußte wenig über Gewerkschaften und mißtraute dem, was ich wußte, aber wenn der Schuh paßte, würde ich ihn mir vielleicht irgendwann mal anziehen.

«Sie haben also nichts für mich?» fragte ich.

«Nein, tut mir leid.»

«Okay», sagte ich. «Wiedersehen.» Und ging.

Aber als ich wieder draußen im Laster saß, brannte die Erinnerung an sein Lachen alles andere weg. Dieser Blödmann, dieser Flegel. Mehr als einen Job, mehr als irgend etwas anderes in diesem Moment brauchte ich ein Bier und einen Freund, mit dem ich es trinken konnte. Und da auf dem Gehsteig stand Joe.

«Hallo, Bateese!» rief er und winkte.

Ich trat auf die Bremse, daß es quietschte.

«Soso, der alte Lumberjack persönlich. Wo ist Ihr Bart? Ich dachte, Sie würden mittlerweile schon drüber stolpern.»

«Ich hatte einen guten, das kann ich Ihnen sagen. Aber als ich eine Woche lang in der Stadt gewesen bin, in Portland, habe ich festgestellt, daß ein Bart nicht so gut ankommt. Der Friseur mußte fast einen Rasenmäher benutzen, um ihn abzukriegen. Die Kinder zu Hause waren alle sauer. Die wollen kaum noch mit mir reden, so enttäuscht sind sie.»

«Was halten Sie davon, wenn wir ein Bier trinken gehen?» schlug ich vor. «Wo gibt's hier was in der Nähe?»

«The Riverside, schätze ich. Ein bißchen rauh, der Laden, aber das Bier ist gut. Schon mal dort gewesen?»

«Nein, noch nie. Weiß noch nicht mal, wo es ist.»

«Ich zeig's Ihnen», sagte er und stieg ein. «Da runter.»

Das braune Wasser des Flusses, der noch Hochwasser hatte, spülte nah an dem heruntergekommenen Holzgebäude vorbei. Die Bar war rechts, wenn man hineinging. Drinnen war es sehr still. Ein paar alte Schnapsnasen brummelten auf ihren Hockern.

«Wir nehmen uns ein Privatzimmer, wo wir uns unterhalten können», sagte Joe und führte mich an der Theke vorbei eine kurze dunkle Treppe hinauf. Er öffnete die Tür, auf der in stumpfen Buchstaben «Nummer 11» stand. Drinnen waren ein Tisch und Stühle, aus dem schmutzigen Fenster hatte man einen Blick auf den Fluß und die Felder dahinter.

«Sieht aus wie ein Puff», bemerkte ich.

«War es auch mal, in guten Zeiten», sagte er. «Ich hab gehört, Sie haben einen harten Winter gehabt. Es heißt, das Ganze steht zum Verkauf an, stimmt das?»

«Das stimmt», sagte ich und erzählte ihm alles.

Er hörte still zu. Als ich zu der Nacht kam, in der die Äpfel erfroren waren, schnappte er leise nach Luft und blickte zu Boden. Ich fuhr fort bis zum Ende, während er mit seinem stämmigen Finger Kreise und Dreiecke in das verschüttete Bier malte. Als ich fertig war, schwiegen wir beide eine Zeitlang.

Dann fragte er mich überraschend: «Was ist mit der Hecke, die wir im Herbst mit den Türen abgedeckt haben? Ist die durchgekommen?»

«Komisch, daß Sie das erwähnen. Ich habe selber gerade daran gedacht. Ich hab mit dem Abdecken bis letzte Woche gewartet, und als ich die Türen herunternahm, war sie wunderschön grün. Aber als ich mit der Hand drüberfuhr, fand ich, daß sie sich trocken anfühlte, und die Blätter raschelten so komisch. Nach ein paar Tagen in der Sonne wurde sie braun, und jetzt sind alle Blätter ab. Es sind nur noch Stöcke übrig. Sie ist mausetot.»

«Wie, die ganze?» rief er entsetzt.

«Nicht ganz, genaugenommen. Eine große Schneeverwehung hatte etwa einen Meter davon bedeckt, in der Südwestecke des Hauses. Ein paar Äste sind durch das Gewicht des Schnees abgebrochen, aber sie ist in Ordnung und fängt an zu wachsen.»

Er stieß einen erleichterten Seufzer aus.

Dann fiel es mir wieder ein, und ich mußte lachen. «Das heißt wohl, daß ich gerettet bin. Jedenfalls diesmal. Geboren, um erhängt zu werden, wahrscheinlich.»

Er sah mich ernst an und sagte dickköpfig: «Trotzdem, es ist gut, daß ein Teil davon überlebt hat.»

Dann ging er zur Tür und brüllte die Treppe hinunter: «He, Tony, noch einen Krug!»

Während wir den zweiten Krug leerten, erzählte er mir von seinem Winter in den Wäldern. Während er redete, konnte ich das Heulen der Sägen und das Schlagen der Äxte hören, die Stimmen der Männer scharf in der extremen trockenen Kälte des Herbstes. Dann, in einem Wirrwarr warnender Stimmen, neigten sich die Bäume, wurden immer schneller und krachten herunter. Noch bevor der Baum zu zittern aufgehört hatte, schwärmten die Holzfäller in ihren Plaidmänteln, Schals und Strickmützen schon fröhlich darauf herum, lachten und fluchten, während sie das fedrige Astwerk abhackten.

EPILOG

Was geschah im Leben meiner Mutter danach? Das Manuskript bricht hier ab, und niemand, der jetzt noch lebt, weiß es. Ich stelle mir vor, daß sie ihr Bier austrank und, gewärmt von der Unterhaltung mit Joe, allein nach Hause zu Freya fuhr. Die Tage sind vermutlich mehr oder weniger so wie vorher verlaufen – mit Stutzen, Sprühen, Ernten – und sind zu Jahren geworden. Das Herz muß ihr immer schwerer geworden sein, als sich mit jedem neuen Tag die unausweichliche Realität bestätigte: Der kleine Apfelgarten konnte in solch schweren Zeiten nicht überleben.

Zunehmend davon überzeugt, daß Landwirtschaft nicht funktionieren würde, stellten ihre Brüder hinter den Kulissen in aller Ruhe Bemühungen an, die Farm zur Unterstützung ihrer Mutter zu verkaufen. 1936 wurde der gesamte Besitz – der Apfelgarten, das Haupthaus, die Scheune und das Sommerhäuschen – zu einem Preis von zehntausend Dollar zum Verkauf angeboten. Das hätte die Hypothek von 1931 und frühere Hypotheken gedeckt, und es wäre noch etwas übriggeblieben. Es gab keine Interessenten.

Und so schlug sich der Apfelgarten weiter durch, während die Wirtschaftskrise Ipswich fest in ihrem Klammergriff hielt. Im Jahr 1935 hatte die WPA angefangen, White-Collar-Jobs anzubieten, und in den ruhigeren Zeiten auf der Farm bekam Kitty eine Anstellung als Mitglied eines Teams, das eine Regionalgeschichte verfaßte. Es war eine sehr angstbesetzte Zeit. Sie hangelte sich von einem Tag zum nächsten, erzählte sie mir, und wollte nicht nach vorne schauen, wagte es einfach nicht.

Ihr Leben änderte sich sehr, als sie eines Tages im Jahr 1936 nach einem Tag des Sprühens gerade unterwegs zur Stadt war und einen Fremden mitnahm, der die Straße entlangging. Jahre später erzählte mir seine Mutter, sie habe gedacht, er hätte einen Freund mitgebracht. Das konnte doch keine Frau sein, sagte sie, in schmutzige Arbeitssachen gekleidet, tiefgebräunt und mit so kurzen Haaren. Im September jenes Jahres heirateten sie und zogen in eine benachbarte Stadt. Im folgenden Juni wurde ich geboren, das einzige Kind.

Meine Eltern hätten verschiedener kaum sein können. William A. Robertson war 1919 im Alter von acht Jahren mit seiner Familie in die Vereinigten Staaten emigriert. Er war ein mürrischer Schotte, schweigsam und ruhelos, und erzählte später, daß das rauschende Leben der Familie meiner Mutter im Haus an der Argilla Road das Gegenteil von dem gewesen sei, was er in seiner Familie erlebt hatte. Sobald er konnte, war er aus Ipswich geflüchtet und zur See gefahren. Als er meine Mutter kennenlernte, hing er gerade etwas in der Luft, denn er war von einem abenteuerlichen Leben als Matrose bei Byrds zweiter Antarktis-Expedition zurückgekehrt.

Ihre ersten gemeinsamen Jahre waren für meine Mutter glücklich gewesen, erzählte sie mir. Als Gerüchte vom bevorstehenden Weltkrieg Ipswich erreichten, zogen sie in das Sommerhäuschen hinter der Scheune und bekamen beide eine Anstellung bei der nahe gelegenen Robinson-Werft. Obwohl die meisten Apfelbäume noch viele Jahre am Leben blieben, träumte meine Mutter nicht mehr davon, daß der Apfelgarten überleben würde. «Als es mit der Farm schließlich zu Ende ging», schrieb sie später, «als es nicht mehr möglich war, gingen die Pfirsiche, ungeliebt und vernachlässigt, als erste ein. Ich kehrte im Frühjahr zurück, um sie zu sehen, und sie waren vom Eis eines harten Winters zerbrochen worden, ihre Stämme waren aufgerissen und bluteten bernsteinfarbene Tränen. Als ich, nach all den Jahren der Enttäuschung und des Trauerns, ein letztes Büschel Blüten an einem sterbenden Baum sah, weinte ich ebenfalls.»

Anfang 1938 wurden fast vier Morgen, der Pfirsichgarten mit dem Spargelbeet nebenan, verkauft. Weniger als ein Jahr später überschrieb Kittys Mutter den übrigen Besitz ihrem jüngsten, geschäftstüchtigsten Sohn. Ihr anderer Sohn ließ sich in Kalifornien nieder, während meine Eltern und ich als Mieter weiter auf der Farm blieben.

1940, nach Ausbruch des Krieges, ging mein Vater, der noch kein amerikanischer Staatsbürger war, zur Merchant Marine Academy und war dann jahrelang auf Leasingschiffen nach Murmansk unterwegs. Meine Mutter hielt in Ipswich die Stellung, schaffte es, einen Fließbandjob in der örtlichen Fabrik von Sylvania zu bekommen, wo sie Betriebsrätin wurde. Wir lebten immer noch auf dem, was einmal die Familienfarm gewesen war. Aber sie war nicht mehr dafür verantwortlich – es waren jetzt nur noch Erinnerungen.

Für mich war es keine unglückliche Zeit, aber für meine Mutter muß es sehr schwierig gewesen sein. Das Häuschen, das für den Sommer gebaut wurde, war weitgehend unisoliert. Winterwinde bliesen durch Fenster und Wände, die Leitungen froren regelmäßig ein. Ich erinnere mich noch gut an das Eis in der Toilette und in der Badewanne. In einem Winter während der Kriegszeit war es so kalt, daß sogar meine Mutter aufgab, wahrscheinlich meinetwegen, und wir für einige Monate zu ihrer Mutter nach Boston zogen.

Während jener Jahre stand das Haupthaus die meiste Zeit leer. Wir gingen oft vorbei und spähten durch die Fenster in die verdunkelten Räume. Wie mich ihre Geschichten von fröhlichen Familienfeiern faszinierten! Einmal standen wir draußen, beide schweigsam, während ihr Bruder allein bei Kerzenlicht am Eßzimmertisch aß. 1941 verkaufte er weitere Stücke Land – eine Parzelle auf dem Hügel an seinen Bruder, andere an Nachbarn –, womit er bewies, wie er Jahre zuvor behauptet hatte, daß das Land am besten für Häuser geeignet sei, nicht für Äpfel.

Ende des Krieges gab es einen Neuanfang. Mein Vater baute ein Fischerboot, einen Schlepper, mit dem er vor dem Krieg in der Scheune begonnen hatte. 1945 kaufte meine Mutter mit den Ersparnissen aus ihren Kriegszeitjobs von ihrem Bruder das letzte verbleibende Stück Obstland, eine fast vier Morgen große Parzelle auf der Westseite. Dort bauten meine Eltern zwischen 1947 und 1948 ein kleines Haus, ein paar Meter von der Marsch entfernt, neben einer kräftigen jungen Birke. Dort lebte meine Mutter bis zum Ende ihres Lebens.

Diese Jahre habe ich nur verschwommen in Erinnerung. Ich hatte mit Schule und Freunden zu tun. Meine Eltern gingen von Annisquam aus mit ihrem Schlepper, den sie *Kelpie* nannten, fischen, fuhren vor Morgengrauen raus und kamen erst nach Einbruch der Dunkelheit wieder, als ich schon schlief. Später sollte meine Mutter schreiben:

«Wenn ich, erschöpft von stundenlanger harter Arbeit, auf dem rollenden Deck der *Kelpie* in meiner Uniform aus verschmierter Ölhaut und fischschuppigen Gummistiefeln im Kalfaterfaß stand und Fische zerteilte, um mich herum das unablässige Geschrei der Möwen, hielt ich oft inne und dachte, wieviel Glück ich hatte und daß ausnahmsweise mein Geschlecht mich nicht daran gehindert hatte, etwas zu tun, was ich immer hatte tun wollen: auf dem Meer zu arbeiten, richtig zu arbeiten, ein Teil, ein richtiger Teil des Lebens auf dem Meer zu sein.

Diese vier Jahre auf der *Kelpie*, die bitteren Winter und

glühendheißen Sommer, waren der Höhepunkt eines langen Arbeitslebens, und ich dachte, mir bricht das Herz, als ich die *Kelpie* wegsegeln sah, verkauft, eine andere Hand am Steuer.»

Wie schon früher im Falle des Apfelgartens war die *Kelpie* mit ihrer Zweierbesatzung zu klein, um wirtschaftlich überleben zu können. Die Anstrengung, die es bedeutete, nach all den Kriegsjahren, in denen sie so lange getrennt gewesen waren, wieder so eng zusammenzuarbeiten, trennte sie wieder. Nach dem Verkauf des Bootes nahm mein Vater einen einjährigen Job in der Arktis an, wo er beim Bau von amerikanisch-kanadischen Wetterstationen half. «Es gibt eine gewisse Unverwüstlichkeit, die man sich mit den Jahren zulegt», schrieb meine Mutter einmal. «Die Mißerfolge stellen sich oft nur als ein Wechsel des Windes heraus, der das Schiff auf einen neuen Kurs bringt.» Sie nutzte diesen Wechsel, um zurück in die dreißiger Jahre zu reisen, dieses Buch zu schreiben und damit, daß sie sie zum Leben erweckte, auch mit der Farm abzuschließen. Es war, als könnte sie sich, indem sie jene Zeiten noch einmal erlebte, ohne Bitterkeit verabschieden.

Ich bin sicher, sie hatte vor, ihr Buch zu beenden. Aber nachdem mein Vater aus der Arktis wiederkam, gab es keine ruhigen Zeiten mehr. Am einfachsten läßt es sich so ausdrükken, daß er mit einem Nervenzusammenbruch wiederkam. Die Härten der Farmjahre müssen, verglichen mit den Schwierigkeiten der fünfzehn Jahre vor seinem Tod im Jahr 1968, harmlos gewesen sein. Im Apfelgarten hatte sie mit einem gewissen Optimismus nach vorne sehen können: Das Frühjahr würde kommen. Bei der Krankheit meines Vaters gab es nichts Frühjahrsähnliches, dem man entgegensehen konnte. Außerdem bestand die dringende Notwendigkeit – wieder einmal –, einen Lebensunterhalt zu verdienen. Sie bekam den ersten einer Reihe von Jobs bei einer Zeitung, und das Manuskript wurde beiseite gelegt und dann ganz aufgegeben.

• • •

Obwohl es in dem Manuskript fast ausschließlich um den Apfelgarten geht, wurde zu Hause nie besonders viel über jene Jahre vor meiner Geburt gesprochen. Trotzdem erinnere ich mich an eine Unterströmung von Traurigkeit. Mehrere Herbste hintereinander pflückten meine Mutter und ich Äpfel im großen Goodale Orchard, der immer noch weiter unten an der Straße florierte – sie den ganzen Tag auf den Leitern, wofür sie zwischen fünfundzwanzig und fünfzig Cents pro Scheffel bekam, ich nach der Schule auf dem Boden, wo ich das angeschlagene Fallobst für Most aufsammelte, für fünfzehn Cents. Mir kam die Arbeit gut vor, aber sie haßte sie und schwor sich, daß sie in ihrem ganzen Leben keinen Apfel mehr essen würde. Ich kann mich nicht entsinnen, daß sie jemals einen gegessen hat.

Ich glaube, um zu überleben, mußte sie weitergehen, ohne allzuviel zurückzublicken. Wenn sie der Vergangenheit nicht entrinnen konnte, wie es ihr auf den Leitern jener Plantage oder wenn wir am Zuhause ihrer Kindheit vorbeikamen, erschienen sein muß, sprach sie von anderen Dingen, nie von Mißerfolg – ich bin überzeugt, sie dachte auch nie daran. Schließlich waren das Haus und wenigstens ein Teil des Landes noch im Besitz der Familie. Mit der Überschwenglichkeit des Farmers im Frühjahr und dem Optimismus ihres Vaters aus früheren Jahren sagte sie, daß es morgen, diesen Sommer, nächstes Jahr ... sicherlich wieder besser gehen würde.

«Im ruhelosen Amerika ist es wahrscheinlich seltsam, immer noch dort zu wohnen, wo man geboren wurde: aber hier bin ich», schrieb sie kurz vor Ende ihres achtundsiebzigsten Lebensjahres. Ihr Leben war vor allem ein Leben der Arbeit, und die Jahre als Arbeiterin bereicherten stets ihre späteren unermüdlichen Bemühungen als Rundfunkreporterin, Lokalhistorikerin, Gemeinderätin und «inoffizielle Doyenne der Journalisten von Ipswich», wie ein Leitartikel es nach ihrem Tod formulierte. Briefe, Artikel und Nachrufe betrauerten sie mit Überschriften wie: «Nie zurückhaltend, nie neutral – Kitty hatte Mumm»; «Kitty Robertson – eine Legende von Ipswich»; «Bürger werden die Frau vermissen, die sich sorgte». Minuten vor diesem plötzlichen und unerwarteten Tod im Februar 1979 hatte sie ihre wöchentliche Kolumne beim *Ipswich Chronicle* abgeliefert. Es waren die Jahre des Apfelgartens, die sie in Erinnerung gerufen hatte.

«Das erste Jahr war voller Hoffnung, die durch einen milden Tag nach dem anderen geschürt wurde, so daß nach dem Ende des Winters – nachdem das Stutzen erledigt war, das Astwerk aufgehäuft und verbrannt, die Bäume gedüngt – die Blüte im Mai, muschelrosafarbene Blüten vor einem Himmel von sanftestem Blau mit dahinziehenden bauschigen Wolken, herrlich war.

Dann kam der schreckliche Winter 1933/34, dieser Februar, als das Thermometer auf einunddreißig Grad unter Null fiel und es kein einziges Mal über minus zwölf stieg. Zusammengekauert auf dem Sofa, in dem kleinen Kreis von Wärme, den unser alter Herd spendete, verbrachten Freya, die Dogge, und ich einen Tag nach dem andern im Winterschlaf, während draußen der Schnee unaufhörlich am Küchenfenster vorbeiblies.

Nie verlor ich die Hoffnung, nie zweifelte ich daran, daß ich aus dem Wrack der Wirtschaftskrise diesen geliebten Ort würde retten können, dieses Familienzentrum, das von meiner Großmutter und meinem Vater so geliebt worden war, jetzt von mir geliebt wurde und, wer weiß, von welchen zukünftigen Generationen noch.

Irgendwie überlebten wir, Freya und ich. Als der erste Südwestwind den warmen Frühlingsregen brachte und Fallrohre und Rinnsteine vor dem Fenster tropften, spürte ich, wie sich Hoffnung regte, und sogar wieder etwas von der alten Begeisterung.

Aber nie wieder in diesen vier Jahren, die folgten, war da dieses Gefühl der Kraft, des sicheren Sieges. Grimmig kämpfte ich weiter, bis am Schluß die Wirtschaftskrise nachließ. Mein Bruder, der seine eigene Schlacht in Richtung Erfolg geführt hatte, konnte eingreifen und die Eisen aus dem Feuer holen.

Er war zu weise und zu praktisch veranlagt, um sich um die Apfelbäume zu kümmern, aber schließlich waren sie es, die uns gerettet hatten, genauso wie mein Vater es vorausgesagt hatte.»

Über sechzig Jahre sind seitdem vergangen – seit jenen harten Zeiten, als die Äpfel vom Apfelgarten meiner Mutter die Farm vor den Klauen der Bank gerettet hatte. Jetzt versammelt sich eine neue Generation in dem alten quadratischen Farmhaus, das über der Salzmarsch steht. Aber manchmal, wenn ich in einer Sommernacht nach Hause gehe, höre ich einen Virginischen Uhu von seinem Nest in dem uralten Hickory am Hang rufen. In jenen Momenten glaube ich zu hören, was meine Mutter gehört haben muß, und ich erinnere mich an ihre Geschichte über jene Jahre, bevor ich geboren wurde, «diese Zeit des Ausgleichs», wie sie es nannte, «als wir alle in einem Boot saßen», als sie und ihre Nachbarn sich durch die Kraft, die sie ineinander fanden, über Wasser halten konnten.

Betsy Robertson Cramer

Irgendwie überlebten wir, Freya und ich. Als der erste Südwestwind den warmen Frühlingsregen brachte und Fallrohre und Rinnsteine vor dem Fenster tropften, spürte ich, wie sich Hoffnung regte, und sogar wieder etwas von der alten Begeisterung.

Aber nie wieder in diesen vier Jahren, die folgten, war da dieses Gefühl der Kraft, des sicheren Sieges. Grimmig kämpfte ich weiter, bis am Schluß die Wirtschaftskrise nachließ. Mein Bruder, der seine eigene Schlacht in Richtung Erfolg geführt hatte, konnte eingreifen und die Eisen aus dem Feuer holen.

Er war zu weise und zu praktisch veranlagt, um sich um die Apfelbäume zu kümmern, aber schließlich waren sie es, die uns gerettet hatten, genauso wie mein Vater es vorausgesagt hatte.»

Über sechzig Jahre sind seitdem vergangen – seit jenen harten Zeiten, als die Äpfel vom Apfelgarten meiner Mutter die Farm vor den Klauen der Bank gerettet hatte. Jetzt versammelt sich eine neue Generation in dem alten quadratischen Farmhaus, das über der Salzmarsch steht. Aber manchmal, wenn ich in einer Sommernacht nach Hause gehe, höre ich einen Virginischen Uhu von seinem Nest in dem uralten Hickory am Hang rufen. In jenen Momenten glaube ich zu hören, was meine Mutter gehört haben muß, und ich erinnere mich an ihre Geschichte über jene Jahre, bevor ich geboren wurde, «diese Zeit des Ausgleichs», wie sie es nannte, «als wir alle in einem Boot saßen», als sie und ihre Nachbarn sich durch die Kraft, die sie ineinander fanden, über Wasser halten konnten.

Betsy Robertson Cramer